蔡尚思 著

傅德华 编

蔡尚思全集

集外集补编

上海古籍出版社

谨以此书纪念蔡尚思先生诞辰一百十周年暨逝世七周年

本书由德化县人民政府资助出版

1980 年在书房审阅书稿时留影

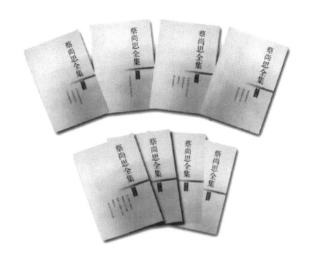

《蔡尚思全集》书影

证　书

蔡尚思先生

在上海市第八届哲学社会科学优秀成果（2004—2005）

评选中，获 学术贡献 奖，特颁发证书。

主要学术贡献：中国思想史领域里的独特见解和丰富

著述

代表作：《蔡尚思全集》

上海市哲学社会科学优秀成果评奖委员会

二〇〇六年十月

学术贡献奖证书

编写说明

一. 2005 年上海古籍出版社出版了《蔡尚思全集》共八大卷,本人承担编纂了第八卷《蔡尚思集外集》(50 余万字)。当时因全集要赶在蔡先生百年华诞前出版,时间紧迫,所以第八卷的内容一时未能收录齐全。近十年来,编者和学界同仁发现了不少《集外集》未收录的蔡尚思先生编著的文章,本书即旨在汇编这些新发现的资料。

二. 对原著中明显的错字、漏字,直接予以订正;对存在疑问的文字或字迹模糊不清者,放入[ ]内;无法辨认的字用□表示。

三. 本《补编》遵循《集外集》的编辑原则,以发表或写作时间先后为序。

四. 本《补编》的内容是原《集外集》的"续集",故定书名为《蔡尚思全集集外集补编》。

编者

2015 年 7 月 24 日

目　录

编写说明

附录

后记

上诸名师书

一九二八年三月二十二日 来函

援庵老师：

久耳斗山，时深景仰，前次虽未受业门下，每读所著书，辄想见其为人！窃观当今之为士者，非随波逐流，则逃入绝世，否则喜新好奇，竞尚欧化；至于国粹，毫无顾忌，以致古圣之书，束阁不讲。而有志之士，欲得一良师以成其学，迄不可得！幸天不欲绝我中国之教育，独生三数热心办学之善士，为国家社会之导师，是学子得以宏造其学业，而免向隅之叹。噫！何其幸也！今生及冠矣，未尝知堂牖之分、途轨之别；惟赋性异人，自少即嗜国学，及长因有所观，致有所感，故益愤发，不能自已！向在故乡（福建），未尝不自恨其生于遐陬，既寡师友之观摩，又乏书籍之灌溉，故于前年（来京三年所矣）不远千里而来。盖欲乘此时机，脱葪危邦，远离陋俗，专心致志，求诸通都广邑之中，与夫名山大川之间，有道通古今，学博中外，以承先启后为怀，以经世济民为任，真足为师资者，而亲炙之。如颜、曾之随孔子，颢、颐之从周氏，朱晦庵之受业于三君子，李愿中之请教于罗从彦；且遍交当世有识之士，尽读古来有用之书，以辅其德，扩其识。他时道通学成之后，有裨于世人，不致行尸世上，蠹食宇内，

须缩短战线,专精一二类或一二朝代,方足动国际而垂久远。不然,
虽日书万言,可以得名,可以啖饭,终成为讲义的、教科书的,三五年
间即归消灭,无当于名山之业也,是岂吾所望于尚思哉! 愚戆之言,
久为尚思惜,故藉便一吐,不敢云有当也。其他详情,非面不能罄。
有意北来,幸先见示。匆匆,即颂大安。垣谨上。廿二年六月廿四。

同年七月一日　往函

尚思足下:

　　承示关于任课问题,量而后进,足征审慎,至佩。校中延聘教
员,例由系主任主持,校长不过画诺而已。此次因国、史二系主任向
我征求热心教习,遂忆及足下曾有北游之意,特为介绍。国文系所
要者改作文,史学系所要者断代史,余如诸子概论、国学概论等,均
已有人担任。哲学史、思想史等,校中无此功课。来示云云,似适宜
之钟点太少,不足以招致高贤,至为可惜,故以俟诸将来。关于治学
问题,前函不过偶尔论及,士各有志,不能强同。且仆所反对者系
"空泛弘廓"之理论,未尝反对"博",更未尝主张"无博之精"也。来
示先博后精之论,仆岂敢有异词,愿足下勉之而已矣! 急于南下,匆
匆奉复,不尽欲言,唯为道珍卫。陈垣上。七月一日。

一九三四年十二月九日　来函

援庵吾师左右:

　　上月承吾师不弃,复赠以大作木板《史讳》一书,拜读之后,敬
佩弥深。既专精而切用,将万古以长存。因心向往,遂生陋见,忝在
爱末,故敢寄呈。倘蒙大君子先谅其愚,进而教之,则感幸万分矣。
如有发表之价值,请由吾师发表,苟一无可取,阅毕掷还可也。今复

作《评冯友兰著〈中国哲学史〉》及《钟惺、谭元春与佛学之关系》（此系驳周作人在《大公报》文艺副刊发表之《袁中郎全集序》）二文，未系吾师可向《辅仁学志》或其他较有价值之刊物代为介绍发表否？因冯、周二人在北方，若清华、燕大与彼有关系，必不为发表；如在南方发表，又恐彼等及北方人未能阅及。不然，早已在此间刊物发表矣。暇乞赐示，以便决定。此间《中国日报》请弟子担任史地副刊编辑，以性质过普通（无聊），条件又不和，业已向之辞谢。来京勤读要集，所得材料虽多，因生活未安定，尚无心整理也。自问读书有法，谋生无术；为学愈进，行运益乖，贫病交加，再不得志，即归隐躬耕，不复出门矣。天地虽宽，不能容也；草木同朽，岂得已哉！惟望吾师，既当冬天，又居北地，应为文化前途万万珍卫耳。专此奉闻，并祝道安！弟子蔡尚思敬上。十二月九日。

妄草《读陈援庵先生〈讳例〉》一文附上。

暂寓南京龙蟠里国学图书馆，目前赐教，直寄此间可也。

同年十二月十二日 来函

援庵夫子座右：

顷读手教，感喜交集。前哲所谓"忠告而善导之"，"循循然善诱人"，吾师有焉，当先效子张之"书诸绅"，并企图子渊之"不贰过"。

曹丕有言："文人相轻，自古而然。"然弟子非文人，更非敢相轻也。实由于（2）木直人，无他肠。知必告人，告必以实。愚忠成性，故颇好言。（1）因己之好闻过，而误推世人之好闻过必不下于我，故喜作评论之文，而或为人所不喜。（3）素抱"学术"与"感情"分开主义，以为非各出其一得之愚，文化终难期于日进，故论及学术时，极少顾及私情。（4）凡吾对之有言，其必人之为我所钦佩者，由敬而爱，由爱而诤。但亦被世人误以为抨击人，轻视人。诗云："知我者谓我心忧，不知我者谓我何求？"前者究甚少，后者比比然。然吾实应自责，而不能怪人。未读历史而不知千百帝王中惟汉文、唐太差好纳谏，其愚甚矣；读"躬自厚而薄责于人，则远怨矣"之教训，而不知实行，其陋极矣。众人皆醒，而我独醉，行运日乖，亦其宜也。且恶"己甚"而尚"中庸"者，仲尼也；主"不辩"（"知者不言，言者不知"，"善者不辩，辩者不善"）而行"德善"（"善者，吾善之；不善者，吾亦善之；德善"）者，老聃也；吾既不能如彼老氏，岂可不免学此孔子哉？吾过多矣，今始自颂耳。唤我醒者，吾师为最也。见爱之甚，见赐之多，欲无感喜，其可得乎！

至于为文，因少学史迁而不学班书（惟雕琢近班耳），学庄子而不学韩非，学韩愈而不学炎武，故喜浮词，而多虚字。忆往昔在平，因《世界日报》征求古文，而出吾在中学时代所作数篇以应，张恨水评云："以此为文，文未有不佳者，吾知此君研究韩文有年矣。"梅光羲先生亦评云："大著文气极似韩文公，足见兄于文学造诣甚深，至堪钦佩也。"不知弟子自赴平以后，即厌恶古文，尤恨韩文之累我，而思有以改变之，惜积习太深，至今尤未能尽去耳。近来益认文学为手段，以为"自己写得出，人家看得懂"，即可矣，何必雕琢美貌为哉？故对于朴学家以文为说明学术之工具，最表同意。忆昔王闿运及章太炎先生有一教人为文之法，即先作白话文，再由白话文改成浅白的近代文言文，更将此浅白的文言文改成简深的古代文言文。此法殆非所以为文之道，原不足师（胡适之先生亦以为不然），惟既有彼病，而济以是药，在大体上亦无大不可也（即删改自作）。

前稿因诊胃病，匆匆续成寄呈，故文特繁，而事亦略。既承吾师勉以行文修洁，与避免世俗嫉妒。今就原文删去一千字强，而另外补入"史实"与"义例"，则一千字弱，此亦一"事增于前，文省于旧"也。且有改变文法或措辞之处，不知意较和平而文较简洁，可以谓为"孺子可教"否? 如尤未也,请用红珠笔,为我再加删改,使之自此以后,在态度与文笔均能日渐近于朴学化也。

此第二次之寄稿,系清大朴学家为我改文,并表示遵命改过。如不必再改,即请付丙;如肯再指证,仍希退阅。欲使吾师之阅此文,直如烟云之过眼而已。至于"发表"与"存留",皆可不必,恐重吾罪,而贻人讥也。

弟子对吾师一切名著,均无一不好。惟若比较言之,则以《讳例》一文为最。盖细读后,愈不欲释卷。今所妄言,实系一种最敬爱的表示,万勿误会为普通之批评。虽相处日浅,然此点当能见察也。

誓自今后,改头换脑,前此书稿,于必要时尽自焚毁,以示坚决。以此改过,以此医病,病庶能去。

名著《校例》,叹观止矣! 胡先生序,实不溢美。佩甚! 敬谢!

肯以实告,感何可言! 希常赐教,裨能成人。专此函谢,并祝道安! 愚弟子蔡尚思敬禀。十二,二十夜。

此信"古文"色彩带得太浓,以朴学家观之,仍一无可取也。惟欲表示吾诚,故不删改耳。

文稿另寄。

一九四二年七月二十日 来函

援庵吾师左右:

南京一别,转瞬数年,吾师精神定极矍铄。弟子战前即来此间,现仍在沪江讲授通史等课。惟最近不论精神、物质,均感痛苦,交通稍便,或将返乡。闻友人言,在全国中,惟有贵校一切照旧,甚堪庆贺。弟子天性喜纯粹之研究,不喜任何活动,贵校如有机会,仍希望代为留意。异日能大成就,皆吾师之赐也! 弟子近来治学侧重历史,颇有结果,已由大书局印行,俟有机会,再请校正可也。闻吾师近来关于专门学术之著作甚多,惜在此间不易购得耳。天热,至希为道珍卫! 专此奉候,并颂道安! 弟子尚思敬上。卅一年七月廿日。

　　通信处:上海西爱咸斯路 375 号治生商店转。

同年八月十二日　往函

中睿仁弟惠见:

　　去年六月九日曾有一函寄上海大夏大学转交足下,未见回音,以为足下离沪久矣。前月忽奉手书,藉知起居安吉,至以为慰。辅仁近状勉强支持,万方一概,卜居殊不易也。大著研究法提要拜收,略读一过,唯有望洋向若而叹,佩甚佩甚。承询近著,精力日衰,不能复有所造述。间弄笔墨,亦聊以自遣而已。顷寄上数种,乞不吝指正为幸。专此,即颂著安。陈垣谨上,卅一年八月十二。

　　　　　　　　　　　　　　　(原载陆智超编注《陈垣来往书信集》,
　　　　　　　　　　　　　上海古籍出版社 1990 年版,第 352—360 页)

《中国文艺文选》目录

涉江九章之二   战国屈原

怀沙九章之五   同上

九辩四首   宋玉

登徒子赋   宋玉(?)

以上楚辞

蚕赋   荀卿

佹诗   同上

以上荀赋

汉文

鵩鸟赋   前汉贾谊

齐钟离春——无盐女干齐宣王   刘向

奏记谢段颎   后汉张奂

枉状奏孔融   路粹

三国文

答魏太子丕借廓落带书   三国魏刘桢

蝙蝠赋   曹植

求自试表   同上

奏记诣蒋公   阮籍

与山巨源绝交书   嵇康

答王商书   蜀秦宓

晋文：

"同事异体"之例：

一、晋成公绥钱神论

二、鲁褒钱神论

三、南宋区仕衡金银传

四、清徐任师孔方传

无　　题^①

林鸟见天便唱曲，
野花无客亦开颜。
自然不以人心异，
六祖陆王太妄谈。

（作于三十年代，书于八十年代）

---

①　此篇手稿现由编者收藏。

无　　题[①]

林鸟见天便唱曲，
野花无客亦开颜。
自然不以人心异，
六祖陆王太妄谈。

（作于三十年代，书于八十年代）

---

①　此篇手稿现由编者收藏。

暹罗的兄妹婚姻

　　除了太古时代是实行不辨一切的杂交以外,后来不论中外各国,都有姓氏之分,尤其是辨血统。惟前在《申报》书刊里看到暹罗王后像边注明道:"暹罗自某王以来,因鉴于历代外戚揽权之祸,想出一种避免之法,即以胞兄妹为夫妻,今王无妹,以其叔之女为后。"而后来《自由谈》《世界上的奇奇怪怪》一文更说:"暹罗王德第一、第二后,都是他的胞妹,因为血族结婚,在暹罗不以为奇。"这种以兄妹为夫妻的制度,对于姓氏血统,一无所分,似非现代文明国人所应有。想一般阅者,早就大奇小怪。但在识者就实际上考察之,则虽极重礼教的中国人,也常常行此制度,而且自以为是;不过普通人未曾看到罢了。例如福州之林姓、甘肃之马姓,皆同姓而婚。若娶胞妹之女为媳,以表兄妹为夫妻,是更婚同血统。中国的以表兄妹为夫妻,究与暹罗王室的以胞兄妹为夫妻,相去几何? 名异而实同,吾人实不能自以为文明,而以他人为野蛮。至吴稚晖先生所谓:"同姓为婚,其生不繁,即前乎今日一万年之野蛮亦已知之;因血属相交,所生子女往往盲目残缺,乃科学所证明。"(一个新信仰的宇宙观及人生观)吾谓如果婚同姓,真的会不生育;婚同血统,真的会盲目残缺;则此以表兄妹为夫妻,以胞兄妹为夫妻的婚姻,一定早就断迹于人世了。而今所以仍有此种制度遗留着,就是为了"共生不繁"者,未必由于"同姓而婚"。"同姓而婚"者,未必至于"其生不繁";"盲目残缺"者,未必由于"乱同血统";"乱同血统"者,未必至于"盲目残缺"。吾每见及此点,非常怀疑,甚望科学界能再切实研究之。

（原载《中国杂志》1931 年第 1 期,第 3—4 页）

戏 舞 胜 一 切

去年在《申报·自由谈》里看见一篇文章说，舞女黄白英每对人作骄傲之表示，谓彼做舞女，每月有五六百之收入，比一般大学教授还强呢。（据说白曾在复旦大学肄业）这话的确不错！所谓大学教授，尤其是以钟点算钱的上海一般大学教授，真是穷到不可形容！在吾所知道的同事中，便有出于当衣裳者。即在美国大学教授的薪水，据报载也是比不上他业的。岂但大学教授比不上舞女，就是大总统也何尝比得上名伶？据一般朋友说，外国公使每来北京就任，一下车就偕眷去拜访梅兰芳。至于代表一国的大总统，他说：休息一下，另日再谒吧。又如梅伶一场戏的收入，比大总统的月俸多。此外如近日外国的电影名星，更有比唱戏、跳舞好的多者。前时认唱戏、跳舞为不正当之职业而贱视之，在现今的实际上呢？可就不论是争哪一途的，都叹比不上这般戏舞明星了。但如这样说来，实也不免带着俗人的气态，若在职者观之，则人之是否高尚，固不在乎有无势利也。

（原载《中国杂志》1931 年第 1 期，第 4—5 页）

租 妻 怪 闻

近看报载《甬人租妻》一个怪闻,不禁感及现今的一切。在现今这种资本世界里,差不多什么都营养化了:由租房屋器具一类死物,而租耕牛负马一类生畜,以至于租妻,可谓达到极点了。但若租妻,在男子多是为了求子,在女子多是为了穷困,此种情形,或者犹可原谅。吾记得前年在南京看见《京报》"莫愁"栏里有一个比这租妻更怪的事情,说某厅长因想做总理,而不惜将其妻与某实力者一度春风,结果内阁总理真的到手。这简直把妻当做礼物,而不复认之为人。这种租妻、赠妻的怪事,真是"世风日下","视禽兽为有加"了。

(原载《中国杂志》1931 年第 1 期,第 5 页)

叶 张 情 杀 案

轰动一时的东北法官叶冀熊谋杀情妇张王丽卿一案,当局认叶的谋杀张,是要夺取张富寡妇的钱财。但在叶氏则根本不承认,谓彼谋杀的动机,是因看见张氏致刘某的情信,谓不久将正式结婚。张氏前曾向叶氏表示愿为彼妾,而叶氏则谓彼有妻子,表示不能容纳的苦衷。张氏因此便另谋与刘某正式结合。吾以为张氏此种举动尚合理,其在叶氏,则是胡闹。因为人家要无条件地嫁我为妾,而我既能拒之,人家自不得不另谋与别人结婚。等到人家要和别人结婚的时候,而我又谋杀之。既不要他来,又不允他去,真是迫人无路可通,不是"胡闹之尤"而何?叶氏既然这样的不讲道理,还要当什么法官?至于谋财部分,因不容易知道,吾今暂不论及。

(原载《中国杂志》1931 年第 1 期,第 5 页)

女子出阁捐

报载"揭阳县抽女子出阁捐,嫁者抽二元"。按女子出嫁,内地至今犹用聘金,以金钱买一个女子,这已经是认女子为牛马了,而今该地政府又再从中抽税,简直是自认为贩卖牛马的中人。若以媒妁为小媒人,则该地政府便是大媒人了。以政府而做媒人,实在真说不过去。

（原载《中国杂志》1931 年第 1 期,第 5—6 页）

焚人书的不德

前日《自由谈》有《樊樊山与莼客日记》一文说：李莼客日记，不但评议樊氏之诗文著作，并且评议其品格。该日记留在樊氏处，尚有八本，虽经商务印书馆出巨金托名人以求之，而樊氏靳不与人，竟付之一炬。吾以为：如己学行果优，则何畏他人议评？愈议评愈见其优；否则，如果劣，就使被人赞许，恐怕转见其劣。今樊氏焚议己之莼客日记，难道对于后代之人也能使之一一不加议评吗？且若一般学者，个个都学樊氏的法子，把一般议己的书籍，尽付之一炬，那这世界尚何有"学术研究"之可言？不顾自己之学行，而务焚人之书籍，益自己少，害文化大。樊氏对于学界，真是"不德之尤"！

（原载《中国杂志》1931 年第 1 期，第 6 页）

误 焚 藏 经

济南通信:掖县城内海南寺藏有明刻北藏版《大藏经》一部,共三万余册,为中国第一完本。讵近缘掖县拟办师范讲习所,借用海南寺地址,当修理房屋时,发现有屋三楹,内满藏书籍,视为故纸,又无屋以移储,遂异想天开,付诸一炬,闻已焚去三分之二云云。吾见及此项消息,第一感觉中国人不识字的大害,第二感觉中国人办事的不负责。关于前者,吾以为如使中国识字之人会多一点,如三个工人或茶房中,有一个粗通文义者,或个个都对于书名看得来,那么何至于弄出上述那个大笑话、大损失? 由此以观,"识字运动",益觉得有积极提倡的必要。关于后者,像那般拟创办师范的人员,既要修理海南寺的房屋,为什么连派一个来监导之人也没有? 吾们料想自将二万余卷的书籍搬出屋外,以至焚完之时,起码总要费了将近一天的功夫,该师范人员为什么来巡一巡都没有,而竟听一般工人、茶房去胡闹? 半点责任也不负,还要想办师范吗? 而那般瞽聋似的雇工既不识字,又不请示,而自弄巧,也太乱来。所谓文明古国,到今还是如此,真是可笑而又可怜了!

（原载《中国杂志》1931 年第 1 期,第 6—7 页）

重视古版书的害处

据前《自由谈》载《中国最贵之书》一文里说:世彩堂《韩昌黎集》为宋版孤本之一,素为收藏家所重视。去年海源阁杨氏后人将该集带往天津,海上粤人潘某不欲宝籍流入日本人手中,曾向之接洽;而杨氏云非十万元不肯脱手。因此接洽遂告停顿,今不知此书已出售否,"但望不致流入日人手中为可幸耳"。吾以为一般古物,愈加重视愈易散失,不加提倡反得保存。即不尽然,也有等于无。以一部《韩昌黎集》,而索价至十万元,则一般普通学者,便永无希望得见此书;而此书反为一般不懂得学问的大资本家与官僚所密藏。故古集一经提倡之后,一般学者便无古书可看了。如再经提倡,则书主更把书价抬高,以致国内的官商也买不起,于是外人便做中国的古书的包买者。这不是中国愈提倡古书,古书愈不在中国么? 这种适得其反的提倡,未悉学者曾想到没有。章太炎先生也对我表示不要提倡古本,今特再为国人一告。

(原载《中国杂志》1931 年第 1 期,第 7 页)

独裁制无一是处

欧洲自意大利棒喝党施行独裁制以后,西班牙首先仿行,误认意大利之独裁制为救时之万应膏。然大多数之人民,早已向民治潮流而趋,兹据报载:西国业已正式宣布共和,废除王位矣。若西国者,是以君主而用独裁制之失败者也。同时若葡萄牙,固早已驱逐国王,改组共和之政府;然在实际上,其仿效意大利之独裁政治则与西班牙相同。自施行独裁制后,亦内乱益甚,愈起革命,令之革命军闻西国宣布共和,更大加努力。此乃以共和而用独裁制弊病也。由此以观,不论国体为君主与共和,如施行独裁制,则皆未见其可,至多亦只能勉勉强强施行于一时,究非长治久安之政策。居今日而犹欲施行独裁制,"真不识时务","不合潮流"矣!未悉各国当局者,其曾鉴及于此否。

(原载《中国杂志》1931 年第 1 期,第 8 页)

驳佛教徒的片面戒淫说

前天梅撷芸先生由南京寄给吾一本第十一卷第八期的《海潮音》,在"法界通讯"栏中有《范左青答某君论戒邪淫书》,说:"当思一切女人为害人之尤物,倘一迷恋,即能丧人之德,损人之名,耗人之财,折人之寿,乃至费时失业、亡国破产、堕地狱、变畜生等等不美之事,无不由此而起,虽洪水猛兽、大火毒蛇,不能喻其酷烈……"

不知所谓"淫"者,非一男一女不能成事:男之对方为女,女之对方为男,男女双方均应负责。而今何以专责女子,至骂为"害人之尤物";至于男子,则并未一言及之,一似乎女子为淫物,独男非淫物者,此直男子之片面说耳。若在女子观之,恐亦将仿而言曰:当思男人为害人之尤物,倘一迷恋,即能丧人之德、损人之名……乃至……堕地狱、变畜生等等不美之事,无不由此而起,虽洪水猛兽、大火毒蛇,不能喻其酷烈。

如有女子出此言以对抵之,不知范君将用何辞以对? 片面说不能成立此其一。

此外如范君谓一切女人皆为害人之尤物,不知乃母乃女、乃姊乃妹皆是女人,既云一切,则令堂等皆在其中,即若范君亦无非出于"害人之尤物"矣。以子骂母,未免不孝。范君又谓:"虽洪水猛兽、大火毒蛇,不能喻其酷烈。"此亦未免言之太过,女子虽或有不善者,但何至如此之甚?加人以罪,未免不仁,形容太过之无谓,此其二。

除右述二点外,不暇复评矣!

（原载《中国评论》1931 年第 1 期,第 8—9 页）

"蜜斯"与亡国奴

据载北平大学女子[文理]学院院长刘复出布告,禁女生称"蜜斯",以后应改称"姑娘"。谓"蜜斯"不雅,兼是舶来品。吾初认为太迂拘,而近日《生活》周刊韬奋亦评其忘大而管小,未免小题大做。但吾再加深察,却也觉得有禁称"蜜斯"的必要。因为"蜜斯"是外国语,以在国内的中国人而用外国语,这真是国未亡而语言先亡的预兆:语言亡,文字亡,而欲其国不亡,那是不可得的。若吾人到外国去,或在国内向外人说话,当然可以用外国语外国文;而今明明以中国人而对中国人说话,为什么要用外国语、外国文呢? 此风一开,势必由"称呼"改用外国语,进而至于一切,也渐渐地以外国语代中国语,以外国文代中国文。到那个时候,可以说非外国人亡中国,乃中国人自亡其国了。现今有一般已经亡过国的,虽外国人定要先亡其文字,使之渐渐地忘了本国的文字;然一般亡国人,犹引以为忧而力思抵抗之。乃在中国,适得其反,外人尚未欲亡我,使我改用洋话,而中国人已经先表示欲为亡国奴,这种态度,诚不可及,未免可笑而又可怜! 吾认多数教会学生、留外学生,及略懂得英语者,每喜在国内对国人操洋话,简直是要做"预备亡国奴"的一种表示,吾的禁用"蜜斯"的理由,或多和女学院长不同;而对《生活》记者"小题大做"的意见,更不以为然。司马光说:"夫繁缨,小物也,而孔子惜之;正名,细务也,而孔子先之。……夫事未有不生于微而

成于著,圣人之虑远,故能谨其微而治之……治其微则用力寡而功多……"(《资治通鉴》)

　　　　　（原载《中国杂志》1931年第1期,第9—10页）

文人皆好烟酒色吗

《自由谈》曼引"一得之言"里说："烟、酒、女人，是文人的三大要素；然而会烟酒、喜欢女人的，却不一定是文人。"也有别种人了吧。吾认在这三者之中，似应分别来说，如女人几乎是不论那一种男子都需要的，并不限定还是文人。至于烟、酒二者，在文人中也有喜欢的，也有不喜欢的。在文人以外之人，也是同样的有喜欢和不喜欢二种。定要如此来说，才觉得合事实、合道理。不然，果照曼引君之言，凡文人都会烟酒，喜欢女人，言烟酒如大烟当然也在内，烟酒大都指狂饮，言女人或者并指着嫖妓一切，那么吾就可代为结论：天下最坏的，就要算这般文人了。世界上果真有是事吗？又天下的烟、酒、女人，既然大半都是文人包办的，如世界上没有文人，那这烟、酒、女人三者，岂不几乎可以不禁而绝了吗？既然认有文人便有坏事，坏事和文人是离不开的，那么如欲刷新世界，就把一切文人杀到干净好了！试问天下果真有此理吗？由此看来，如曼引君之说，与所谓为"一得之言"，似乎不如反而谓为"一失之言"的较合事理。

（原载《中国杂志》1931 年第 1 期，第 10—11 页）

梁启超误解韩非子

　　集法家大成的韩非子,除极力主张"法治"外,同时并力倡"势治"和"术治"两个主义。乃号称国学大家的梁任公先生,在其一生最得意的先秦政治思想史里面竟说韩非反对势治、术治;而一般学者,因梁启超先生是个大名鼎鼎的大学问家,习而不察,信以为真。惟我却根本就不敢深信一般所谓"名人",而极表同意于古语"智者千虑,必有一失;愚者千虑,必有一得","众好之,必察焉;众恶之,必察焉"。现在让我把韩非子的真意,和梁先生的误解,来略说一说吧!

　　道家有"无政府"的倾向,自用不着尚贤使能;儒墨为有政府派,自应主张尚贤任能,像这两派,都没有什么奇怪。后来另有一派,其主张不尚贤不使能,同于道家,而同时并与儒、墨皆为有政府派,这就是现在正要讲的法家了。他是主张以法代人而治的,其在当时亦不失为一位政治思想的革命者。

　　法家为什么要反古,独自以法治去代人治呢? 他的理由是:"若使遭贤则治,遭愚则乱,则治乱续于能愚……"(《尹文子》)人有贤愚,而法则尽可去坏而立一善的,贤人不世出,而善法则可以长存。如韩非便说:

　　　　且夫尧舜桀纣千世而一出……中者上不及尧舜而下亦不为桀纣,抱法……则治,背法……则乱,今……背法而侍尧舜,

> 尧舜乃至治,是千世乱而一治也。抱法……而得桀纣,桀纣至
> 乃乱,是千世治而一乱也。(《难势》)

> 释法术而心治,尧不能正一国;去规矩而妄意度,奚仲不能
> 成一轮;……使中主守法术,拙匠守规矩尺寸,则万不失矣。
> (《用人》)

这便是法治强于人治的地方。就使退一步言之,他们也认为
"法虽不善,犹愈于无法"(《慎子》佚文)。韩非因再说其务法而不
务德的原因:

> 夫圣人之治国,不恃人之为吾善也,而用其不得为非也。
> 恃人之为吾善也,境内不什数;用人不得为非,一国可使齐。为
> 治也,用众而舍寡,故不务德而务法。夫必恃自直之箭,百世无
> 矢;恃自圜之木,千世无轮矣。……然而世皆乘车射禽者,何
> 也? 隐栝之道用也。虽有……自直之箭,自圜之木,良工弗贵
> 也。何则? 乘者非一人,射者非一发也。不恃赏罚,而恃自善
> 之民,明主弗贵也。何则? 国法不可失,而所治非一人也。故
> 有术之君,不随适然之善,而行必然之道。(《显学》)

这和他的老师荀子的《劝学》、《性恶》等文的讲性论礼,完全无
不同。因为他是认人性多是恶的,至多也是善恶都有的。人性既有
善有恶,所以迫不得已而要出于用法,去除暴安良。如说:

> 服虎而不以柙,禁奸而不以法,塞伪而不以符,此贲育之所
> 患,尧舜之所难也。故设柙而非所以备鼠也,所以使怯弱能服
> 虎也;立法非所以避曾史也,所以使庸主能止盗跖也;为符非所
> 以豫尾生也,所以使众人不相谩也。(《守道》)

这种说法是专对一般坏人而用的,坏人受法的制裁,原不算什

么可怜,况若立法的动机又是在乎爱民,最后可大受其赐吗? 他说道:

> 今家人之治产也,相忍以饥寒,相强以劳苦,虽犯军旅之难,饥馑之患,温衣美食者,必是家也;相怜以衣食,相惠以佚乐,天饥岁荒,嫁妻卖子者,必是家也。故法之为道,前苦而长利;仁之为道,偷乐而后穷;圣人权其轻重,出其大利,故用法之相忍,而弃仁之相怜也。(《六反》)

这是说仁之一类,"虽曰爱之,其实害之"(用柳宗元语);而法之一类,在先虽苦,其后则乐。不是爱反得害,而苦转成甘吗? 这种手段,有点像老子所说的:"祸兮福之所倚,福兮祸之所伏。""少则得,多则惑。""正言若反。""反者道之动。"

法家的法治主义,已略如右述。乃梁任公先生说:"当时所谓法家者流中,尚有两派与法治主义极易相混,而实大不同者:一曰术治主义,二曰势治主义。"(《先秦政治思想史》)"按术"大概是人主所密用的心术,"法"则为公布于天下的定法。不知韩非却是一个主张法治兼术治——法术并用的人,如说:

> 今申不害言术,而公孙鞅为法。术者,因任而授官,循名而责实,操杀生之柄,课群臣之能者也,此人生之所执也;法者,宪令著于官府,刑罚必于民心,赏存乎慎法,而罚加乎奸令者也,此臣之所师也;君无术则弊于上,臣无法则乱于下,此不可一无,皆帝王之具也。(《定法》)
>
> 治国之有法术赏罚,尤若陆行之有犀车良马也,水行之有轻舟便楫也,乘之者遂得其成。(《奸劫》)

这明明是说"法"、"术"二者,是缺一不可的。虽梁氏据那《有度篇》"奉公法,废私术"的一句话,但是"私术"与"术",未必即为一物,私术与他处所言的私曲、私行、私举、私善、私利等义差不多,都是指臣下而非指君上的。《有度篇》原文说:"古者世治之民,奉公法,废私术,专意一行,具以待任。"王先慎注:"治世之人,所具意行,不用之于私,惟以待君之任耳。"他明明是专指臣民,并未言及君主。在韩非之意,是臣民要绝对行公奉上的;至于君主,则愈私愈妙(补详于后)。正同于孔子所说:天下有道则士庶人不议(自天子出),天下无道自诸侯出,自大夫出。以及董仲舒所明言的伸君屈民,伸上屈下。不看韩非全书中到处都详论君主应该怎样鬼鬼怪怪地去对付他的臣下吗? (详后)梁氏安得反而妄断"术盖为法家所最恶"? (同引前)吾今敢说:法家(其实只是申不害、韩非)的须臾不可离者,就无过于这个君主独自行使的术了。千万要记得:这是以君主为限的;如臣下用之,才可如梁说,"术盖为法家所最恶"。

此外梁氏还有一个更大的误会,他说:"慎子盖兼主势治之人也。"其言曰:"尧为匹夫不能治三人,而桀为天子能乱天下,吾以此知势位之足恃,而贤智之不足慕也。"(《韩非子·难势篇》引)"韩非子驳之。……(自"夫势者非能必使贤者用已"起,至"若吾之言谓人之所得设也"止)浅见者流,见法治者之以干涉为职志也,谓所凭借者政府威权耳,则以与势治混为一谈。韩非此论,辨析最为谨严,盖势治者正专制行为,而法治者专制之反面也。……是法与术之异也。"(同前引)恰恰! 不知慎子之言,正是韩非表示同意而引来为自己助证的。至于所举"韩非驳之"一段之言,乃出自反对法家之人。我们试看《难势篇》中最重要之处:

> 且夫尧舜桀纣千世而一出,不(本无不字,兹以意增)是比肩随踵而生也;世之治者不绝于中。吾所以为言势者中也,中者上不及尧舜,而下亦不为桀纣,抱法处势则治,背法处势则乱,今废势背法而待尧舜,尧舜至乃治,是千世乱而一治也;抱

法处势而待桀纣,桀纣至乃乱,是千世治而一乱也。且夫治千
而乱一,与治一而乱千也,是尤乘骥駬而分驰也,相去亦远矣。

这里面常常以"抱法"与"处势",或"背法"与"废势"两者相提
并论,足见韩非明明是个主张法治兼势治者。梁氏既要说韩非为反
对势治者,为什么不并认韩非为极力反对法治之人? 如要承认韩非
为主张法治者,则其极言势治,为何不并加以承认? 韩非论势之至
关重要,尚不止于此处,更有很明白的话:

> 且民者固服于势,寡能怀于义。仲尼天下圣人也,……海
> 内说其仁,美其义,而为服役者七十人,盖贵仁者寡,能义者难
> 也。……鲁哀公下主也,南面君国,境内之民莫敢不臣,民者固
> 服于势,势诚易以服人。故仲尼反为臣,而哀公顾为君,……故
> 以义则仲尼不服于哀公,乘势则哀公臣仲尼。今学者之说人主
> 也,不乘必胜之势,而务行仁义,则可以王;是求人之主之必及
> 仲尼,而以世之凡民皆如列徒,此必不得之数也。(《五蠹》)
>
> 桀为天子,能制天下,非贤也,势重也;尧为匹夫,不能正三
> 家,非不肖也,位卑也。(《功名》)

这和《难势篇》所引慎子之言,连半点的异处也没有。由此来
看,梁氏如要否认韩非之主张势治,那就非先说一部《韩非子》为伪
书不可。

是自误误人,自欺欺人了! 吾今敢无疑的说:在先秦诸子中,甚
至举中国学界之极力提倡君权而无微不至者,明明就要算这法家的
韩非为头一个人,试看他说:

> 故人主自用其刑德,则群臣畏其威而归其利矣。……故明
> 主之畜臣,臣不得越官而有功,不得陈言而不当,越官则死,不
> 当则罪。(《二柄》)

人主安能与其臣共权以为治?……人主又安能与其臣
势以成功乎?(《外储说右下》)

君执柄以处势,故令行禁止。柄者杀生之制也,势者胜众
之资也。……不怀爱而听,不留说而计。……故明主之行制也
天,其用人也鬼,天则不非,鬼则不困,势行教严,逆而不违,毁
誉一行而不议。

事成则君收其功,规败则臣任其罪。

故大臣有行则尊君,百姓有功则利上,此之谓有道之国也。
(《八经》)

这是卖力去教君主专制其臣下的,他尚有话说:

人主之患在于信人,信人则制于人。……为人主而大信其
子,则奸臣得乘于子,以成其私……为人主而大信其妻,则奸臣
得乘于妻,以成其私……夫以妻之近,与子之亲,而尤不可信,
则其余无可信者矣。(《备内》)

这是卖力去教君主专制其妻子的。外至臣下,亲至妻子,皆无
一可信任者,这不是独夫专制到极点吗?不知梁氏为什么半点也不
见及? 梁氏尚且如此,其他则又何说!

最后请将右述总而言之:韩非是个极力主张法治而兼术治、势
治的人。关于其法治主义,吾可暂缓去评论他,其术治主义,简直是
专门教君主极力去压迫臣民,以稳固其地位:自一世、二世,至万万
世,给他独家包办的唯一手段。(秦始皇是个抱有一世、二世至万万
世的野心君主,而韩非更极力主张,所以秦皇读其书而大悦,董仲舒
说秦行韩非子说)其势治主义,更有如今的政客军阀专想夺取政权,
至于学问、人格,一无所顾及。以为只要得到权势,就是一般有学
问、人格的人,也是敢怒而不敢言的;如无权势,就是很有学问、人

格,最后也会给人家瞧不起,不管你有什么好见解,也没有希望其实现。他如韩非专门讲究治下的政策,是在下者受莫大的不平待遇,虽至于死无所告诉;而其终未有一言及乎治上的议案,是国君益得横行,毫无忌惮,如使虎而又添上翼者。要而言之,只问其势得不得(或高不高),不问其人好不好,如得势虽不好也好,如不得势虽好也不好,如手段好就可以包办到万世,如手段不好就马上倒下来。韩非这种怪主义,真是不讲理的。我述到这里,实不能不骂他是个很该死的人。论他的罪恶,比同他同时的纵横家如苏秦、张仪辈恐怕还要大。

此外如常乃德君的《中国文化小史》、《中国思想小史》等书里,极力称许:韩非子是集各家(如儒、道、墨家等)之大成,法家是最进步的学派。吾以为:后者我们只能说法家是最后出的,至于是否够得上称为最进步的,似乎尚属疑问。关于前者,我以为韩非只和儒、道、墨三家略有异同,至于集各家之大成,则万万谈不上。吾在中国学术大纲书中有"韩非与道、儒、墨三家之异同"一节可参看,兹不喋赘。

(原载《中国杂志》1931 年第 1 期,第 18—25 页)

从民国去看历史上的专制贪污

一、绪言：历史与现实

我们生活在这个时代、这种国家里,对于一切现实,自会目击心伤,深盼当局力图改善。白居易是个伟大的社会文艺家,他认为从事文艺工作的目的与任务是:"惟歌生民病,愿得太子知。""歌哭难异名,所感则同归。""谓之讽谕时,兼济之志也。""文章合为时而著,歌诗合为事而作。""为民为物为事而作,不为文而作也。"这样看去,真是正确。我是侧重"中国历史"自勉,欲就本位,来谋贡献,所以主张:为活人而研究历史,使历史与活人有关;不为死鬼而研究历史,使历史与活人无关;主张为大众而研究历史,使历史对大众有益。读者也许有人会怀疑我这种态度,不是真正历史家的态度,殊不知我所说的,是指多讲有关现实的史事,有关社会民生的史事;而不是注重上层少数人与枝叶问题,如《春秋》、《资治通鉴》、《通鉴纲目》等书;更不是专造谣言,专说谎话,不顾历史事实,不重民意舆论,如现在一部分政治宣传家的习气。我们对于过去史事,无"征"不"信";对于现在时事,也唯"真"是"求",能用历史的眼光和精神来观察现实,则出之于口为"真话",笔之于书成"信史"。

近今人士,多知民国时代政府的取法西洋,只有其"名",而无其"实"；而少知一部中国历史，实以"自秦至清的封建社会、专制政治"为中心，为时既久，深入人心，民国时代政府对于中国固有的封建社会、专制政治，亦取其"短"，而舍其"长"。君主如秦始皇的不用亲族戚属，魏晋宋齐梁的制定损上益下的多种法律，明太祖的严办贪官，故抑富人；西汉的迁徙豪富，困辱商贾；王莽的有意比较彻底的各种社会政策；隋文帝的注重节俭，上行下效。……宰相如诸葛亮、王猛的厉行法治，信赏必罚，使民畏而爱之；贾似道的断然采取嫉富右贫的公田政策，且先献田，以身作则。……像这一类，都不是民国时代任何中央行政领袖所可一比的。此即应该取法，而偏偏不知取法的一方面。反之，不应该取法，而偏偏要取法的一方面，则有如下列所述各点。

二、君主的专制

君主专制的遗风，到民国时代犹存者，约有下列各方面：

（1）就内政方面来说：第一是反对内阁制。从前宰相有权，不利于君主独裁，正和民国时代的内阁制度不利于总统独裁一样。愈想独裁的君主，愈要反对宰相有权；正和愈想独裁的总统，愈要反对内阁制度一样。秦始皇虽然是开始专制的皇帝，但他始置丞相，还有点像《周礼》中的冢宰。汉末改为大司徒，便只等于《周礼》中六官之一。唐时丞相分于中书、门下、尚书三省，中书撰而议之，门下审而复之，尚书承而行之，这么一来，宰相便不复与朝廷议论了。（李心传《朝野杂记》）到宋改为枢密使，参知政事，名既不高，权又不专。明太祖更革宰相而置六部，只是"入直内阁，备顾问，代王言而已"。（袁裒《世维》）第二是注重特务工作。明朝的东厂、西厂和锦衣卫，颇像现在的特务和集中营。其最大任务在于秘密侦查臣民的行动言论思想……"自京师主天下，旁午侦事，虽王府不免"。

连夜中也可直去报给天子,所以"事无大小,天子皆得闻之。家人米盐猥事,宫中或传为笑谑。上下惴惴,无不畏打事件者","下锦衣打问,刑部拟罪,其小小者片纸密报,日有数次,谓之打事件"。他们是不依法理去办的,"衙宇壮丽邃密,有狱,有理刑官","大出理法之外"。锦衣卫设于太祖,东厂设于成祖,宪宗时又别设西厂,刘瑾又"创例罪无轻重皆决杖,永远戍边,或枷项发遣,枷重百五十斤,不数日辄死",魏忠贤更"专以酷虐钳中外,而厂卫之毒极矣"。(详见《明史·刑法志》、朱国桢《皇明大事记》卷二一)明朝真不失为特务的朝代,自由民国时代可和他一比。第三是保甲警管区制。宋王安石虽正式实行保甲制度,但其法尚疏。到了满清,统治汉族,防范无微不至,组织也很严密:十户立一牌头,十牌立一甲头,十甲立一保长,户给印牌,书其姓名丁口,出则注其所往,入则稽其所来;寺观客店,也不例外。(《清通考·户口考》)这已无异于现在的保甲制度了。至于类似警管区制,似始于元明:元"编二十家为甲,以北人为甲主,衣服饮食惟所欲,童男少女惟所令……城乡设甲主,孥人妻女,有志者皆自裁……欲求两全者竟出下策为舟妓,以舟人不设甲主,舟妓向不辱身也"(徐大焯:《烬余录》)。又明末李自成也"编排甲令,五家养一贼,大纵淫掠,民不胜毒,缢死相望"(《明史·李自成传》)。这真是史所未有的公开监视人民的一种暴虐制度。但结果也没有大效,元朝亡得那么快,自成也并未成功。第四是大兴党狱。这像清光绪、宣统间,杀戮党人,全国大索,武昌发难,便是总督瑞徵株连牵及,以激成之。(易坤《帝王春秋·严刑》)

(2)就军事方面来说:第一是人杀起义功臣。使功臣为自己争天下,天下到手,便把功臣杀掉。比如汉高祖、唐太宗、明太祖等便是显例,尤以明太祖的残忍真是空前。如胡惟庸之狱,族诛至三万余人;蓝玉之狱,也族诛至万五千余人。(详见《廿二史札记·胡蓝之狱》)其次,虽不杀戮功臣,但也要使功臣解除兵柄,才能放心。

用这种方法者,有宋太祖。第二是禁藏军用器物。比如宋太宗禁民蓄兵器,与"私市近界部落马"(《宋史·太宗本纪》)。元以异族入主中国,严禁汉人执持兵器,连铁尺、铁骨朵,及含铁柱杖等都在内。私造军器者、私藏甲全副者,或私有枪、刀、弩十件者,都处死。汉民有"马者拘入官"(《日知录·禁兵器》)。明太祖时,广平府吏王允道请开磁州铁冶,太祖以"今军器不乏,而民业已定"为理由而杖他,并流岭南。(《明史·太祖本纪》)明太祖怕人民起来革命,抢他的天下,所以防到兵器的原料,比之秦始皇的只销毁现有的兵器,真是聪明周到多了。可是在实际上,防不胜防,不论秦、明,都无法达到"子孙帝王万世之业"。

（3）就经济方面来说:第一是赋税的尽归中央。此如秦始皇建守罢侯,贵以自举。"提封之内,撮粟尺布,一夫之役,尽专于己。徂春历秋,往返万里,是所得者至寡,所苦者至大。人用无聊,海内咸怨"(《通典》)。第二是官吏薪俸的降低。比如明代,官吏薪俸最薄,连最低的生活也无法维持,"其弊在于以钞折米,又以布折钞"(详见《廿二史札记·明官俸最薄》)。官吏薪俸如不特别降低,元首财产便难特别提高。明朝君主极尽享乐的能事,单就饮食方面来举点例子:厨役之额,当仁宗时已六千三百余名,到了宪宗更增加四分之一。世宗初,减至四千一百名,岁额银撙节至十三万两;中年复增至四十万,额派不足,借支太仓;太仓又不足,仍令元供司府依数增派。英宗初政,多所撙节,上用膳食器皿已经三十万七千有奇。正统间,鸡鹅羊豕定费三四万。天顺以后,增四倍。天顺八年,果品物料,凡百二十六万八千余斤。成、弘间果品百七万八千余斤。(《明史·食货志》)第三,对于人民的剥削。隋炀帝的时候,普通租赋之外,什么征敛都有,不管人民饿死,官吏中饱其大半,人民愁苦不堪,离弃室宇,通夜只听见长吏打门,猛犬狂吠,从燕、赵到齐、韩,从江、淮到襄、邓,东周洛邑之地,西秦陇山之右,各地都有人民起来反叛,宫观变成茂草,乡亭断绝烟火。(参看《隋书·食货志》)唐代宗时,租庸使元载以江淮虽遭兵荒,但人民比其他诸道还算的有货产,便按籍举八年租调的远负和逋逃者,计其大数,去征它。选择豪吏做县长去督他,不问负的有无,资的高下,只要遇到人民有点粟帛,便把他包围起来,就其所有,分出一半,甚至十取八九,叫做"白着"。如不服从,便用严刑去威吓他。人民到了这个地步,只好相聚山林为盗,地方政府也没有法子去制止它。(《通考》)这简直是大强盗,哪里配称作"政府"?

宋先后被辽、金、西夏、蒙古等国侵略,无时无刻不需要钱。例如"今人乍战乍和,战则军需浩繁,和则岁币重大,国用常苦不继"(《宋史·食货志》)。对外的"战",要国民出钱,还说得过去;而对外的"和",也要国民出钱,进贡敌人。勇于对内,怯于对外,这简直是"外国的奴才"。又,皇帝自己不但不废享乐,而且要乘机增加享乐,只知有己,不知有民,这才真是"国民的敌人"。像徽宗便是最能代表这样的一个"外国的奴才"、"国民的敌人"!

绍兴初,江西安抚使朱胜非说:"方今土寇皆因朝廷号令无定,横敛不一,名色既多,贫民不能为生,以至为寇。臣自桂岭而来,入衡州界,有屋无人;入潭州界,有屋无壁;入袁州界,人屋俱无。"先是胜非被命宣抚江湖三路首访民瘼,皆云正税之外,科条繁重,乃令民间陈其色目,税米一斛,有输及五六斛;税前一千,有输入七八千者。……他皆类此。而中书舍人洪抚也说:"兵举累年,馈饷悉出于民,无屋而责屋税,无丁而责丁税,不时之需,无名之敛,殆无数日,所以去而为盗。"(李心传《建炎以来系年要录》)要没有"屋"的人民出"屋税",要没有"丁"的人民出"丁税",这真是"滑"天下之大"稽",而打破苛捐重税史上的记录!朱熹也说:"独漳、泉、汀三州未行,细民业去税存,不胜其苦。"这又无异于要没有"田"的人民出"田赋"。我的家乡"德化",一直到了现在,还常有这种情形。我的一个相当大的家庭,死的死,逃的逃,主要原因就在此。

明崇祯十年,杨嗣昌建议四种筹饷之策:一是因粮,二是溢地,三是事例,四是驿递。因粮是"因旧额之粮为加派"。议上,帝便传论:"流寇延蔓,生民涂炭,不集兵无以平寇,不增赋无以饷兵,勉从延议,暂累吾民一年,除此腹心大患。改其因粮为均输,布告天下,使知为民去害之意。"这在当时叫做"剿饷"。当初增"剿饷"的时候,是以一年为期的;后来因为饷已尽而贼未平,便于十二年,在"剿饷"之外再增"练饷"七百三十万。在神宗末年,已增赋五百二十万,崇祯初年再增百四十万,叫做"辽饷"。到了此时,"复增'剿饷'、'练饷'溢额之,先后增赋千六百七十万,民不聊生,益起为盗矣"(《明史·杨嗣昌传》)。我们据此来看,可知:第一步是人民为了赋税太重而做盗贼,第二步是政府为了要痛剿盗贼而大增赋税,第三步是人民因政府的大增赋税而益无法生存,只好群起而为盗贼,结果政府反被盗贼所剿了。所以政府的大增赋税,实等于大增敌人;政府的痛剿盗贼,实等于痛剿自己。明思宗和杨嗣昌以为一年之内就可把李自成那股盗贼完全消灭掉了,真是大作好梦! 大打如意算盘! 而历史告诉我们的却是:明亡于李自成而不是李自成亡于明。再换一方面来说:政府利用人民的赋税,去剿灭人民的反抗,便是以民治民,以民灭民。政府以奴主自居,以奴隶看待人民,以为奴主要奴隶饿死就该饿死,哪得很无礼地起来抵抗? 起来抵抗便是盗贼,便要被剿!

上面所说只限于"赋"的一方面,至于"役"的一方面,则以秦始皇、隋炀帝、宋、元各政府为最重,这是人所共知之事,现在尽可从略。

第四是通货膨胀。政府靠它的特别权力制造货币,大发其财。如西汉的皇帝,对于铜钱的多铸多藏。(另详于后)宋、元、明的皇帝更进一步,于硬币之外兼大造纸币,(纸币始于唐)以致通货膨胀,物贵币轻,民不聊生。但如比之今天政府的纸币政策,无限制地印出,又觉万不及一,真是不足提及了!

第五是官僚资本。有点像现在最盛的所谓"官僚资本"的,如元世祖用政府的名义、国家的资本,建设船舶,积载货物,选择富民代为出洋贸易,"其所获之息,以十分为率,官取其七,所易人得其三"(详见《元史·食货志》)。这么一来,国际贸易便全被政府垄断着了。但元朝还只垄断海外贸易,到了民国时代,却连工业以及其他凡可以赚钱的事业,也多被官僚垄断起来,而且愈来愈厉害,人民经营的事业,已经濒于破产!

(4)就文教方面来说:第一,不许思想言论自由。例如秦始皇的禁人民私藏文史思想书籍,"偶语者弃市"。汉武帝的独尊孔子六经,禁习诸子百家。宋哲宗的禁主司于庄、老、列子书命题,宋高宗的罢治佛老之书。元、明、清三代的专以朱熹等的经注、理学试士。明永乐二年朱季友以著书批评宋儒而被下令捕打,并尽毁其家所著书。(明陈建学《荶通辨引皇明政要》)清乾隆六年以御史谢济世著书与朱熹不合,命将书版销毁。(乾隆《东华录》四)此外如明李贽以反对孔子而被捕,死于狱中,其所著书亦被禁毁于明清政府。专制君主,自然可恨,但一直到了民国时代的政府,也还是公然实行思想统治政策,人民哪里能够得到言论的自由?远的不用说,只要看了清末时代的大禁民族主义思想,民国旧军阀时代的大禁民权主义、民生主义思想……就会发现:在历代政府的立场上,实有一个共同的原则,就是严禁趋新的,而赞成守旧的;严禁前进的,而赞成落伍。可见凡是不许人民思想言论自由的政府,都是守旧的、落伍的政府。如果政府也能跟着人民站在一个立场,以人民的言论为言论,以人民的思想为思想,那就上下官民打成一片,政府就根本没有大禁思想言论自由的必要了!政府是不是真的能代表民意,只要看着一点就够了!

　　第二，不许请愿集会自由。例如明太祖洪武十五年颁学规于国子监，又颁禁令十二条于天下，铸立卧碑于"明伦堂之左，凡建言有禁，唆讼有禁，把持有禁"（参看魏崧《壹事纪始》卷六）。到清代禁得更厉害，更具体，如："明伦堂之左，刊立世祖章皇帝钦定卧碑，晓示生员，其文曰：……一、生员立志，当学为忠臣清官。一、生员不可干求官长，交结势要。一、生员当爱身忍性，凡有司衙门不可轻入，不许与他人词讼。他人亦不许牵连生员作证。……一、军民一切利病，不许生员上书陈言：如有一言建白，以远制论，黜革治罪。一、生员不许纠党多人，立盟结社，把持官府，武断乡曲。所行文字，不许妄行刊刻，远者听提调官治罪。"（《清会典·礼部》）这如明白地说，就是学生既然接受了政府的"奴隶教育"，便应该立志做政府的奴隶，既然做了奴隶，便是任何权利也没有的。又顺治六年下诏严禁集会结社，如投名片往来也不许用同结社、同盟名义，远者治罪。于是天下士大夫都钳口结舌，而不敢作声了。康熙时，吴县知县滥用非刑，贪贿浮征，诸生金人瑞（圣钦）、倪用宝等十余人，独敢于士祖遗诏到苏，巡抚等官哭临的时候，聚众千余人，哭于文朝，并到府堂进揭帖，巡抚朱国治等指为惊先帝的灵魂聚众倡乱，摇动人心，结果皇帝下诏不分首从，同样的以"斩首"处分。这便是所谓金人瑞的"哭朝案"。民国以来，政府军警时常枪杀游行请愿的群众；以民国的人，去看清初的哭朝案，倒也没有觉得什么样奇怪！第三，最瞧不起教育文人。自汉武帝以后的君主，在表面上都很注重教育、优礼学者，其实适得其反。例如汉武帝以汉代最大文人的司马相如为"孝文园令"，其职务是"扫除"；以孔子十二世孙汉代有名经师的孔安国为侍中，"侍中"本是分掌舆、服物，下至夜壶等职，武帝因为安国是儒者，便特别的听掌御座唾壶。以公开的唾壶换秘密的夜壶，安见有什么好处？元代分人为十等："一官二吏，先之者，贵之也；……八娼九儒十丐，后之者，贱之也。"（谢枋得《送方伯载归三山序》）皇帝和将相等是"官"，所以自以为最贵。因为皇帝们多没有什么学问知识，所以最瞧不起文化人、教育界。在元代皇帝的心目中，文化人比娼妓不足，比乞丐有余，真是侮辱文化人到了极点。教育，既然是培养成功夹在娼妓和乞丐中间的一种人物，那就尽可把教育完全废除掉了。因为娼妓和乞丐都不用特别去培养，这所谓"儒者"自然也可不必例外。到了民国时代，文化人教育界的地位，似乎也并没有比元代提高了多少。民国时代重武轻文，贵官贱士，军事第一，教育最末，这是任何人都只好承认而不敢否认的一件事。其实还不止此，试问民国时代的政府，上至元首，下至小吏，既然都是受过教育而有知识的人，为什么也要和古代没有文化的古代异族，同样的最瞧不起文化人、教育界？这一点才是教育界破产的最大表现哩！

明清对于较远的地位和薪俸，都已开始规定起来。但明代还只规定"府教授"的秩为"从九品"，自清世宗始——加给品级，以示鼓舞责成之意。最高的教授为"正七品官"，学正、教谕为"正八品官"，训导为"从八品官"。这种办法，名为特别优待，实则降低地位。因为教师是超官品的，所以独尊；如果最高也不得过七品，那就无异于表示其地位在各大吏之下。民国时代，教师的品秩，虽还未正式规定；但大学教授的薪级，早已按照"普通荐任官"发给，实也和清朝一样。一般大学教授因此便被社会轻视，有一部分人便以为要提高自己的地位，就要去谋做官，只要做个简任官，品级、薪水都比大学教授高；就是做个荐任官的县长，也可独当一面，权柄大，收入多。由官吏来做大学教授，是下就；由大学教授去做官吏，是高升。这也是政府官吏看轻教育、学者的一种证明。

三、政府的贪污

这可分为财产和奢侈两方面来讲：

（1）多财产就是多贪污的表现。

第一是皇帝。皇帝财产的来源，最主要者有三：一是赋税收入，如"汉百姓赋钱一岁为四十余万万，吏俸用其半，余二十万万藏于都内为禁钱"（桓谭《新论》）。则每年的二十万万，便是皇帝的财产。二是发行货币，如西汉"自孝武元狩五年三官初铸五铢钱，至平帝元始中，成钱二百八十亿余"（《汉书·食货志》）。三是占夺民产，如"明时草场颇多，占夺民业而为民厉者，莫如皇庄及诸王、勋戚、中官庄田为甚。……弘治二年，户部尚书李敏等上言：畿内皇庄有五，共地万二千八百余顷；勋戚中官庄田三百三十有二，共地三万三千余顷。……武宗即位逾月，即建皇庄七，其后增至三百余处，诸王、外戚求请及夺民田者无算。世宗初，命给事中夏言等清核皇庄田，言极言皇庄为属于民。自是正德以来，投献侵牟之地，颇有给还民者，而官戚辈复中挠之"（详《明史·食货志》）说到皇帝的财产，连西汉到了衰亡时候的元帝，还藏钱到八十三万万之多（《汉书·王嘉传》）；连皇帝做了不久的王莽，省中黄金万金为一柜也有六十柜，黄门、钩盾、藏府、府中、尚方处处还各有数柜，他如"长乐御府、中御府及都内平准帑藏钱帛珠玉财物甚众"（同上，《王莽传》）。连天下还未争到手的张献忠也"用法移锦江而涸其流，名曰锢金"（吴伟业《绥寇纪略》）。至于其他皇帝，更可想而知了。"贵为太子，富有天下"，莫怪大家都想做皇帝！

第二是皇亲。皇帝的亲族如西汉的梁孝王未死时，财以巨万（万万）计，不可胜数；及死，藏府尚余黄金四十万余斤，其他财务亦与此相等。（《汉书·梁孝王传》）又吴王叛汉时，至檄于诸王，也说："寡人金钱在天下者，往往而有，非必取之于吴，诸王日夜用之不能尽。"（同上，《吴王濞传》）

第三是国戚。裙带关系的外戚，当推汉为第一，如吕后的娘家诸吕，在高祖时已有六人为列侯，吕后更违约而王诸侯，连她的妹妹吕婴也封侯。元帝的王皇后,一家十侯、五大司马。傅昭仪一家:侯者六人,大司马二人,九卿二千石六人,侍中诸曹十余人。梁冀一门:前后七封侯,三皇后,六贵人,二大将军,妇人女食邑称君者七人,尚公主三人,其余卿、将、尹、校五十七人。在位二十余年,"穷极满盛,威行内外",天子既不平,收冀财货,变卖合三十余万万,以充王府之用,减天下租税之半。(《后汉书·梁冀传》)汉朝真不失为外戚的天下!政府没收贪官的财产,以减轻人民的赋税,这是最适当的一种办法,可惜民国的元首反没有一人知而行之。不但不敢处分外戚式的贪官,甚至连普通的贪官,也不加以处分。又从前大概只有皇帝最可以大用宗室、外戚;到了民国,却不分上下,只要有机会,独当一面,都以引用亲戚、私人为能事。简直是个个皇帝化,层层宗室化、外戚化了!

　　第四是权臣。权臣的贪污,以明代为最多。首先是擅权的宦官:其富骇人听闻者如王振,籍没时,计金银六十余万库,玉盘百,珊瑚高六七尺者二十余株。李广殁后,孝宗得其贿籍,文武大臣馈黄白米各千百石,黄指金,白指银。刘瑾籍殁时,金共一千二百五万七千八百两,银共二万五千九百八十五万三千六百两,大玉带八十束,其他珍宝无算。瑾穷柄只六七年,而所积已经这样多。后来钱宁没收时,黄金十万余两,白银三千箱,玉带二千五百束,也差不多有刘瑾的一半。到了魏忠贤,其权既也胜于瑾,其富也一定非瑾所可比。其次是擅权的大臣。如江彬籍殁时,黄金七十柜,每柜一千五百两,银二千三百柜,每柜二千两。严嵩为相二十年,其子世蕃与其妻窖金于地,每百万为一窖,凡十数窖;其他珍宝不可胜数。杨继盛上疏劾他道:"文武迁擢,不论可否,但问贿之多寡,将弁贿嵩,不得不胺削士卒;有司贿嵩,不得不掊克百姓。"王宗茂劾他说:"陛下帑藏,不足支诸边一年之费;而嵩所积,可支数年,与其开卖官爵之令,何如籍其家以纾患?"周冕劾他说:"边臣失事,纳赇于嵩,无功可受赏,有罪可不诛。文武大臣之赠谥,迟连予夺,一视贿之厚薄。"张翀劾他说:"文物将吏,率由贿进,户部发边饷,朝出度支之门,暮入奸嵩之府,输边者四,馈嵩者六。边镇使人伺嵩门下,未馈其父,先馈其子;未馈其子,先馈家人,家人严年以逾输数十万。"董传策劾他说:"边军岁饷数百万,半入嵩家,吏、兵二部持簿就嵩填注。文选郎万寀,职方郎方祥,人称为文武管家。嵩资多,水陆舟车载还其乡,月无虚日。"邹应龙劾他说:"嵩籍本袁州,乃广置良田美宅于南京、扬州,无虑数十所。"(《廿二史札记·明代宦官·权奸黩贿》)当严嵩看见他的儿子媳妇埋金于地下的时候,已以"多藏厚亡"为患,其后果然不免失败,财产全被没收。严嵩真不失为空前的贪官,贪官的黑幕与其影响到国家人民的一切,几乎全被上疏弹劾他的人看出。世间罪恶虽多,似乎没有会比贪官再大的了!

清初司财政者的侵渔亏空,及督抚串同作弊的事件,时常发生。到了乾隆时代,和珅当国,贪污之风更盛:上司对于属员,有派买貂参金珠的明文;属员对于上司,有玄□珍珠的馈遗。嘉庆四年,和珅伏罪,其家产前后查抄,其价值或谓当不下八万万两。(易玼《帝王春秋奢靡》、罗尔纲《太平天国史纲》)

我们看了上述情形,封建时代君主虽很昏暴,但如遇着贪官污吏,经人弹劾,多能尊重民意,毅然加以处分,所以旧时代没有一个大官的大贪污而不被诛,把全部财产充公的。甚至连小吏的贪污,也多受极刑,仍要剥皮实草。府州县尉之左,特立一庙,以祀土地,为剥皮的场所,名叫"皮场庙"。官府公座旁,各悬一个剥皮实草的袋,使人触目惊心。(《草木子》)斩首示众兼剥皮实草,虽是"非法之刑",但如用来处分贪官污吏,却不但并未太过,而且是大快人心!民国的政府,比那还有点法治和爱民的古时皇帝,相去真是不可以道里来计算。梁冀、刘瑾、严嵩、和珅那般大贪官,比今天这民国时代的大贪官,也许又如小巫之见大巫。他们官位愈高,俸禄愈厚,贪污愈甚;而又以大官去祖护小吏,以"大贪污"去祖护"小贪污"。所以上行下效,愈来愈多,而终不致被处分;如有被处分的,也只限于极少数的小吏"小贪污";至于简任以上,尤其是特任以上的大官,不但不致受处分,而且愈贪污,其地位反愈坚固。民国时代的政府,简直是有史以来所未有的、公然的、有意的保护贪污、奖励贪污的政府!我们对于一般官吏,一看了他的奴才,便可知道他的主人,如严嵩、张居正等,一看了他的部下,便可知道他的领袖,如乾隆、和珅等。古代既然如此,民国岂能例外? 不然,试问一般行政首长,既然大权独揽,为何不稍发其天良,稍负其责任,为国除奸,为民除害? 退一步来说,至少也是比专制君主昏愚无能多了。但这有气势当局与民众所愿承认的吗?

　　第五是乡绅。乡绅是乡下绅士,这种绅士虽然已经在野,但其前身既全是官僚,而官僚的子弟,所凭借的也还是政府的势力,所以附述于此。

　　明代绅士,最为暴横,他们居乡多倚势恃强,把小民看做弱肉,上下相护,小民无所控诉。他们可以刑杀乡民,例如杨士奇为首相,其子稷居乡,曾侵暴杀人,言官交劾,朝廷不加法。梁储子次摅居家,与富人杨端争民田,灭端家二百余人。他又最喜欢束人臂股或阴茎,以针刺之,血缕高数尺,便大叫称快。其次,他们又要役使乡民,例如松江钱尚书建屋,多役乡人,连砖瓦也取给于役者。其次他们又隐蔽乡盗,例如温体仁当国,唐世济为都御史,同是乌程人,其乡人盗于太湖者,都以两家为奥主,兵备冯元扬捕得其领袖,原来就是世济的族子。再次,他们更占夺民产,例如万历中有一寡妇薄有资产,其子还小,有倖暗把其产献给势家。又王应熊为相,其弟应熙横行于乡,乡人向政府告诉列状到四百八十余条,赃一百七十余万。因为明代绅士过于暴横所以往往激起民变,例如延绥巡抚董国安子董二居乡,民不聊生,被虐待者都从白莲教反。(以上参看《廿二史札记·明乡官虐民之害》)但一般乡绅因为过于作恶,也常常被人惨杀,不得善终。例如徐汝圭以按察副使罢归里,被人砍成十多段。庄壬春以知府归,欲侵海上的涂田,被田主将衣服脱光,割其肉而以盐腌,又把他和他家童的生殖器一寸一寸的割下来,使他们相吃,而后剖其腹。杨维平以御史归,被人把他的手缚于柱,用力刺其腹。董传策以南京礼部右侍郎归,因待他的家童太暴酷,死者前后数十,结果为奴所缚,用斧砍他,肠胃都流出。(王世贞《弇州史料后集》)这真是"冤冤相报","无往不复"!以牙还牙,痛快无比!民国时代的官家子弟、土豪劣绅,其罪恶似乎也比明代乡绅好不了多少!

(2)奢侈也是贪污的一种表现。古人说"俭以养廉",可见奢侈也就是贪污的一种表现。贪污是入,奢侈是出,如果不贪污,怎么能够奢侈?从中国历史上来看,一般奸官固多贪污,而所谓"名臣"当中,也有非常奢侈的。例如唐朝的元勋、至被天子尊为"尚父"的郭子仪,于大历二年入朝,代宗诏赐软脚局,宰相元载、王缙,仆射裴冕,京兆尹黎干,内侍鱼朝恩各出钱三十万置宴于子仪的公馆,恩出罗锦二百匹,给子仪作缠头之费,极欢而散。时田神功亦朝觐在京,于是鱼朝恩及子仪、神功等,更迭治具,公卿大臣列于席者,百人一宴,费至十万贯。又子仪岁入官俸二十四万贯,而其私利尚不在内。其在亲仁里,居其里四分之一,中通永巷,家人三千相出入者,不知其居前。后受赐的良田美器、名园甲馆、声色珍玩堆积羡溢,不可胜记,侈穷人欲。(《旧唐书》本传或《廿二史札记·豪宴》)郭子仪为了要享尽人间物质之乐,而接受内侍、太子等的赐物,这些赐物都是民脂民膏,可见子仪至少是个间接的大贪污者!

又如明代名相张居正,《答宋阳山书》说:"自嘉靖以来,当国者政以贿成,吏胺民膏,以媚权门。而继秉国者,又务一切姑息之政,为逋负渊薮,以成兼并之私。私家日富,公室日贫,国匮民穷,病实在此。……故仆今约己敦素,杜绝贿门,痛惩贪墨,所以救贿政之弊也。……上损则下益,私门闭则公室强。故惩贪吏者,所以足民也。……倡节俭之风,兴礼义之教。"(《张太岳文集》)单就这段文字来看,张居正的言论何等正大,头脑何等清楚;但在事实上,却连他自己,也是顶该被骂的一个人。例如:他奉旨归葬,藩臬以上都跪迎,巡御史做他的前驱。真定守钱普发明一种坐舆,前轩后室,旁有两庑,各立一童子听他的使令,共用舁夫三十二人,所过地方,牙盘上食,味逾百品,还以为没有下箸处。普,无锡人,会做吴馔,居正觉得好吃,说:"我一直到了此时,才得一饱!"御史吴中的好厨子,差不多全被他招募完了。(《明史》本传)这样穷奢极侈,正是大违背了他所说"倡节俭之风"的。居正时候,御史羊可立追论居正罪,指居正构辽庶人狱,庶妃因上疏辩冤,且说:"庶人金宝万计,悉入居正。"皇帝下诏籍居正家,得黄金万两,白银十余万两。他的长子,受不住刑罚,自己诬服,寄了三十万金给省吾、篆等。(同上)居正既被人控告,又有如此财产,也和他所说"杜绝贿门,痛惩贪墨",大不相符。又他的奴才游守,和年嵩的奴才永年,同样的"不但招权纳贿,而朝中多赠以诗文,俨然与搢绅为宾主",为异日"魅阉建祠"之"嚆矢"。(《日知录·奴仆》)居正连自己的奴才都"招权纳贿",而不能管束,加以处分,至于他人,更谈不上了。有严嵩的贪污,然后有永年的"招权纳贿";而有游守的"招权纳贿",也可以证明居正的贪污。居正如果真的一点贪污也没有,试问他那种穷奢极欲的费用,难道是从天上掉下来的? 他实是一个大言欺人、明知故犯的标准官僚,比一般表里一致的奸臣恶人,还要卑鄙可恨!

　　民国时代的官吏,贪污固甚于过去任何朝代;而其奢侈,也够可观。远的不说,如十多年前,某市长夫人的一双丝袜还卖到二十五元,连胡汉民也大为感慨,如照此刻米价比战前多五千倍来计算,至少也等于十二三万元。抗战胜利以后,此种情形更普遍化了。如某"将校的厨房里,不但中西大菜俱全,而且备了各省有名的中菜"。

他由上海到重庆走一趟,也非自带厨房和中西菜料不可,连蒋主席的手令,也说明一般官吏的"穷奢极欲"。(参看马叙伦《怎样收拾人心》)

三五,六,二三

(原载《理论与现实》1946 年第 2 期,第 43—49 页)

与大公报论民主和教育的因果

—民主愈延缓,文化愈低落—

先做到教育普及、文化提高,而后实行政治自由、经济平等呢?还是先实行政治自由、经济平等,而后做到教育普及、文化提高呢?这个问题在一部分普通人,也许会认为"此亦一是非,彼亦一是非",有如"鸡生蛋,还是蛋生鸡"的没有法子来判决。但在《大公报》的"社评"、"专论",却差不多全倾向前说;而我们则又反而倾向后说。

本月十六日《大公报》有一篇《内战愈延长,文化愈低落》的社评,它说:"认真实行民权主义,必先充实人民的政治判断力,绝不致受野心家左右;认真实行民主主义,必先彻底改革生产技术,这二者都需普及的教育。由戊戌政变迄今半个世纪,中国大多数人民依然连识字教育都未享受过。……无论实行民主、法西斯,或共产,不可缺少的大前提是一簇受过教育的民众,有了教育,便有现代化的起码基础。"我们如把这段文排成"三段法",便如下列所说:

大前提 无论实行民主、法西斯或者共产党,都要先做到教育普及,文化提高。

小前提 英美法是民主,意德日是法西斯,俄国是共产。

断案 所以英美法在未实行民主之前,意德日在未实行法西斯之前,俄国在未实行共产党之前(即未发生社会革命之前),都已同样的先做到教育普及、文化提高了！

这种"形式逻辑"，虽然是不合历史事实的：英美法是"政治民主"以后，才把文化提高起来；而不是"文化提高"以后，才把政治民主起来。俄国在未实行社会主义、经济民主以前，是个多文盲的国家（帝俄时代）；在实行社会主义、经济民主以后，就变成无文盲的国家（苏联时代）了。可是政治民主（自由）、经济民主（平等）是前因，教育普及、文化提高是后果。如果必须先做到教育普及、文化提高，而后有资格去谈民主、法西斯、共产，那么世界上将到今天，甚至天地末日，也绝对不会产生英美法的民主、意德日的法西斯、苏联的共产了。

"我国由戊戌政变迄今半个世纪"，教育永不普及，文化终未提高，其主要原因，实是在乎政治、经济的不民主：

第一，由不民主时代，政府采取愚民政策，不愿教育普及，避免人民觉悟：小则反抗，大则革命，以便一切权利由少数知识分子永久包办下去，如秦始皇所理想的子孙帝王万世之业。因此，凡主张参政必以知识为限者，就使本身不是野心家，也难免乎有意拥护野心家的嫌疑。

第二，由于不民主时代，发展官僚资本主义，工农大众最受剥削，终岁勤劳，难获一饱，所以根本无力求学，无暇读书。

第三，由于不民主时代，虽有高深学识也不能有所表现，政府对于专家学者还不许其参政和思想、言论、出版、集会、结社等基本自由；至于才由文盲到"略识之无"的人，更不会为政府所看重了。明白的说：就是只要民主起来，文盲也应该参政，何况专家？只要不民主起来，专家也不得参政，何况文盲？（请参看九月九日《文汇报》专论、拙作《穷人文盲女子的参政问题》）《大公报》社评说："认真实行民权主义，必先充实人民的政治判断力。"难道还不"充实"吗？何以多受"法兰西"野心家所左右？该报在今年元旦献辞也说："人民的进步,是民主政治的基础。人民进步了,有自治能力,能鉴别是非,压迫固然不受,欺骗也不行。"试问:意德日的人民,难道还不"进步"、还没有"自治能力"、还不能"鉴别是非"吗? 可以仍"受"法西斯野心家的大"压迫"?

第四,由于不民主时代,一切不上轨道,引起内忧外患,年年军事第一,教育最末,有时连教育经费也移作军费之用。《大公报》社评说:"为什么在最亟需教育的中国,教育不振呢? 我们毫不犹豫的说:是战争,战争是文化与教育的死对头。"

这话实在"说不到家"。不知战争又起于不民主,不民主才是引起战争,弄到教育不振的真正原因。由不民主而起的战争,才是"文化与教育的死对头"。国家的由不民主而战争,而教育不振,好比树木的由根而干而树枝。这些先后本末,实非明辨严别不可。引起内战者既是政治而不是教育,所以我们应该多从政治着想,而不应该专从教育着想。

第五,由于不民主时代,从"官僚政治"、"官僚资本"影响到"官僚教育",教育随政治、经济而转移,没有好的政治、好的经济,不能有好的教育。教育破产,实不足怪! 十月十四十五两天《大公报》连载"实现民主的社会基础"一文,虽力主没有知识就谈不到民主,民主必以知识为标准;但于无意中却说:

> 然而现在官僚政治的造成,与贪污风气的普遍,应该归咎于谁呢? ……那高高在上的人是不是受过相当的教育? 那些贪官污吏是什么人? 他们是否从学校出身? 怎样弄的这样? ……官僚主义代人民资本而勃兴,到处存在着托辣斯,到处流行着高利贷。这还可说是间接的。而那些直接剥削人民大众的地方官吏更是到处布满……把"国利民福"丢在一边,集合狐群狗党上下其手,把人民压得透不过气来。……还有更

痛心的,就是那些经"党"的训练出身做官学校的官人,其压迫
人民、剥削人民的程度更甚,而人民反有苦无处诉。(因为上峰
都是他们的老师会官官相护的)就是诉了,也是不损官人的毫
末,反而增加了自己的痛苦,给官人们按照控告名单逮捕惩处。
这是有最近的事实可证,不是无的放矢。自社会上说,常前政
治之所以造成黑暗,除了官僚本身作恶以外,还有社会上的一
般老少绅士助纣为虐。……

　　教育文化该是一个清洗的部门了,……可是事实上并不如
此。在政治上、社会上所演出的把戏,现在竟毫不改装的搬演
到文教界来。……一个校长或馆长,同样是个"官长",同样有
官派,同样有"官僚政治"的作风,而在他手下的"佐治人员",
也同样要鞠躬尽瘁地绝对服从,执行指令,甚至也要教员们遵
照"圣旨"而行。他如事务人员的舞弊、会计人员的横行,竟已
成了司空见惯的事。而那些当局对会计人员的委曲求全的精
神,间接地显示出教交界的一个阴暗面、一个不容讳言的公开
秘密。

　　我们读了这一段文字,反而可以看出:一、知识也未必全靠的
住;二、是从官僚政治影响到官僚教育,而不是从官僚教育影响到官
僚政治,所以我们应该主张先有民主政治而后有民主教育,而不应
该主张先有民主教育而后有民主政治。

　　第六,由于不民主时代,政府丝毫不知爱惜学者、专家,学者、专
家生活既无法安定,心境又急感苦闷,而国家对于图书仪器的供给
也非常缺乏,所以文化不能提高。

　　《大公报》"社评"、"专论"的作者,看上我上面的话也许会退而
说:"那么我们的意思就专指民主的完成,而不指民主的开始好了。
就是说:如要完成民主,就是要提高文化;文化如不提高,民主就难

完成。这总说得过去了！"假使真有此意，我也认为不对：因为在目前中国里，连"起码货"的民主也还未开始，何必空谈民主的怎样完成？不谈最初，而谈最后；不谈目前，而谈将来，真是未免缓其所急，急其所缓。不知如能先做到第一步的"实行民主"，自然能跟着做到第二步的"提高文化"。

我在这里要略声明的是我所说的民主，是指较新式的民主，范围比很多旧式的民主广得多，请大家认清下列各点：

第一，最大多数的工农大众文盲对于民主，最重"经济平等"；占少数的上层资产阶级对于民主，只要"政治自由"是少数人包办的。意德一党一大头终身专政，固然不民主；而美国的两党少数人轮流专政，其民主成分也够有限：在大多数的无产阶级所能得到的自由，只要限于事业、被雇、乞食、饿死罢了。少数资产阶级自由升官发财，多数无产阶级自由失业饿死，二者相差未免太远，此种"自由"有何价值？

第二，由"经济民主"到"政治民主"比较容易，如苏联已由无产阶级专政而公布宪法。"阶级社会"完全消灭之时，便是"全民政治"真正实现之日。由"政治民主"到"经济民主"，比较困难，如美国至今不但未能走上苏联"社会主义"之路，甚至对于最近英法的"社会政策"也不以为然。

第三，由"经济民主"到"普及教育"、"扫除文盲"，甚效甚迟。据塔斯社莫斯科十月二十五日电、柴斯拉夫斯基今日在《真理报》称：

> 列宁在一九一三年《俄罗斯与黑人》一文中比较美国与旧俄国内认字者之比例。美国之文盲仅百分之六，而旧俄国之文盲达百分之七十三。对于一个有二百年历史之民主制度……在此百分之六之上，尚需加上黑人中百分之四十四之文盲

数。……

　　目前之状况已如何？未及三十年之内，苏联已根本铲除文盲。第三次五年计划之目的，乃在实施城市普及十年中等教育，与乡村及各共和国普遍七年教育之工作。……在新五年计划之下，为工作人员所费之文化经费，大为增加。……苏联之学生数目实较美国为多。……在上次战争中，美国兵士有三十五万人以上不能签名，而以画花约代替。……美国……初级学校固属免费，但学生在毕业前即有百分之二十离去，百分之五十九放弃中学教育，百分之九十放弃大学教育。劳动人民无法负担子女之大、中学教育，故此种教育仍为有产阶级之特权。凡不能付学费之学生，学校将其开除。在人民之教育方面，在民主政治最重要与最明显之一方面，美国民主正在后退，苏联民主正在前进。

　　而美国斯诺也说：苏联已经"把列宁时代百分之六十的文盲减为今日的百分之五"。（《战时苏联游记》）苏联实行社会革命，只二十多年，便把帝俄时代"百分之七十三"的文盲差不多完全"铲除"掉；而美国实行政治革命，到了百余年之久，还有文盲"百分之六"。这便是在解决文盲的一个问题上，"政治民主"不如"经济民主"来得有效的铁证。

　　第四，政治民主，国内可以避免战争破坏，而使教育相对的普及；经济民主，学者可以不忧生活，而使文化绝对的提高。胡先骕先生的《科学在苏联与中国》说：

　　　共产党柄政之苏联，是笃信唯物主义的……故……重视科学。……信奉三民主义的中国，……会有一些不可捉摸的东西，据说是属于精神的，……故视科学为次要。……这似乎是苏联与中国对于科学的视点不同处。

笃信科学,似乎是俄国共产党一种主要特征。在帝俄时代,政府虽亦知提倡科学,然当时的科学不过是统治阶级的一种装饰品。大科学家巴夫诺夫虽然蜚声国际,但在冬天他的实验室内连火炉都没有。在十月革命成功之后,列宁进入莫斯科第一桩事,便是访问巴夫诺夫,问他需要多少经费,以维持他的研究所,以后苏联政府以全力提倡科学,建立庞大的科学研究机关,对于科学家给予以种种精神与物质的奖励。一位著名的园艺逝世,史达林亲为执绋。科学家的月薪高至三万卢布,为工人的千分之一,英国则为万分之一。最近美国著名的研究原子炸弹专家兰格穆尔在《原子兵器竞争及其代替办法》一文中曾预料苏联对于制造原子兵器将来或许远在美国之上,因为苏联"对于纯正科学家或应用科学有深切的认识,并且推崇备至。无以复加"。"已有极广泛的科学方面计划,为其他任何国家所不及"。莫斯科消息报最近发布一篇论说,曾表示科学家从没有像在苏联受到国家如此的重视与社会如此的尊崇。国家对于科学家供给他生活上的最大舒适,和工作上最大的便利,并且保证他死后家族的舒适生活。……在中国则适得其反。中国科学之落后,亦为我可讳言之事。……(八月三十一日《大公报》)

我读了这一段文,除了很钦佩胡先生的重视科学之外,尚不免有点异议:一、不知这也可以就"经济制度"来解释,苏联实行"社会主义",是最民主的,所以最知注重科学;中国发展"官僚资本",故虽忧于中国,但尚不如苏联。二、"中国科学之落后"实由于"国家不知以全力以赴促进科学",而和"科学人才之少"没有什么关系,因为科学人才多是国家培养的,而不是天然生成的。国家注重培养科学人才,科学人才就会多起来,如各文明国是;反之,国家不注重培养科学人才，科学人才自然就少，如中国是。胡先生是研究科学的，而其以"中国科学之落后"为"一方面固由于科学人才之少"，似乎未免有点不科学，也像他所讥笑的"信奉三民主义的中国"政府"尚有一些不可捉摸的东西，据说是属于精神的，……只须有了精神鼓励，则虽物质条件不足，科学亦自会进步。……一般无仪器设备、图书，枵腹从公的科学家，自会有惊人的科学发明"。

现在世界各国，下焉者也多做到政治的民主，上焉者已经超过经济的民主，而我们中国却直到此刻对于任何民主也还未开始，所以非从速实现民主不可，如不能学苏联，也应该像英法。

最可惜的是，现在朝野还有些人和民众相反的很怕民主的早日实行，例如吴稚晖先生说："民主要慢慢来就好，急了就不行。"（七月十九日《大公报》）胡朴安先生也以为民权、民主两主义之能期之将来："民国十六年的国庆，打倒军阀，民权主义实现；……民国三十五年以后，至民国五十五年或六十年，又一循环，民权主义必定完成。至于民生主义须要经过两次循环，古人所讲的'百年必世而后成'，自然之势也。循环虽是自然的趋势，进步必需人为的努力，人为万端，教育第一。"（《三十五年以后的学生》，见十月十日《学生日报》）此文更公然的说："自然，我们同意中国国民党'还政于民'的主张，我们也养成'真正民权'的实现，我们为我们劳苦大众的未来幸福喜悦；然而我们同时也为他们担忧，怕他们手足无措，有'无福消受'之感。"这好像是说：劳苦大众不要焦急，待你们个个受过教育，教育程度提高以后，政府再让你们参政还不为迟哩。如果你们直到天地末日还没有机会受过教育，教育程度未能提高，就没有资格来要求政府"还政于民"。这无论如何，总不免有点反对实行民主。该文又说："真的，一个组织不够健全而又不守秩序的民族，只谈民主自由，徒然给他们一个违法避罪的借口，结果益发造成社会的混乱不安。……我们正为一般人的'无法无天'而担心着民主政治的前途。"他竟认目前中国,只适于专政,而不适于民主;与其民主,不如专政。这无论如何,总不免有点主张继续专政。

[原载《新文化半月刊》(1946 年) 第 2 卷第 9 期,第 13—17 页。经核查,本文虽已收录《蔡尚思全集》第六册(第 449—457 页),但与原文有出入,为保持原貌,现仍予以收录,供读者作进一步对比研究]

抗战时代的中国思想界

在未写到正文以前，我要先来声明一下：第一，就范围来说，本文所谓中国思想，包括哲学思想、社会科学思想，暂以较有创作性的思想为限；凡外国人的重要译著，而与中国没有关系的，概不提及。又题目既为"抗战时期"，则在民国二十六年抗战以前，民国三十年胜利以后自不应该涉及。关于前者，可参看拙作《三十年来中国思想界》（《天籁》沪大三十周年纪念号），其余一切等说看编著中的《民国思想史》，所以有许多话，不必在本文中来详细论述。但我因为忙碌异常，会卒写出，如有应该提及而未提及的，只好请读者赐告，让我来增订或补充。第二，就态度来说：我只知道我是个人民，是个纯粹学人，历史是向前进的，研究是要求真的，所以没有任何背景，不作任何宣传。但谁也会知道：在这个时期，来作这个文章，至少是未便详细说明，和彻底批判的。

这一方面，暂分为正统者、转变者和非正统者三大部分，而以代表团体思想的政党附于其后。

（一）正　统　者

在抗战前，所谓正统者，几乎尽属于一般遗老；到了抗战期中，情形便大不同：竟连许多自命为新派者，也纷纷向后转了！现在为

了便利介绍起见,约略分为下列各派:

（A）战 国 策 派

《战国策》是民国二十九年到三十年在昆明出版的一种刊物,其重要撰稿人有陈铨、林同济等,曾被称为"战国策派"。这派的中心思想,第一是武力统治主义。他们因看见法西斯主义的希特勒、墨索里尼,与日本军阀的耀武扬威,向外侵略,相当胜利,便轻下定论道:"将来的世界大战,恐怕是大陆与大陆的战争,所趋的最后方向,是以武力得来的全世界大一统。""当政男儿不能不拿起枪来,准备二百年的苦战,大战国的时代,只允许大战国的作风,只有……战,所以和平不可能,和平乃下战争的准备。""愚蠢的俗人们,莫以为宇宙是一个和平的机构,莫希冀世界大同,世界大同只有在我们的武力统治上才能实现。""男人底教育是为了战争,女人底教育是为了给战士安慰。"第二是玄虚神秘主义。如林同济认为现阶段的中国学术思潮,"乃是……代表航空时代的一种作风,有如列御寇乘风而行,两万尺下……历历在眼底,呈涌出一幅浑成图画,自有它的'母题'Motel,它的整个骨相的","不是加减乘除问题,乃是灵机神会问题"。

（B）退 化 论 派

郭任远系心理学家,于民国三十年在重庆演讲《世界文化之危机》,他主张:第一,人才方面,二十世纪不如十八、九两世纪。如说:"世界文化在这大战没有发生以前,已经比过去差得远了。我们看西方最伟大的人才,不是产生在二十世纪,而是产生于十九世纪或十八世纪,二十世纪欧洲产生的人才,千万比不上十九世纪与十八世纪。"我从小就听见一般老年人说:"民国的人都比不上以前生的人长寿。"你想:这是一句多缪缪不合逻辑的话呀! 民国直到此刻才三十五年,就使是民国元年生的,那至多也就还三十五岁,我们何从知道其能吃到几岁?至于百余年以前的人都已经死掉,我们怎样好拿活人来和死人比较呢?郭氏拿十八、九两世纪的人才来和还走不到一半路程的二十世纪比较,也有点像对于许多还活着的小孩说:"你们的寿数全没有过去的人长。"这话真会使小孩们心服?我们退一步来说,就算郭氏的话是对的,我也要问他:二十世纪比十八、九两个世纪到底哪个来的文明进步?我想这连三尺孩童也会知道二十世纪比十八、九两个世纪文明进步吧!即使十八、十九两个世纪的人才是创始的,那么二十世纪的人才也不失为完成的、普及的,何尝不是人才?就科学来讲,二十世纪已经进到原子时代;就政治经济来讲,二十世纪已经到了社会革命与经济民主时代,这都不是十八、十九两个世纪所比得上的。第二,科学态度方面,西洋不如中国。他说:"中国人对于科学的利器的态度比欧美人高明。比如火药,是中国发明的,可是中国未尝用火药来杀人,而用来做鞭炮,放烟火,为人生享乐的工具。"这话:第一,所谓"中国未尝用火药来杀人",殊不合事实。第二,中国人不能大规模的制造科学利器去杀人,是"不能也,非不为也",以"不能"为"不为",未免太混谈了。第三,破坏文化方面,侵略者不如抵抗者。他说:"英国人常说,美国人也一样说:我们这次打仗,是为了德国人要破坏文化。这句话说得很漂亮,但是他们的文化,德国人破坏的很少,倒是他们自己无意中破坏了。""德国大城市,即文化的中心地点,六个月以后,都会被盟国的空军炸平。德国的整个文化,如不消灭,起码也要停顿数十年。"照郭氏这种见解,为了避免破坏文化,连抵抗侵略者,和任何为了公平正义而进行的战争,也全是不应该的了。如果抵抗侵略者是不应该的,那么做侵略者的奴隶,岂不反是应该的?殊不知做了奴隶,就使其文化仍能保存,也已经变质,而等于没有文化了。所以如果要保存文化,就要抵抗侵略者;能抵抗侵略者,才能保存文化。这是我们异于郭氏看法的地方。

（C）复 古 论 派

钱穆长于历史考据，以顾炎武、司马光自期，本来就是一个正统派了。到了抗战期中，又发为思想言论，遂成为复古派思想家的代表。这方面的著作，有《国史大纲》、《文化与教育》。《文化与教育》是一本论文集，此有在各报章杂志发表过的二十九篇论文。《国史大纲》也似乎是以历史研究为手段，以思想宣传为目的者。它竟敢公然主张：

（甲）中国式的民主

中国从未有专制："中国自秦以下二千年，只可说是君主一统的政府，却绝不是一个君主专制的政府。""中国传统政体，自当属于一种民主政体，无可非难，吾人若为言辞之谨慎，当名字曰中国式之民主政治。"此例证大约有：第一，因为汉王用人并不限于丰沛；第二，是宰相"与王室俨成敌体"，只要有宰相，便不是君主专制。第三，"虽在明代废止宰相以后，而政府传统组织，亦非帝王一人大揽独权"。这是更进一步的认定：连没有宰相的时候，也还不能算作君主专制。第四，是有科举制度："中国虽无国会，而中国传统政府中之官员，则完全来自民间，既经公开的考试，又分配其额数于全国各地，……是不啻中国政府早已全部由民众组织"。第五，是因为有如希特勒、墨索里尼、日本军阀等，甚至任何国家，都在这种"民主"之列，又何必说是"中国式的"又如民国以来的政府，便没有一个是"专政"的了。如果清政府是民主，那么孙中山先生的革命便是反民主的了；如果北洋军阀是民主，那么国民革命便是反民主的了。这怎样说的通？前此一切政府如得看见钱氏的言论，一定都会对争民主的人说："根据史学家钱先生的研究的结果，我们政府已经是够民主的了。至少也是中国式的民主，既然不曾专政，又何必还政于民？可见凡是想向政府要求的民主者，都是不懂得中国历史的人。"这自秦始皇到民国的政府,对于自以为能以一手掩尽天下人耳目之人的钱氏,不知要怎样感谢咧! 如果秦汉以来全是民主,中国以后就无须再求民主了,也就到了天地末日,永没有真真民主的希望了!

　　和钱氏同样企图证明中国秦汉以来的政治并非专制政治者,尚有张其钧、萨孟武等,现在恕不一一论列。钱氏等的以中国历代的君主专制为民主,比清末以来的陈炽、王闿运、王之春、康有为、陈鼎忠、曾运乾等的以西方政教科学风俗……皆本之中国,(参看拙著《中国历史研究法》)页一零八)还要昏聩。

　　(乙) 中国式的文化

　　孝是最前进的文化,钱氏认为:"中国文化是世界绵延最久、扩展最广的文化。只以五千年来不断绵延、不断扩展之历史事实,便是证明中国文化优异之价值……只看此次全国抗战精神之所表现,便是其证明。试问若非民族传统文化积蓄深厚,我们更用何种力量团结此四万万五千万民众对此强寇作殊死的抵抗?"又说捷克、波兰、法国在此大战中,"论其战斗精神乃下吾甚远,此何故? 惟战斗心理相异故"。我看了这段文,以为钱氏,如果定要发此种的议论,那么苏、英、美等国比我们还要团结抵抗,其文化岂不比我们绵延更久,扩展更广,积蓄更深厚? 尤其苏联的抗战精神,无论如何,总不在我国之下,他们是不是也可以是对我国宣传道:"此何故? 惟战斗心理相异故?"钱氏继认中国文化优异于西洋印度的地方在孝:"中国人不言孝,何来由中国五千年绵历不断之文化?""中国主孝,欧洲主爱,印度主慈,故中国之教在青年,欧西在壮年,印度在老年。我故锡以嘉名:则中国乃青年性的文化。""如何而为青年? ……孔子,青年之楷模;《论语》,青年之宝典也。"我觉得:至少此说应改为西洋侧重青春,中国侧重衰老,印度侧重死后;或西洋主向前,中国主尚中而偏后,印度主向后;或西洋学主人,中国学奴隶,印度学他物;或西洋科学,中国玄学或理学,印度神学心学;或西洋重国家社会,中国重家族家庭,印度重他界往来。总而言之:从任何方面来看,中国文化都绝对不会比西洋文化年青!

（丙）中国一切不可改革

他认中国自秦汉以来的政治制度、社会组织、学术思想,无一不适合于我国国情:"凡对于已往历史抱一种革命的蔑视者,此皆一切真正进步之劲敌也。""若复不明国史真相,妄肆破坏,轻言改革,则必有其所应食之恶果在矣!"

（丁）西洋亦应复古与取法中国

钱氏不但主张中国要复古,连西洋也要复古,而且是"复"中国的"古",如说:"新欧洲的将来,定要从新汲取于古希腊之艺术及中国古时期之宗教信仰。""欧美人的再生,无一的仍将于其以往旧历史里得胎,彼辈亦将……转而面对东亚新世界之古文化,彼辈无论是再修正的新希腊人生,抑是新基督教,均将大量吸取东方文化之精液;说不定他们要有一个东行求法的新运动。"我以为:中国人如果因听见此说而从事复古,不复西行求法,急起直追,那就恐怕只有亡国灭种的一条路是我们的了!

（戊）文化重于经济

钱氏认现代世界只有殖民地与帝国主义的矛盾,"在这矛盾中,经济问题尚在其次,更宝贵更深刻者则为文化问题"。

（己）国家是精神的产物

他认中国史上的分裂于同一,是由于"大一统国家"的精神理论的丧失与复活。这是认思想决定存在的,而不是由存在决定思维的。(此点见《国史大纲》)

（庚）能担负建国工作者只有英雄领袖与中层阶级而不是民众

他痛斥中国历史上一切的农民革命为"叛乱":"洪杨十年扰乱,除国家、社会莫大之创伤外,成就何在,建设何在? 此中国历史上大规模从社会下层掀起的斗争,常不为民族文化进展之一好例也。"
"建国的力量……其机括实操于中层阶级之手。""大政治家之成
就,并不仅在其自身;其更重要者,实在其攀龙附凤之一集团。"

(D) 唯 心 论 派

贺麟著有《近代唯心论简释》一书,公然自认为唯心论者,其主
要主张有:第一,直觉的方法。如说"直觉法恐怕更是基于天才的艺
术","理智的直观,……每于无意中得之","所谓神秘……直观,非
一般形式的分别的例子作川所可了解罢了","辩证法一方面是一
种方法,一方面又不是方法,是一种直观"。第二,先天的范畴。他
认哲学和"形而下的"无关,应该"单就理论上先天的去考察"。第
三,内心的文化。他认为文化是"精神自觉的活动之直接产物",精
神是"指道或理之活动于内心而言"。第四,道体的宗教。他认"宗
教以调整人与天(即道)的关系为目的,道德以调整人与人的关系
为目的",在此意义下,我们不能不说,"宗教为道德之体,道德为宗
教之用","进来基督教是整个西洋文化的缩影与反映"。第五,基
石的礼教。他认"三纲说是将人对人的关系,转变为人对理、人对位
分、人对常德的片面的、绝对的关系,故三纲说当然比五伦来的深刻
而有力量"。臣必尽忠于君,是"对名分、对理念尽忠,不是作暴君
个人的奴隶"。礼教既是很有力量而又非常合理的,所以他便公然
提倡起来,以为"现在的问题是如何从旧礼教的破瓦颓垣里,去寻出
不可毁坏的、永恒的基石。在这基石上,重新建立起新人生、新社会
的规范和准则"。这是他要用新名义,来提倡旧礼教的。(以上四
派的见解,可再参看胡绳著的《理性与自由》一书)

(E) 新 玄 学 派

冯友兰的思想,本来就不算左,在抗战期中,思想更日益向右

转,此点详见《新文化》半月刊第一卷第十期拙作《冯友兰新玄学批判》,其代表作有《新理学》、《新事论》、《新世训》,便是所谓《贞元三书》,后来因为尚有《新原人》、《新原道》等书之作,书既不止三部,也就改名为《贞元之间所著书》。

（甲）《新世训》与麻木的生活

《新世训》一书是讨论生活方法的,其重要主张如下:第一,无感觉。他认"道家的圣人,完全无情,所以无入无不得","谢安处理大事,没有无釜底喜忧"。第二,非现实。如说:"宇宙是无穷,把自己眼界推到与宇宙同大,亦是一种'游心于无穷'。在这样大底眼界中,无论怎样大底事业学问都成为渺小无足道底东西了。这些渺小无足道底东西,自然不足介于胸中。"第三,不斗争。他认:"提倡人与人斗争者,是讲不通的。"

（乙）《新事论》与保守的社会

《新事论》一书是讨论文化社会问题的,冯氏对于政治文化任何方面的革命,都加以反对,他主张国情论,如说:"试把某一国或某一民族的历史,于某一时截住,他的历史,在此时以前者即是他的国情。""一个社会如有新性,……亦须根据旧情。"他赞成守旧者,如说:"守旧者之反对任何改革,并不是没有任何理由的。"他赞成中学为体说,如说:"假如所谓中学为体,西学为用者,是说组织社会的道德是中国人所本有底,现在所须添加者是西洋的知识技术工业,则此话是可说的。我们的新事论的意思,亦正如是。这简直是公然自认为张之洞一个思想体系的继承人了!"他因此便认清末人优于明初人:"如果清末人的见解,是'体用两撅',民初人的见解可以说是'体用倒置'。……清末人若照他们的方法办下去,他们可以得到他们所意想不到的结果;民初人若照着他们的想法办下去,或照着他们的说法说下去,他们所希望的结果却很难得到。"清末当局优于辛亥革命:"清末当局在政治经济文化各方面所行的政策,并不能说是全盘不对,若果没有所谓满汉种族问题,如果当时底皇帝是姓刘底,姓赵底,或姓朱底,辛亥革命可以没有,国家的组织中心不至崩坏,则中国的进步亦可以少一番迟滞。"这是一种反革命,同时也是一种退化论。他不但不以辛亥革命、五四运动为然,而且认"民主政治也不能行于现在的中国。因为要经济资本主义化、工业化以后,才有资格来论民主政治。"这在我们看来,却反而认为:要政治民主以后,才有希望科学昌明,工业发展。

（丙）《新理学》、《新原道》与玄虚的哲理

第一,《新理学》。《新理学》一书是讲纯粹哲学的。冯氏自道:"我希望新理学能一方面是程朱理学的重光,一方面又是一个现代底哲学系统,……它是最新底。同时亦是最旧底。"(《新理学问答》)我们读了这本新理学,只看见其全是最旧的,从不看见有丝毫的新的;至于最新的,更谈不到了。他又自以为独能大读"无字天书",如说:"读无字天书,需要天才的程度,因事不同。……如事功艺术等方面,则需要很大底天才,方能读'无字天书',英雄才子之所以成为英雄才子,即在其能读无字天书;而常不能。""道德境界与天地境界,不是随随便便可以得来的。……哲学能……给我们以高的境界,有这种高的境界的人也就见古人所谓的圣贤了。"对于冯氏此种对新理学崇拜到无以复加的,有朱孟实、孙雄会,及曹聚仁等。曹氏自己从民国二十七年起,由唯物论变成唯心论者,大开倒车,所以引朱一新所谓"学之精者,在乎天人之际、性命之微",来恭维冯氏。(详见《周报》第十一、十二、十三等期,曹作《冯友兰论》)这在我却反而以为:"学之妄者,在乎天人之际、性命之微。"

第二,《新原道》。当代玄学家中,实以冯氏为最重要;而在冯氏的著作中,又以《新原道》一书为最重要。因为"此书之作,盖欲述中国哲学主流之进展,批评其得失,以见新理学在中国哲学中之地位,所以先论旧学,后标新统。异同之故明,斯继开之迹显。……非

唯为新理学之羽翼,亦旧作中国哲学史之补纲也"(《自序》)。我对于这本书曾分别加以严厉的批评,批评其玄理方面有《冯友兰新玄学批判》一文,内分(一)绪论;(二)中庸传统的批评标准;(三)玄之又玄的新玄学:(1)哲学即玄学的偏狭定义,(2)中西哲学的长短得失,(3)新理学等于讲鬼画鬼,(4)新理学等于麻醉药,(5)新理学仍旧未能"百尺竿头更进一步",(6)唯一无二的玄学史家。(详见《新文化》半月刊第一卷第十、第十一两期)我批评其考据方面,有《冯友兰论儒学的批判》一文。(详见《中国建设》月刊第二卷第一期)

（F）其　　他

此外侧重逻辑方面,尚有金岳霖的《论道》、熊十力的《新惟议论》、章士剑的《逻辑旨要》;侧重理学方面,尚有主持复兴书院的马一浮等,现在不一一论列。

（二）转　变　者

这又可以分两派,两派相背而驰:

（A）长　进　者

抗战期中,文化人努力从事民主运动,时常发表民主言论者,在自由区里多至不易枚举。马寅初由资本主义而倾向经济民主,痛斥官僚资本;梁漱溟由反对社会主义民主主义而为民主同盟的一个重要分子,奔走于国共两党之间;闻一多由文学研究者而变为关心国事,力倡民主,至以身殉,尤足以令人敬佩!

（B）堕　落　者

这像汪兆铭、褚民谊等,由无政府主义者而国民党重要人,到抗战后的做大汉奸;陈公博、周佛海等,由共产党而国民党,到抗战后的做大汉奸;江亢虎的由所谓社会党而做大汉奸,都未免变得太多!变得太快! 变得太不成样子了!

(三) 非 正 统 者

(A) 大 众 实 益 论

蔡尚思所著《中国思想研究法》一书,初稿虽成于民国二十五年,但仍继续订正,直到二十八年方正式出版。蔡元培、蒋维乔、柳诒徵、顾颉刚、陈中凡各派学者都作序文批评它。其自思想家,多在第七章。现在单就此章的纲目,节出一部分于左,藉以见其大概:

(甲)经济方面

(1)须先注重社会问题中的根本问题——经济。(2)分配的生产消费交换,只要生产、消费、交换能和"分配"合一起来,则生产愈多愈佳,消费愈大愈好,交换愈繁愈便。

(乙)社会方面

(1)性爱问题的重要与方针。第一,性爱的重要仅亚于经济。第二,性爱也要分配,不可或有或无,或多或少。若逐级渔色逞欲,而使天下多怨旷,最为不德。第三,男女之事,如加以峻防严禁,反会生出更厉害的危险来。第四,男女之事,知识习习相沿,名之为恶。第五,性爱和经济、政治、种族、伦理等重大问题颇有关系。第六,应该以个人恋爱为社会事业的手段,以社会事业为个人恋爱的目的。我们对于恋爱,固不可用作金钱势位的手段,亦不可看作纵欲享乐的目的。因为二者都是为个人的,而不是为社会的。(2)男女平等的要点。男女经济、性爱、教育、道德、政治都要平等。古今男子所为女子的短处,其实多是旧社会和男子自身造成的,女子本身是不负此责任的。在原始共产社会时代,男多不及女;自奴隶社会到资本主义社会,女多不及男;在社会主义社会,是男女相同的。一切多由于社会的养成,而非由于性别的生成。如要使男女平等,必先有平等的社会。(3)四民轻重苦乐的转移。士不足重,商亦轻。今人吴稚晖认为不容于社会主义社会。工人制造奢侈品的动机是悲剧的,其结果是供人的。如果真的要反对奢侈品,便应该先去反对奢侈人;而一般人却只管反对果的奢侈品,而极力爱护因的奢侈人,这实在是近视、矛盾、颠倒、荒谬。总之,人是劳动的动物,没有劳动,便不能成人;没有劳动,便不能成社会。所以就阶级来说,像工业那般劳动者最为伟大、最有价值,实是人类社会唯一的代表与基本。(4)劳获合一主义。不要少劳多获,尤不要不劳而获。应以劳力为金钱,所获只限自用,不得遗给亲戚,既无遗产,便无不劳而获的人了。(5)进化革命合一主义。

（丙）政治（包括法律、军事）方面

(1)理想与空想的基本区别。(2)先养次教后治的施政方针。(3)须先治己治高与罚因。须先治己而后治人,须先罚因而后罚果。反之,便十足表现着野蛮无道。"消极的刑法,首推久饿;积极的刑法,首推作苦工;应以久饿而作苦工代死刑,而终不使之死代反省院。此法用以对付贪官污吏及奸商、富人、劣绅那般不知贫穷劳动为何物者最为适宜。至于罚款,反使富者利用金钱作恶"。(4)下本而非上本——民主主义与民权主义。第一,民为一切之本,一切皆从民而来,一切皆可牺牲,惟民终不可弃。第二,民是官吏的主人,官吏是民的公仆。第三,要抱畏民主义。(5)要真奋斗而不要伪和平。"和"由于"平","不平"便不能"和"。应该以和平为斗争的目的,以斗争为和平的手段。应该以和平对付和平,以武力对付武力。强人强国对弱人弱国,应该和平;弱人弱国对强人强国,不应该和平。(6)世界大同主义的各种政策。(7)正义的军事。兵的本身,没有善恶之可言,惟视其用兵之动机如何而已。第一,革命需要征伐。第二,用兵要以讨暴卫弱为目的,随民意而转移。第三,要自己有德,遇对方有罪,才得用兵。(8)移同类相残去征服自然。

(丁)教育方面

(1)学问人格、活动合一与完人。如有道德而无学问,尚只是半禽兽;如有学问而无道德,则视禽兽为有加。又非活动,则其学问与道德无从贡献出来,见之事实,造福人世。不过如无学问,尤其是无道德,便不宜有所活动,以免害人祸世。三者合一,才是完人。(2)第一,到处都是学,非限读书。第二,无人不务学,学当随位。第三,各论皆兼师,师无常主,有长皆足师,万有皆足师。第四,异趣亦可有,不在形同。第五,无人非吾徒,平等施教。第六,教要首先自教,而后教人。第七,学要重实学而轻空名。第八,政府或社会对于学者,应该只问其历史的有无关系,以免如封建时代的师儒世袭,权利包办。第九,应以有才主义代替有财主义,以纠正古来有财者包办受教育的权利,有才者反少受教育的机会。第十,今后应该反而祖宗手足的与苦做的教育,或手足脑目合一的教育。

(戊)伦理人生方面

(1)做人应该辨别人物的异点。(2)做人是社会的手段。(3)利用必须的物质,发展高尚的精神。(4)在功德的久暂,不在肉体的寿夭。(5)厌世、忘世是最可恶的盗贼。大本分主义——不恶虚生虚死——如一般隐士、僧道,便是最贪心的盗贼。前人死的益光荣,就是后人生的益快乐。个人所抱牺牲益大,就是人类所得福利益多。各人的生死,同是要视公益正义而定的。应该为人为公而被杀和杀人,不能为己为私而自杀。专制魔王、帝国主义、军阀、酷吏等的杀人,只能克服人们的肉体,不能克制人们的精神。在一般被杀的人们,其肉体的遭受益凄惨,其精神的也保留益长久。(6)勤苦的美德与两个条件——第一,是要为多数的被压迫者而勤苦;第二,是要以勤苦为手段,而不必以勤苦为目的。反之,如被少数的压迫者所利用,以增加多数的被压迫者之痛苦为目的,这种勤劳便是最没有价值的。(7)恕的方法和限度。忍辱退让就是最拥护和养成刻薄侵略的。所以遇到被压迫者,自然要以"德"对待他;遇到压迫者便不得不以"怨"对待他。换言之,作恶者,与宽容作恶者,同一罪恶。(8)自由的标准。共范围,共团体,愈同愈大,愈好;愈异愈小,愈不好。所以要移"个人"的个别自由,而为"社会"的共同自由;要移"小我"的个别自由,而为"大我"的共同自由。(9)人类的一本与博爱。(10)大忠孝主义——旧社会以忠上人,忠富贵为忠;新旧社会当以忠下民。旧社会以孝己亲,孝家庭为孝;新社会当以孝人群,孝社会。

（原载《中国杂志》1946 年第 1 期,第 6—12 页）

蔡元培的民主教育思想

（上）民主的学校管理

我想来介绍蔡元培先生的"民主主义教育思想"，尤其是在他主持下的北京大学。且分两方面来叙述，第一，民主的学校管理。关于这一方面，姑且选述四点：

民主主义的教授治校制

先生在民元教育总长任内，已有近于"教授治校"的规定。而由后任总长范源濂公布，明定全校的评议会和各科的教授会的设置。先生后来任北京大学校长，更把从前的规定完全实现出来。他在民国八年九月间做很详细的说明："我初到北京大学，就知道以前的办法，是一切校务部的校长，与学监主任、庶务主任少数人办理。所以第一步组织评议会，给多数教授的代表，议决立法方面的事，恢复学长权限，给他们分任行政方面的事；第二步组织各门教授会，由各教授与所公举的教授会主任分任教务将来更要组织行政会议，把教务以外的事务均取合议制，并要按事务性质，组织各种委员会，来研究各种事务。"《回任北京大学校长在全体学生欢迎会上演说》这种民主主义的教授治校制，在中国教育史上是创举。

民主主义的学生自治制

先生讲到"学生自治"的益处:"自治会,可以把治者与被治者的分别去掉。试验这种自治制度,我想有两种方面考虑:(一)纵的方面:诸君自治比被治好得多……将来出校传到中学,或是师范学校,提倡自治总可以应用,断不致把自己从前所受的弊害,向别的学生去报复了。(二)横的方面:"五四"以后,全国人以学生为先导,都愿意跟着学生的方向走。……如今学生实行自治,做个先导,……由学生传至各地方,一定可以提起国民自治的精神。"(《在北京高等师范学生自治演说会辞》)试问如在学校是不先实行"自治",将来出校后怎样会领导他人去实行"自治"呢?

打破师长、学生、校役的界限

先生对于一切,都抱平等的主张,而在教育上,又能体现此种精神。第一,是打破师长、学生的界限。如在清末主持爱国学社,"那时候学社中师生的界限很宽,程度较高的学生一方面受教,一方面即任低级生的教员。教员热心的,一方面授课,一方面与学生同受军事训练",先生"亦断发短装与诸社员同练步伐"。(《我在教育界的经验》)第二,是打破校长、校役的界限。如先生到了北大,"校之内,无论教职员、学生、仆役,都觉得很亲密的、很平等的。先生每天出入校门,校警向他行礼,他也脱帽鞠躬,使这班服从惯了的仆人看了吐出舌头来"(《顾颉刚悼蔡元培先生》)。此外还很爱护校役,鼓励学生办许多夜班义务学校,使校役也和普通学生一样的有受教育的机会。

在校学生可用个人资格参加政治团体

先生对于学生运动,以为:其有年在二十岁以上,对于政治有特殊兴趣者,可以个人资格参加政治团体。"将来做'怎样才配做现代学生'一文,更详细地说:昔范仲淹为秀才时,便以天下为己任,果然有志竟成;现在的学生们,又安可不以国家为己任咧? 我们中国的社会是一个很老的社会,一切组织形式及风俗习惯大都陈旧不堪,违反现代精神,而应当改良,这也是希望要学生们努力实行的"。

(下) 民主的学术研究

在这方面,暂述两点:

大学校应该兼容相反的各派学说教师

先生始终主张思想自由,自由研究,尤以主持北大时,最能表现此种精神,收到伟大的效果。先生对于教师的聘请,曾抱人才主义,只问学问、能力,而不问思想、派别、年龄、资格、国籍。(一)不问思想派别。一,就政党来说,帝制复辟派,有刘师培(主帝制)、辜汤生(主复辟)等;国民党,有先生及王宠惠等;共产党,有李大钊、陈独秀等;无政府主义派,有李煜瀛等。二,就哲学来说,倾向封建哲学与尊孔者,有辜汤生、梁漱溟等;倾向资本主义哲学与反孔者,有胡适等;倾向社会主义哲学与反孔者,有李大钊、陈独秀等;此外尚有吴虞等,亦为反孔派之代表。三,就史学来说,信古派,有陈汉章等;疑古派,有钱玄同、胡适、沈尹默等;甲骨考古派,有王国维等;唯物史观派,有李大钊等。四,文学来说,文言派有黄侃、陈介石、刘师培、林捐等;改良派,有主席助理等;白话文派,有胡适、陈独秀、鲁迅、周作人、刘复等。五,就语言文字学来说,旧派有黄侃等,新派有钱玄同、刘复等。六,就经学来说,今文学派,有崔适等;古文学派,有陈汉章等。总之,新派以陈、胡适领首,旧派以刘师培、黄侃等为领首。(二)不问年龄。自二十多岁的年青(如胡适、梁漱溟等)

到白发老翁(如崔适等)都有。(三)不问资格,如从旧时代的进士、新时代的博士,到新旧任何资格都没有的人。(四)不问国籍。如当时北大各科都有几个教员,都是托中国驻外使馆或外驻华使馆介绍的,学问未必都好,先生斟酌了一番辞退几人,都按照合同上的条件办的。有一法国教员要控告先生,有一英国教员竟要英国驻华公使朱尔典来向先生谈判,先生不答应,朱尔典出去后,说:"蔡元培是不要再做校长的了!"先生也一笑置之。(《我在北京大学的经验》)近代中国一般在政治上、教育上,奉外国人为太上皇、为主人翁者,听见先生这种伟大精神,能不愧死!

大学选科制与发展个性,自动研究

先生在政治上信仰民主主义、自由主义,所以对于学制,也首创选科制,反对年级制。自从民国八、九年以后,北京大学本已仿美国大学办法改行学系制和选科制,颇著成效。不但办学者可以根据社会需要以及人材和财力来增减学系和学科,就是学生亦可以就自己性之所近来选择学系和学科。所以这次(民国十一年)政府正式承认大学校选科制,实在是我国大学教育上一个极大的进步。(何炳松《三十五年来中国之大学教育》)

(原载《文汇报》,1947 年)

蔡元培与中国文学界

从近代中国文学界来看蔡元培

蔡元培先生在近代中国文学史上，值得吾提出的，约有下列三点：

一、对于新文学的有力赞助——近代文学的阶段与派别

所谓"新文学"多指"白话文学"，亦即"国语文学"。近代的新文学运动，约可分为三个时期：第一，是白话目的只在通俗，未与文言冲突的时期。如民国纪元前十年左右，白话颇流行，白话报很多，陈独秀与先生也各自办白话报，先生谓其目的："是专为通俗易解，可以普及常识，并非取文言而代之。主张以白话代文言而高揭文学革命的旗帜，是从新青年时代开始的。"（详见《中国新文学大系·总序》）第二是以白话代文言的正式运动时期，发端于民国四年，全盛于"五四运动"以后。那时鼓吹文学革命，以白话行文的定期刊物共有四百多种，而以《新青年》杂志为中坚。有位署名王敬轩的致书该杂志记者，加以非难，是为文言、白话非正式论战之始。《新青年》中作此运动的主要人物为陈独秀、胡适，此外就要算钱玄同、鲁迅、周作人、刘复、沈尹默等了。胡适于六年作《文学改良刍议》，提

出"八不主义";过了一年作《建设的文学革命论》,更把八不主义总括为"四条主义"与"十字宗旨"。陈氏也于六年作《文学革命论》,其态度比胡适更坚决而彻底,他说:"改良中国文学,当以白话文学为正宗。""余甘冒全国学究之敌,高揭文学革命运动大旗,以为吾友声援,旗上大书特书吾革命军三大主义。"胡适只提倡文字本身的改革、文章的作法,陈氏却进一步的提出新型文学、新的创作方法了。而周作人的《人的文学》,对于创作方法比陈氏还要具体,更有内容。可是陈、周二氏只是建立了文学理论的基础,而鲁迅的《狂人日记》、《孔乙己》等文,更在创作上建立了新文学的基础。(详见何干之著《近代中国启蒙运动史》的第四章第六节)北京大学既成了新文学运动者的大本营,而这大本营的最高领袖又是先生,于是古文学家林纾先生便首先在报上发表一封致先生的长函,反对北大教授陈、胡一派的主张新文学与反对旧思想。先生也写了一封长函回复他,到处为新派辩护,使他无话可说。林氏同时还作了好几篇小说如《荆生》、《妖梦》之类,暗骂北京大学的新派。他起先曾作《论古文字不当废》,谓"不能道其所以然";后来作《论古文白话之相消长》,更认"人众我寡","不能为正其非"。(详见陈子展著《最近三十年中国文学史》,王森然著《近代二十家评传·林纾》)至于保护文学革命运动的先生,却反而"能道其所以然","能正其非",他就传达时间、阶级境遇、教育制度、文法修辞、实际应用、中外历史各方面来证明文言不如白话,白话将代文言。(另详于后)此外尚有古文学家严复早已在《涵芬楼古今文钞序》中,认古文绝不会亡;到了林纾与先生争辩的时候,却不作声,仅于书札中表示虽千陈独秀,万胡适、钱玄同,亦无能为力,认林纾辈与之较论,实是多事。自此以后,反对白话时文者,有胡光骐、吴宓、李思纯、(以上三人为学衡派)章炳麟、章士钊(士钊为甲寅派)等,士钊的态度最倔强,竟以"开倒车"、"反动"自居,胡适认为"不值一驳",但驳他的仍不少;以唐钺的论断最为谨严,(《中国史的新页》)算为文言、白话问题作个总结束;以吴敬恒最会开玩笑,替士钊发丧,说他生于前甲寅终于后甲寅,盖指后甲寅已失去旧日在学术思想上的权威,而为一般时代落伍者的代表。(详见陈子展著《最近三十年中国文学史》最末两章)第三是以白话代文言的实行时期。如现在的小学教科书,既全用白话;中学的参考书与大学的参考书,以及一般用书,也多不用文言。虽尚有像林纾那种的人,可是再也不敢出来反对了;虽然也有所谓"存文会"一类组织,可是再也不能引起学界的注意了!

上面所述的,知识偏重文学的形式方面;至于文学的内容方面,大约也可以分为三期或三派:由右的封建文学,而中和的资本主义文学,至左的社会主义文学。第一派包括一般提倡尊孔读经与写旧式小说者,第二派如胡适、周作人等,第三派如鲁迅(鲁迅虽曾代表语丝派攻击郭沫若、成仿吾等的创造社左翼作家;但钱基博著《现代中国文学史》,竟以鲁迅为右派代表,则极不合事实)等。先生是倾向第二派与第三派,而加以爱护的。文学的内容,不能离开经济、政治、哲学等而独立,此点当在他处详论之。

二、对于旧文学的重新估价

中国是个礼教国,连文学也用作礼教的手段,例如古来文学界对于"以文载道"的古文,就认为正经加以崇拜;对于一般与礼教冲突或没有关系的词曲小说,就认为下流,加以排斥,所以结果便很少真文学;就使有,也没有人敢公开提倡。自有几部伟大的小说以来,敢公然赞美的,只有明代的李贽(见《李氏焚书》)和清初的金圣叹;到了近代,以先生为最首出,足与李、金二氏鼎足而立。先生除了对《水浒传》、《三国演义》等书相当赞美以外,又是最赞美《红楼梦》(《石头记》)的一个人,认为全世界几乎找不出第三部有同等价值的书来,并把多年研究的结果,著成《石头记索隐》一书。至于词曲方面,也同小说一样的被守旧派斥为有伤风化。自先生到了北大,便大反前任所为,不但搜罗古代的词曲,而且征集民间的歌谣,不但叫大学生研究,而且叫研究生研究,这是何等的胆识!

三、对于中外文学的经验与研究

先生既是以专攻国文出身的进士翰林,颇长于骈文、古文、八股各体;又是一位老国文教师,如自二十八岁充文学家李慈铭京寓的塾师,到四十岁任京师大学堂译学馆的教习,所担任的多是国文。(《我在教育界的经验》)"他讲起书来,极其活泼有趣,大家上他的课都觉得乐此不疲"(《陈诒先记蔡孑民先生》)。其间且为《警钟》诸报的编辑。他除了中国文学方面的很有根底以外,在西洋文学方面,也有点研究,如在德、法等国留学,极力赞美德国第一诗人鞠台所著《缶斯脱》一书,以为与中国的《红楼梦》有同等价值。他又在北京大学提倡:研究文学要中外互相比较,甚至与科学等都有关系。这些理论,都是与旧派学者不同的。现在将先生关于文学方面的见解经历,归纳为数点,述之于后:

蔡元培的文学见解

一、文言不如白话的理由与白话代替文言的史实

就先生生平的作品加以归纳和分析,大概他主张白话胜于文言的理由为:第一,就传达时间方面来说,文言、白话是有间接与直接,或浪费与经济的分别的。"白话是用今人的话来传达今人的意思,是直接的;文言是用古人的话来传达今人的意思,是间接的。间接的传达,写的人与读的人,都要费一番翻译的功夫,这是何苦来?"

"写给今人看的,偏用古人的话",就像留学生"写给本国人的信,都用外国文"一样的好笑!有人借口文言比白话简短,可以省写读的时间,也经先生反问道:"但是脑子里翻译的时间,可以不算么?"(《国文之将来》)第二,就阶级境遇方面来说,文言、白话是有贵族与大众的分别的。先生以为:"从前学国文的人是少数的,他们的境遇,和普通人不同,就多费一点时间,还不要紧;现在要全国的人,都能写能读,那能叫人人都费这许多时间呢?"这种见解,是再正确又没有了!有人借口"文言是统一中国的利器;换了白话,就怕各地方用他的本地的话,中国就要分裂了",先生也反问道:"但是提倡白话的人,是要大家公用一种普通话,借着写的白话来统一各地方的,并且用读音统一会所定的注音字母来帮助他,那里会分裂呢?要说是靠文言来统一中国,那些大多数不通文言的人,岂不屏斥在统一以外么?"(同上)第三,就教育制度来说,文言、白话是有适古与适今的分别的。如先生说:"从前的人,除了国文,可算是没有别的功课,从六岁起,到二十岁,读的、写的都是古人的话,所以学的很像。现在应学的科学很多了,要不是把学国文的时间腾出来,怎样来得及呢?"(同上)一般科举出身的学者,动辄怪现在的青年学生国文程度太差,殊不知如就国文以外的学问或常识来说,就会反而怪这般科举出身的学者的程度太差了!科举时代,不但每日的课程全属国文;就是一生的课程,也全属国文,国文哪里不会好?现代的学生,年龄既少,而每日又要学几种学问,国文自然要差了。第四,就文法修辞方面来说,文言、白话是有形式与内容的分别的。先生举例道:"譬如'五言八韵'的试帖诗,可以说是不通的文章;但是我们按着'仄仄平平仄,平平仄仄平'的念去,不觉不通了。又譬如用人名对人名、颜色对颜色的文章,好像是美术上图案一样。……从前有一个考试的笑话:一篇文章,从头到尾,都写'之'字。图案的文章,就同这个差不多,所以他没有内容。若是我们要发表自己的意见,叙述科学的现象,那自然不能用没有内容的图案文章了。"(《论国文的趋势及国文与外国语及科学之关系》)第五,就实际应用方面来说,文言、白话是有特别与通行的分别的。如先生说:"将来应用文(按,即实用文),一定全用白话;但美术文,或者有一部分仍能用文言。……美术文大约可分为诗歌、小说、剧本三类……可以料到将来,是统统可以用白话的。但是美术……也有专重形式的。专重形式的美术,在乎支配均齐,节奏调适。旧式的五七言律诗与骈文,音调铿锵,合乎调适的原则;对仗工整,合乎均齐的原则,在美术上不能说毫无价值。就是白话文盛行的时候,也许有特别传习的人。譬如我们现在通行的,是楷书、行书;但是写八分的、写小篆的、写石鼓文,或钟鼎文的,也未尝没有,将来文言的位置,也是这个样子。"(《国文之将来》)我们也可以把白话比作日用品的米盐,把文言比做点缀品的古董。第六,就中外历史来说,文言、白话是有鬼话与人话的分别的。先生先举欧洲的史实来证明白话文代替文言的趋势道:

　　欧洲复兴时期,以人文主义为标榜,由非人的世界而渡到人的世界。……我国近代本目文言文为古文,而欧洲人目不通行的语言为死语,刘大白参用他们的语意,译古文为鬼话,所以反对文言提倡白话的运动,可以说是弃鬼话而取人话了。欧洲中古时代,以一种变相的拉丁文为通行文字。复兴以后,虽以研求罗马时代的拉丁文与希腊文为复兴古学的工具;而另一方面,却把各民族的方言利用为新文学的工具;在意大利,有但丁、亚利奥斯多、朴伽丘、马基亚弗利等;在英国,有绰塞、威克利夫等;在日耳曼,有路德等;在西班牙,有赛文蒂等;在法兰西,有拉勃雷等,都是用素来不认为有文学价值的方言译述《圣经》,或撰著时文,遂产生各国语的新文学。(《中国新文学大系·总序》,并请参看《论国文的趋势及国文与外国语及科学之关系》)

继又举日本的史实来证明白话代替文言的趋势道：

> 日本维新的初年出版的书，多用汉文；到近来，几乎没有不是言文一致的。(《国文之将来》)

最后，举中国的史实来证明白话代替文言的趋势道：

> 并且文学用白话，不是现在中国才发生的。……我们中国文言，同拉丁文一样，所以我们不能不改用白话，即如果我们中国的司马迁，是人很崇拜的，假使现在又有一个司马迁人就佩服得了不得，可是他作《史记》不抄袭《尚书》，《尚书》上"钦"字他改做"敬"，"克"字他作"能"，又改了他的句调。因为他作《史记》是给当时人看的，所以一定要改作当时的白话。后来如程、朱、陆、王的语录，完全用白话，不像扬雄模仿《论语》的样子。因为白话实在能够发表他自己正确的意见。又如后来施耐庵的《水浒》、曹雪芹的《红楼梦》，都不模仿唐人小说，可是他的价值是不错。所以我们现在不必模仿古文，亦不必那种图案的文章，凡是记述说明必要用白话才对。虽现在白话的组织不完全，可是我们决不可错了这个趋势。(《论国文的趋势及国文与外国语及科学之关系》)

> 又如六朝人喜欢作骈体文；但是译佛经的人，另创一种近似白话的文体，不过直译印度文与普通话不同罢了。后来禅宗的语录，就全用白话。……剧本元时也有用白话的……诗歌如《击壤集》等古人也用白话。……(《国文之将来》)

此外如《元秘史》一类史书，也是用白话写的。先生用东西洋与中国的史实来证明由文言到白话是共同的趋势，这是最强有力的一点。吾在十余年前也以为：《尚书》是最古代的白话；到了汉代，因有新白话出现，于是《尚书》就成古文了。《史记》是汉代的白话，到了

唐宋,因有较新的白话出现,于是《史记》就成中古文了。《语录》是
唐宋的白话,到了现代,因有更新的白话出现,于是《语录》就成近古
文了。又认文学多是小学、哲学、史学等的手段,为文应以真理实事
为目的,而不可如梁启超诸人所主张的"为文艺而文艺"。旧文学每
使"内容"从"形式",新文学将反而使"形式"从"内容"。古今趋势,
大概如此。(详见拙编《中国学术大纲》第二篇《中国文学》第六章
第一节及第八章第一节、第二节)先生因为上述六种理由,便毅然决
然的说:"我敢断定白话派一定占优势。"(《国文之将来》)

二、语言与文言在字句法上的异点

先生在国语讲习所作的演说,讲到"语法"时曾说:"文言上还
有倒句,如'尔无我诈,我无尔虞'等;语言并这个都没有。"尚思按:
这倒未免误"字"为"句",混"字"、"句"为一谈了!不知中国文学
只有倒字而没有倒句,倒句为西洋文学所独有,现在惟洋文化的文
艺家、直译的翻译家常常用之。例如"学而时习之,不亦悦乎?……
子曰"这才是倒句。但就中国文学或在古代文人观之,必以为不通。

三、中西小说戏剧一类文学的异点

先生在北京通俗教育研究会之演说词,认中西小说的异点是:
"西国所谓自然派之小说,笔底虽写黑暗之状,而目光常注光明之
点。我国之作家则不然,如近时所传之《官场现形记》等书,其描写
黑暗情形,可谓淋漓尽致;然不能觅得其趋向光明之径线,则几乎不
牵使读者而使之沉溺于黑暗社会耶?"这是认中国小说的缺乏理想
而没有教育意义的。先生次论中西戏剧的异点道:"有一事与西人
相反者,即西人重视悲剧;而我国则竞尚喜剧,如旧剧中叙男女之
情,大抵其先必受种种挫折,或男子远离,女子被难,一旦衣锦荣归,
复相团聚,此等精节,千篇一律,例如继《西厢记》之必述张生及第

归来复与莺莺团圆之类,曾不知天下事,有成必有败,岂能尽如人愿而无丝毫之缺憾? 即以历史人物而论:颜渊敏而好学,不幸短命;屈原,楚之贤大夫也,而自沉于汨罗。惟其如此,始足使千载下动无穷之凭吊,然我国人绝无演此类于舞台之上者。盖我国人之思想,事事必求其圆满,专制时代之为皇帝者,已属无上之尊,而贪心犹未已,秦皇汉武至欲求长生不死之术,亦其例也。"这是中国戏剧的太注重理想而不合历史事实的。

四、国文与外国语及科学的关系——主张科学的文章

先生首认国文与外国文的关系道:

研究外国语,是很有益于国文的。治国文的人,不能不研究文学源流:试问文字都是从简单的起,为什么"一"、"二"、"三"的古文反作"弌"、"弍"、"弎"呢? 我从前也很不明白,后来在法国贝尔惹所著的《古代文学史》中看见秘鲁的绳文,继恍然大悟。……这带着粗枝的木棍,我们叫"弋"、"弌"、"弍"、"弎"等字,就是弋上挂一束、两束、三束的样子,这就是我国的绳文。……又如治国文的人,不能不研究文法,……马叔眉先生……因学了法文和拉丁文,把那种文法应用在国文上,才能著《文通》。要是学国文的人永远不学外国文,怕就永远没有文法书。(《论国文的趋势及国文与外国语及科学之关系》)

所以他在北大力破"学生专己守残之陋见",说:"治国文学者恒不肯兼涉他国,不知文学之进步,亦有资于比较。"所以"于英语外,兼倡法、德、俄、意等国语及世界语"。(详见《北京大学开学式之演说》)先生继认国文与科学的关系道:

实用文……记述什么,就是科学的现象;说明什么,就是科学

的理论。照旧法学国文的人,若是单读几本唐宋八大家文钞,便止能作几篇空架子的文;要是多读了《史记》一类的史书,《水经注》一类的地理书,《周髀》一类的数学书,《考工记》一类的理学书,《尔雅》释草木、鸟兽、虫鱼等篇,和《本草纲目》一类的博物书,便能作内容丰富的文了。何况新出的科学书和研究科学的方法,比古书丰富得多,岂不是更有益于国文吗?况科学的作用,不但可以扩充国文的内容,并且可以锻炼国文家的头脑。近代文学家查拉(Zola)主张科学的文学……而断定文艺的性质,与试验的科学(如化学等)一样。又如英国最有名的文学家是莎士比亚,但有考出这些戏剧全是试验哲学家培根作的。德国最有名的文学家是鞠台(Goethe),他是治哲学和植物学动物学,发明生物进化公例的。文学和科学的关系,不是很有证据吗?(同上)

先生在《北京大学月刊发刊词》也说:"治文学者互蔑视科学,而不知近代文学全以科学为基础。"此外又曾反对中国文学的不合理论。(详见《中学国文科教授之商榷序》。)

五、文之定义与国文的分类

先生所下的文德定义是:

> 积字而成句,积句而成节,积节而成篇,是谓文章,抑或单谓之文。(《文学》)

继又提出文德分类道:

一、叙述之文——自然科学之记载,及历史等属之。

二、描写之文——诗、赋、词、曲等属之。

三、辩论之文——孔、孟、老、庄之著书,古文中之论说辨难等属之。

　　三类之中互有出入者——如历史常参论断,诗歌或叙故事
是也。

　　兼三类之文而写之者——吾人通信,或叙事,或言情,或辨
理,三类之文,随时采用。今日之报纸,有论说,有新闻,有诗
歌,则兼三类之文而写之。(同上)

　　现在再把先生《论国文的趋势及与外国语及科学之关系》与《国
文之将来》两文中关于国文的分类部分代作一个简明的表解如左:

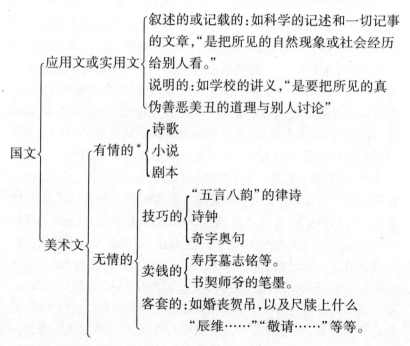

应用文或实用文
　　叙述的或记载的:如科学的记述和一切记事
　　的文章,"是把所见的自然现象或社会经历
　　给别人看。"
　　说明的:如学校的讲义,"是要把所见的真
　　伪善恶美丑的道理与别人讨论"

国文

有情的*
　　诗歌
　　小说
　　剧本

美术文

无情的
　　技巧的
　　　　"五言八韵"的律诗
　　　　诗钟
　　　　奇字奥句
　　卖钱的
　　　　寿序墓志铭等。
　　　　书契师爷的笔墨。
　　客套的:如婚丧贺吊,以及尺牍上什么
　　　　"辰维……""敬请……"等等。

　*　注:尚思按……在《论国文的趋势与外国语及科学之关系》里只说:"有情的文
章……后来慢慢发达,就变作诗词曲等等了。"到了《国文之将来》,才说:"美术文大约
可分为诗歌、小说、剧本三类。"

关于文的定义与分类,古今中外学者各有主张,至少也可归纳为广义的与狭义的两大派。近人编的《中国文学史》与《文学概论》一类之书,多述及之,兹不引录。惟吾人观于上面各文,可知先生是比较倾向广义一派的。

六、对于八股文的批评与作怪八股以开风气

先生说:"八股文托始于宋人的经义,本是散文的体裁,后来渐渐儿参用排律诗与律赋的格式,演成分股的文体。通常虽称八股,到我学八股的时候,已经以六股为最普通了。六股以前有领题。六股以后又有结论,可以见自领题到结论,确是整篇。然而领题以前有起讲(或称小讲)……起讲以前有承题……承题以前有破题……这岂不是重复而又重复吗?我从前很不明白,现在才知道了,这原是一种练习的方法。先将题目的一句演为两句……进一步演为四句,再进一步演为十余句,最后乃演为全篇。照本意讲,有了承题,就不必再有破题;有了起讲,就不必再有承题与破题;有了全篇,就不必再有破、承与起讲。不知道何时的八股先生,竟头上安头,把这种练习的手续都放在上面。这实是八股文时代一种笑柄。"(《我所受旧教育的回忆》)先生之意,是认八股文的有点长处,在"由简而繁",确是一种学文的方法;而其短处则在"重床叠架"(《根据我在教育界的经验》)。读者如欲知八股文的演变,可阅卢前的《八股文小史》。先生是前清的进士翰林,故长于八股文;但他作的八股文,却与众不同。据吴敬恒说:"当余未知有江洋大盗孙汶五六年时,却知有蔡元培者。浙江闹星中有三篇怪八股,能得风气之先。意其人或一怪诞诉驰之士,不知当时彼乃二十三四岁之恂恂儒者。吾友丁云轩先生录其文,杜孟兼先生选刻《通雅集》,以为压卷。杜先生……亦孑民先生之友。《通雅集》者,怪八股之特刊,一时摹仿,以得隽者,癸巳、甲午两科有数百人之多。清真雅正之八股家,太息

以为文妖。果不出数年,八股之气运告终。其实所谓怪八股,仅仅
多用周秦子书典故,为读书人吐气,打倒高头讲章而已,是亦所谓新
文化运动,抛一香烟罐粗制之炸弹也。"(《四十年前之小故事》)凡
是能站在时代前面的,必为守旧派所痛斥。正因先生能作怪八股,
被目为"文妖",所以后来能学制炸弹与作"新文化运动"。他的大
开风气,远在八股文时代,并非从主持北大"五四运动"时代始的。

七、对句是学作诗文的基础

先生说旧时代的"对课与现在的造句法相近,大约由一字到四
字,先生出上联,学生想出下联来。不但名词要对名词,静词要对静
词,动词要对动词;而且每一种词里面,又要取其品性相近的。例如
先生出一'山'字是名词,就要用'海'字或'水'字来对他,因为都是
地理的名词。又如出'桃红'二字,就要用'柳绿'或'薇紫'等词来
对他,第一字都用植物的名词,第二字都用颜色的静词。别的可以
类推。这一种功课,不但是作文的开始,也是作诗的基础。多以对
到四字课的时候,先生还要用圈发的法子,指示平仄的相对,平声字
圈在左下角,上声在上角,去声右上角,入声右下角。学生作对子
时,最好用平声对仄声,仄声对平声。(仄声包上、去、入三声)等到
四字对作的合格了,就可以学五言诗。"(《我在教育界经验》并请参
看《我所受旧教育的回忆》)现在连大学生也不能作对子了,所以清
华大学对于国文的入学试验,也曾令学生对句。

八、对于旧白话小说的认识与介绍
——《红楼梦》与德国鞠台的著作有同等的价值

先生对于旧小说的公开提倡与赞美,真是无以复加,古来少见。
他对于《三国志演义》的看法,颇和平常人不同:

其中结构,以诸葛孔明为主要之人物,而曹孟德固目为奸雄,然亦极写其智谋财力,为人所莫及。而其写诸葛也,亦适 * 成为一机械变诈之人,实与其写曹孟德不甚相远。要之,此书之写上等人物,实不外乎权术用事,纯恃手段制胜而已。(《在北京通俗教育研究会之演说词》)

而《三国志演义》和《水浒传》等名小说又比不上《红楼梦》有价值:

宋元时代……又有《水浒》、《三国演义》等语体小说与演义。罗贯中的思想与所描写的模范人物,虽然不见得高妙;但把他所描写的同陈承祚的原文或裴注所引的各书对照,觉得他的文体是显俗的多。把《水浒》同唐人的文言小说比较,那描写的技能,更显出大有进步。这仿佛西洋美术,从古典主义进到写实主义的样子:绘影绘光,不像从前单写通式的习惯了。但是许多语体小说里面,要算《石头记》是第一部。他的成书总在二百年以前,他那表面上反对父母强制婚姻,主张自由婚姻。他反对肉欲,提倡真挚的爱情;又用悲剧的哲学的思想来打破爱情的缠缚。他反对禄蠹,提倡纯粹美感的文学。他反对历代阳尊阴卑、男尊女卑的习惯;说男污女洁,又说女子嫁了男人,沾染男人的习气就坏了。他反对主奴的分别,贵公子与奴婢平等相待。他反对高贵人家的生活,提倡庄家人的生活。他反对厚貌深情,赞成天真烂漫。他描写鬼怪,都从迷信的心理上描写,自己却立在迷信的外面。照这几层来看,他的价值已经了不得了。这些表面的长处都还是假像,他实在把前清康熙朝的种种伤心惨目的事实,寄托在美人香草的文字,所以说:"满纸荒唐言,一把酸心泪。"他还把当时许多琐碎的事,都改变面目,穿插在里面。这是何等才情! 何等笔力! 我看过的书,只有德国第一诗人鞠台所著《缶斯脱》(Faust)可与比拟。

《岳斯脱》是鞠台费了六十余年的光阴漫漫而著成的。表面上也讲爱情,讲宗教,讲思想行为的变迁,里面寄托他的文化观、宇宙观,成书后到此刻已是九十年了,注释的已经有数十家。大学文学科教授,差不多都有讲过这个剧本的讲义,但没有定论,不是与我们那些《红楼梦索隐》、《释真》等等纷杂相像吗?《石头记》是北京语,虽不能算是折衷的语体,但是他在文学上的价值,是没有别的书能比得上他。或是我平日间研究过的,所以特别介绍一回。(《在国语讲习所的演说》)

先生对于《红楼梦》一书既极力介绍,又专心研究,他著有《石头记索隐》一书,详为考证,现在这里暂不介绍其内容。

九、古今词曲的开始正式研究

先生在北京大学与研究所中,极力提倡研究古今词曲,也是和清朝京师大学堂以一般旧学者最相反的一点。顾颉刚说得好:"清朝大学堂时代,图书馆中曾有许多词曲书,给监督刘廷琛看作淫词艳曲,有伤风化,一把火都烧了。到这时,蔡先生请了剧曲专家吴梅来作国文系教授,国文研究所中又大买起词曲书来,岂但搜罗词曲而已?连民国的歌谣也登报征集起来了。天天在《北大日刊》上选载一两首,绝不怕这些市井猥鄙的东西玷污了最高学府的尊严。"(《悼蔡元培先生》)这是先生认学术研究与礼教风化不可混为一谈的。

十、对于左派文学领袖鲁迅的佩服与关系

先生与鲁迅同为绍兴人。先生任教育总长时,委鲁迅先生为部员;任北京大学校长时,聘鲁迅为文学教员;任大学院院长时,聘鲁迅为特约著作员;主持民权保障同盟时,特邀鲁迅为执行委员;鲁迅

逝世,亲为治丧送葬,序其全集,尊为近代文学的开山。鲁迅在民八"五四运动"时代,已努力提倡新文艺,反对旧社会;民国十九年更组织"中国左翼作家联盟",被推为领袖;国际文化界至以"中国的高尔基"目之。先生既和他有密切联系,则其文学思潮的倾向,也就可想而知了!(参看先生《我在教育界的经验》、《鲁迅全集》序和《许寿裳〈鲁迅先生年谱〉》,中华书局《辞海》,廿五年十月廿三日《申报》,汪森然《近代二十家评传》、《平心论鲁迅的思想》,王士菁著《鲁迅传》。)

（原载《文汇报》1947 年 3 月 1 日、8 日）

古奴、家奴与洋奴

古奴是比较封建化的,洋奴是比较殖民地化的,家奴是比较奴隶化、法西斯化的。

谁也得承认现在中国是个半封建半殖民地化的社会。正因为它一方面还是个半封建社会,所以还有一般古奴,努力从事其古化工作。古奴的代表,以地主、遗老、私举出身,传读古书者为占多数。正因为它另一方面是半殖民地社会,所以又有一股洋奴,努力从事其洋化工作,洋奴的代表,以买办、资本家、阔少、新式学校出身,出洋留学。专读洋书者为占多数。又正因为它对"过去"而说,是古奴;对"外国"而说,是洋奴;所以对"现在"、对"本国"各方面说,便处处成为家奴了。更明白的说,反思长于做古奴、洋奴者,同时也就长于做古奴,是忠于洋人的家奴。"奴"虽有三,为奴则同。三奴合一,便成大奴。这个中国几乎可以说是一个变态的奴隶社会、杂种的奴隶社会、实业奴化政策之大成。现在试把这三种奴隶化政策分述于左。

古　　奴

这里所说的古奴,就是想来说如孔子的"述而不作,信而好古","祖述尧舜,宪章文武",主张"非先王之法服不敢服,非先王之

法言不敢道,非先王之德行不敢行","非圣者无法"。董仲舒说:
"天不变,道亦不变。"韩愈说:"曾经圣人手,议论安敢到?"康有为
说:"不拜跪孔子,留此膝何为?"下至近年一般新旧学者的提倡道
统说、国情说,以及一般军阀官僚的提倡尊孔读经、注重旧礼教等。
就史学来说,以正史为信史,以伪书为真书,开口就说中国至少有五
千年的文化,甚至对于盘古三皇的历史讲得津津有味。坚信现代西
洋一切完全出自于古代中国。就医学来说,一般国医自以为得自数
百年前的祖传秘方,这简直像出些古鬼来治今人。就文学来说,连
一般小学生、中学生也大读古文,连入学考试也注重文言文,甚至有
如江亢虎那般人的设立"存文会"。就读言来说,如林捐那般大学
教授,连说话讲学也非用"文言"不可。就版本来说,认粗劣的明版
书,优于精细的清版书;更荒唐的是,一方面有出售"宋版《红楼
梦》"的书商,而另一方面也有欲购得"明版《康熙字典》"的读者。
就艺术来说,明明是今人的书画,也要说是明人作的。就风格来说,
最赞美的是大有古风,最痛恨的是世风不古。

　　古是旧的,已死的;今是新的,方生的;使今人而好古、信古,便
是使方生的身体而具已死的头脑,既没有头脑,便不会思想;既没有
思想,便不会活动。一切听天由命,变成标准家奴。秦焚诗书,汉崇
经学,宋明讲理,清代考古,近今新玄学家大读"无字天书",大谈
"天地境界",其用意要都在乎使人民没有头脑,脱离现实。

　　古奴的理论是:"不先有古,哪里有今? 今是从古来的,所以应
该贵古而贱今,居今之世,行古之道。"吾意不然,好比说:"不先有
祖宗,哪里有子孙? 子孙是从祖宗来的。"这是对的。如因此而说:
"所以应该贵祖宗而贱子孙,以子孙的时代,学祖宗的生活。"那就
不对了! 定要如这般古奴的理论,那么只有"古"就够了,何必有
"今"? 只有祖宗就够了,何必有"子孙"? 殊不知:与其贵古而贱
今,不如贵子孙而贱祖宗。有"古鬼",有"活人",现在的古奴似乎

可以叫做"活鬼"！吾以为"活鬼"不如"古鬼","古鬼"不如"活人"。这是因为：生为古人，死为古鬼，并不辜负其时代；而"活鬼"简直是行尸走肉，不死何为？世间只能有"古鬼"，有"活人"，而不应有"活鬼"，"活鬼"实是"古鬼"与"活人"的敌人。如果代代出了好多"活鬼"，这个世界就终古如斯，永不会最进步了！

洋　　奴

　　我以为，现在中国的文者，有普通的和高等的两种：普通的、正常的文盲，是根本没有过教育，连中国文字也不认识的；高等的、反常的文盲，是只能说外国话而不能说中国话，只能读外国书而不能读中国书，只能作外国文而不能作中国文的。民国以来的政府要人，有以不认识中国文化而主持行政者；而学校的行政当局及教师，更多只能做外文而不能作中文者。这种盲于本国而不盲于外国的文盲，实是现代中国特有而又普遍性的现象。以盲于国文者主持教育行政，所以在中学课程里，英文便比国文注重；学生也就瞧不起国文了。甚至如最近某国立大学有二百多学生被"勒令"退学，退学原因中竟有因英文选读不及格者。有人因此便感慨道："不知道英语国家学生是否也有因为选读中文不及格而被勒令退学的事情发生？"我也觉得，现在大中学生国文程度低的可怜，是谁也承认的，尽管不及格，但却绝不会因此而被学校当局勒令退学。以饭桶而祖护饭桶，以文盲而祖护文盲，这种教育简直是自动的亡国奴教育，只懂得殖民地教育。

　　中国人的注重外国文，好像多是为了要去服侍外国人。古代如北齐之世，士大夫以教弟子学鲜卑语为要事，为的是可以服侍公卿而被宠爱。（见《颜氏家训·教子篇》）而上海等地，在抗战前，英美人的势力最大，所以连不进学校的一部分中国人也会去补习英文；到了沦陷以后,变成日本独占,于是一部分中国人也就跟而取大读日文,日文补习学校便代替英文补习学校而纷纷设立了,反观日、英、美、德驻华使节和商人、教师,也有对于中国话说的很流利的;但对中国人较上流人说话,还是要用日语、英语。而中国人呢? 不但在国外对外国人说外国话,甚至在国内对外国人也说外国话;又不但在国内对外国人说外国话,甚至对本国人也说外国话。争睹的要人如此,学校的行政当局和教人也是如此,最后连学生也无不如此的。

外国政府的人员,迎送中国政府的人员,其地位在大礼上总是低一点的,或同等的。而我们中国政府呢? 只要外国来了一个无名小卒,就开盛会,派要人去迎送他。这些中国要人平时对本国的人民大摆架子,一旦遇见外国的无名小卒,却非常客气。处处令人想见其在中国人之上,在外国人之下。又如最近美国兵在中国最大的文化都市里强奸中国最有名的大学的一个女生,而中国警察一看见该女生,便先打其耳光,而该大学的当局,也大怪其晚上出门。中国人民连在中国本地土的往来自由都没有了! 这么一来,不论外国人和中国人也都越发瞧不起中国政府和学校的当局了!

甚至有些吃过洋面包的人说:"连月亮也是外国的圆。"这是多么肉麻的话呀! 留学美国的,多变成亲美派;留学日本的,多变成亲日派。……不留学一个中国人,也就留学国奴了! 如非"亡国奴",亦变成"洋贩子",往往如此,无可辩言,这是多么痛心的一件事啊!

总而言之,一般殖民地,多是被动的做洋奴的,是不得已的,可以原谅的;在中国,人多是自动的做洋奴的,是自甘堕落的,不可原谅的!

家　　奴

孔子说:"事君书礼,人以为诏也。"君子"畏大人","天下有道,及庶人不议","民可使由之,不可使知之"。韩愈说:"民不出粟米麻丝,做器皿,通货财以事其上则诛。"这两个大圣贤真不失为家奴的"万世师表",其理论也不失为真家奴的"金科玉律"。现在中国社会,于固有的秦汉以来的专制化以外,又加上外来的德、意、日的法西斯化,所以连国际要人也有"现在中国还没有西班牙的民主"的公开批评。从纵的一方面说,在家庭中,家长要把所有家人养成家奴;在国家中,政长要把所有家长养成家奴。从横的一方面来说,在政治方面,统治者要使被统治者成为自己的家奴;在教育方面,言者、授者要使听者、受者成为自己的家奴;在社会方面,老年人、男人要使少年人、女人成为自己的家奴。……

他们制造一种理论与空气,以为没有那个国家的领袖,那个国家就不能存在,所以非一致拥护那个国家的领袖不可;没有那个公司的领袖,那个公司就不能存在,所以非一致拥护那个公司的领袖不可;没有那个学校的领袖,那个学校就不能存在,所以非一致拥护那个学校的领导不可。……各方面各等级的领袖,既然都是超人的,所以他们有资格来包办独裁。在他们下面的人,只好绝对服从,不得有任何的自由。换句话说,便是以上层领袖的自由为自由,也就是牺牲下层的自由发展上层的自由。这种思想,未免奴性十足,太带"伟人史观"的色彩,而和事实不相符合。小的不说,远的也不说,单举第二次世界大战以后的要例来给大家瞧瞧:罗斯福在美国的大总统中,真可算是数一数二的;然而他死了,美国还不至跟着他而亡,还多是靠了制度。劳苦功高的丘吉尔,反被英国人遗弃;不大出名的艾德福,反被英国人爱戴,最后能为英国找出路的,果然是艾德福而不是丘吉尔,还多是靠了政策和民意。反之,戈林开口便说:"感谢上天独生这样一个空前伟大的希特勒元首给我们德国。"而莫索里尼更利用长期专政,把意大利国民训练成为机械式的奴才。希特勒莫索里尼既有本领,又得独裁到?结果德、意反为所牺牲。

如果没有希特勒、莫索里尼,德、意至少不至亡的这样快,败的这样惨。此可知,与其专靠领袖,不如多靠好制度、好政策、好民意,以希特勒靠莫索里尼那些不世出的领袖,尚且失败到这个地步;至于其余不如他俩的,自更靠不住了! 凡采用好制度、好政策、好民意者,根本就不顾人们做自己的家奴;而欲人们做自己的家奴者,根本就不采用好制度、好政策、好民意。在这里再就学校举一个例子以作证明,像蔡元培先生是个好校长,实行教授治校、学生自治,一切自由平等,绝对不愿教职员学生做自己的家奴。"家奴政策与民主主义"是不两立的!

(原载《大公报·星期论文》1947 年 5 月 16 日)

打倒民主个人主义
帝国主义毒害中国人民的思想

　　我在这"中国人民史无前例的光辉胜利"时代和"国际和平斗争日",打算暂且撇开其他不说,只提出一个最有关键的问题,来请知识分子提高警惕,谨防中毒!美帝国主义因有鉴于中国问题非纯用武力侵略(它自美其名为"物质援助")所能挽救,并兼采取其他巧妙方法,据新华社北平廿六日电:"已因遭受全盘失败而对蒋介石丧失信心的杜鲁门、马歇尔、艾奇逊、司徒雷登集团,决定采取迂回的即第五纵队的方法作为破坏中国人民民主事业的主要方法,而拒绝采取继续大规模援助蒋介石和正面地武装干涉中国内战的政策。"美帝国主义想用有毒素的思想来进攻中国的知识分子,如被攻中便成为它的第五纵队。武力侵略是有形的,有形的较易防,思想进攻是无形的,无形的思想很难防。我所说的有毒素的思想是指艾奇逊白皮书中所谓"民主的个人主义"之类。此事关系一切,务请多自反省!

　　封建社会是以家族为中心的,资本主义是以个人为中心的,新民主主义和社会主义是以社会集体为中心的。资本主义社会注重个人自由尤其是资产阶级的企业自由和自由剥削、自由发财……他们标出"民主的个人主义"就是表示社会主义、集体主义是不民主的。资本主义、民主主义的个人主义是新民主主义、社会主义的集体主义对立,确如八月十五日新华社社论所说:"美国白皮书……给了中国怀有旧民主主义思想亦即民主个人主义思想,而对民主集体主义、或民主集中主义、或集体英雄主义、或国际主义爱国主义,不赞成或不甚赞成,不满或有某些不满,甚至抱有反感。"(《丢掉幻想,准备斗争》)艾奇逊说的"民主的个人主义"也就是所谓自由主义者,"中国的许多自由分子亦即旧民主主义份子,亦即杜鲁门所属望的和经营企图争取的所谓民主个人主义的拥护者"。(同上)

民主的个人主义的毒菌很容易生于一般所谓中间派或右派的身上,新华社社论说得好:"有一部分知识分子不要看一看。他们想,国民党是不好的,共产党也不见的好,看一看再说。其中有些人口头上说拥护,骨子里是看,正是这些人,他们对美国存着幻想,他们容易被美国帝国主义分子的某些甜言蜜语所欺骗。……他们是除了国民党反动派以外的人民中国的中间派或右派,他们就是艾奇逊白皮书中所说的'民主个人主义'的拥护者,艾奇逊们的欺骗做法在中国还有一层薄薄的社会基础。"(同前引)个人主义、自由主义虽和封建主义的家族主义和社会主义的集体主义对立,但它在事实上却是右派而无所谓中间,因为封建主义和资本主义同是要保存剥削阶级,巩固剥削阶级的。所以民国以来的一般封建官僚都最愿意给帝国主义利用,而帝国主义也都最愿利用民国以来的一般封建军阀官僚,艾奇逊致杜鲁门函中相提并论的"中国的悠久文明和民主的个人主义终将再度胜利,中国终将推翻外来制度",也是很有力的一个证明。我认为白皮书的大意要旨在乎:第一,要使中国对内永为封建化的、法西斯化的落后国家而不变成为社会化、民主化的进步国家;第二,要使中国对外由各国共管的半殖民地变成美国独占的保护国。

中国知识分子中如张君劢之流虽会表示要做国共两党的中间人,开口闭口提倡调和,而竟却向右边的国民党反动派倒下去;英国的工党虽会表示要做美苏两国的桥梁,而实却老早就向右边的美国倒下去。……

不论谁,只要还有点"民主个人主义"的信念,就难保不终于做了南斯拉夫的铁托、匈牙利的拉伊克……这就是说,如不彻底的倒向左边,就容易转向右边倒下去。民主个人主义、个人自由主义是美帝国主义要毒害中国知识分子的鸦片烟,我们千万不要上当!郭沫若先生在人民政协会议公开的表示:"美国帝国主义政府为了要奴役中国人民,扶助蒋介石反动派,已经遭到了无情的惨败,在今天还不死心,还是要在我们内部找'民主个人主义者',来阻扰并破坏我们的革命事业。我们中国人里面,难道还会有那样糊涂的人,甘心做美帝国之一的第五纵队吗?这样的人和我们是不能两立的……我们是民主的集体主义者。……我们是无党派的民主人士,因为没有党派的固定关系,似乎也就显示得都很自由,但……坚决的表示:我们也决不是自以为站在中间路线上的所谓自由主义者。今天的所谓'自由主义',其实就是'民主的个人主义'的别名。……美帝正是欢迎这种人民,那里会'中'得起来呢?……我们要自由自在跟着毛主席,向一边倒。……倒在中国共产党的一边……我们在国际要自由自在地倒在苏联为首的民主和平阵营的一边。"(九月廿七日各报)我愿所有知识分子都到死毋忘郭先生的话!我们对内要倒向革命的共产党去打倒反动的国民党,对外要倒向苏联为首的人民阵营反侵略阵线,去打倒以美国为首的反人民阵营侵略阵线,我们要拿"民主的集体主义"去打倒所谓的"民主个人主义"。

所谓"自由主义",实很不通,如果让剥削者、压迫者自由,那么被剥削者、被压迫者就不自由了!或者好比强者如有打人的自由,弱者就没法自由打人,只好包办被打了;富者如有享乐的自由,贫者就没法自由享乐,只要包办吃苦了。……由此看来,资本主义社会所提倡的自由主义,实在却只让给少数罪恶分子以自由,至于大多数善良人民不但与自由毫不相干,而且吃了少数罪恶分子过于自由的大亏。善良人民翻身的时日到来了:工人阶级、农民阶级得到自由之时,就是资产阶级、地主阶级失掉自由之日;进步分子得到自由之日,就是反动分子失掉自由之时。毛主席最能看到此点,所以他主动"人民民主专政",对工人阶级、农民阶级、小资产阶级、民主资产阶级四个朋友实行"民主",对帝国主义、封建主义、官僚资本主义三个敌人实行"专政",这才是真正的"辨是非"。如不分敌友,而一概的民主,或一概的专政,那就是"不辨是非"了。再如欧美列强以资产阶级去统治无产阶级,以帝国主义去侵略弱小民族;中国国民党反动派的勾结帝国主义,保存封建主义,发展官僚资本主义,来压迫工人、农民、小资产、民族资产四个阶级,就都是"是非颠倒"了! 其次,要中的:个人在大众之中,个人应该屈就大众,以大众的自由为自由;而不应该使大众屈就个人,以个人的自由为自由。南京文管会的徐主任对于"自由"解释得非常精确,他指出:"今天所要的自由,应该是人民大众的自由,个人只能包括在人民之中,而不能在人民之上或人民之外。"(六月十二日《解放日报》)在大众之中的自由才是自由,在人民之上或人民之外的自由便是伪自由。真自由如"民主集体主义",伪自由如所谓"民主的个人主义"。

(原载《文汇报》1949 年 10 月 2 日)

我在上海解放前后

到了解放前几天我收到匿名信两封,一封是引诱性的,以"一群进步学生"为名,说要推选我为民主校长;另一封是恐吓性的。我都置之不理。我在校内,规规矩矩;在校外却秘密去上海大教联搞政治活动。我住在校内,校址在军工路,到市区去活动,来回必须步行一段不短而又不平的路,才能到杨树浦电灯厂站乘电车去市中心。这条路的旁边是一条水沟,晚上一直没有路灯。我有一次回校,由于黑暗,足踏空,坠入水旁,裤也潮湿了,至于在路上跌倒,那是常有的事。学校领导与一部分家长有钱的学生是乘小汽车往来的。由于通货膨胀,物价一天涨几次,生活也很艰苦。如我正在授课,无法赶快去领工资就托人代领去市区换铜板,藉以保值。有多钱的人,老早就用法币换银元或外币了。解放后是法币一万元换人民币一元的。

学校的教职员,凡市区有亲戚好友和有门路的,早就举家带物搬走了,只剩下我和其他三家教职员仍留在校中。学校当局曾派人来逼我们迁出校外,我老实地说:"我们没有去处。"来人才无辞以对,后因枪声多些,我们就不得不逃入科学馆的地下室暂避,无论男女老少都坐卧在地板草席上。我的一家的铺位和姓赵的一家的铺位为邻,铺外没有他物。真是苦闷,一心只希望上海早日解放。科学馆距离我的寓所相当远,起先我们到原寓所去烧饭,拿到地下室来吃,不久子弹在头上飞过,我们有时不敢出来,有时来到中途就跑回去。小孩叫肚子饿,我们也想不出有什么办法,只好说:"再忍住一下吧!"结果,我们私幸:(一)当时逃兵没有侵入校内,(二)这里战事没有太激烈、太长久。不然,我们这几家的遭遇是不堪设想的。后来听说,学校后面隔河那个小岛上的一座高楼是蒋介石飞往台湾前住的,莫怪有时枪弹在我们头上飞过。

上海的解放是 1949 年 5 月 27 日。我们望眼欲穿的新时代终于到来了!上海人欢天喜地夹道欢呼口号迎接解放军。"上海大教联"马上借沪西海光图书馆的小礼堂召开党员大会,热烈庆祝上海解放。陈望道、周谷城、周予同等会员共数十人挤得满满。同时,重新选举干事,干事是大教联的领导人。这也是大教联的最后一次选举会。

我在解放后,除了仍有教学任务以外,第一次被派搞行政工作,也才公开参加各种社会活动,每天忙于开会,比解放前少得多的是再也无暇顾及科研多写文章了。

在党与政府的领导下,我们把一个教会大学改变为新民主主义大学。1952 年院系调整,我才第三次来到复旦大学,也是教学工作、行政工作与社会活动三者同时兼顾的。比以前更忙了,有时连饭也顾不得吃。陈望道校长对我曾经又劝告又责备道:"我从市中心开会回校,已近午夜,在同一宿舍中只看见你一家有灯光,你为何不早点睡觉?"我因白天抽不出时间,只好在夜间备一点课;否则,我在教学上就要落后了。

(本文作于 1952 年)

厚今薄古是个最正确的方针

现在,哲学社会科学界对于古今厚薄这一个问题,已经展开了空前未有的大辩论,在表面上意见非常分歧,但归纳起来仍不外两大派:主张厚古薄今者,未免轻重颠倒;主张古今并重者,不仅是轻重不分,而且实际上也是厚古薄今(这点当另写文章详论之)。只有主张厚今薄古者,才是轻重得当。厚今薄古之所以最为正确,我以为有下列几个理由:

(1) 我们人人共同的、主要的历史任务,在今而不在古

古代的历史任务,已有古人负起;后代的历史任务,也还有后人负起;只有今的历史任务,是必须落在我们今人的身上的。以今人而完成今的历史任务,谁也不能说不应该。不仅仅我们今人如此,就是已成过去的今人(即古人)也如此,就是未来的今人(即后人)也如此。自古以来,都是以今人而完成今的历史任务,而新陈代谢地一代一代地交代下去,接受下来的,这真如古人所说:"后之视今,亦犹今之视昔。"我们人人都必须成为一个名副其实的今人;如名为今人而实是古人,实在说不过去;如名为今人而实是后人,事实也不可能。正如耶马孙的名言:"你若爱千古,你当爱现在;昨日不能唤

回,明日还不确实。……"而绝对不能像孙奇逢所说:"人生最系恋者过去,……最倏忽者现在。"但我在这里,还应该补充一下:凡是最能完成自己时代历史任务的人,也就是最能承先启后、继往开来的人。我们不要以人废言,我以为对一般知识分子来说:应当如将近百年前的王韬所说:"士当以通今为先。"对历史科学工作者来说:应当如五十多年前的梁启超的反对旧史学界只"知有陈迹而不知有今务",认为写现代史是现代史家的天职。我们人民中国的历史科学工作者,总不会连王韬、梁启超的见解都不如吧!

（2）谁也不能否认现代社会要比古代社会丰富和进步

　　因此今史就是比较丰富和进步的历史,古史就是比较贫乏和落后的历史。古人的诗说:"古人不见今时月,今月曾经照古人。"这好比说:小孩还没有做大人的经验,不能包括大人;大人已经做过小孩,能够包括小孩。古今历史与事物也和这个比方相似:今是古的过来者,能包括古;古还未到今,不能包括今。所以我们主张应当厚今薄古,而不能厚古薄今与古今并重。

　　今是比古进步的,就整个来说:人类社会是时时刻刻向前发展变化的,我们只要稍微不注意现实,现实就会变成过去,我们就会落在现实之后。又我们的研究,如专以古代为限,那末我们本身古来古去,不出古的小天地,就很容易变成古人而无异于自己否认了历史的向前发展;如果否认了历史的向前发展,就无异于对历史科学的一窍不通。因此,无论以古代为专业的,或以现代为专业的,都要首先注重现实,首先注重现实才会以时代的精神,紧紧地跟着时代前进。有了进步的人,才会有进步的业务。不要说以古人的态度而去研究古史了,就是以古人的态度而来研究今史,也同样是错误的。

中国最早的马克思主义历史家李大钊同志已经看到这点，他说："历史的进路，纵然有一盛一衰、一衰一盛的作螺旋状的运动，但此亦是循环着前进的上升的，不是循环着停滞的，亦不是循环着逆反的退落的，这样子给我们一个进步的世界观。我们既认定世界是进步的，我们在此进步的世界中、历史中，即不应该悲观，不应该拜古，只应该欢天喜地的在这只容一趟过的大路上向前行走，前途有我们的光明，将来有我们的黄金的世界，这是现代史学给我们乐天努进的人生观。"（《史学要论》）

（3）近代、现代比上古、中古更加现实，更加接近我们，更加同我们生活有密切的关系

　　例如近代、现代的革命斗争，和历史更加分不开的是近代、现代的历史，而不是上古、中古的历史。而且中国现代史也应该以中国共产党史、中国现代革命史为中心来讲，世界现代史也应该以苏共党史、苏联史为中心来讲。而我们党和政府的一切政策、方针的制定，除了根据一般历史发展规律与现在生产斗争、阶级斗争以外，也是根据近代、现代的历史情况的。范文澜同志说："说到要了解洪秀全、康有为、严复和孙中山，以及比他们较次的龚自珍、谭嗣同、梁启超、章炳麟等人的思想，困难更多，不了解孔子以来的全部思想史，几乎将无从入手。"有人引这段话而下了一个结论："古代史及近代、现代史部门之间，那就是互相补助、互相推动的关系。""厚今何必薄古"？我是不同意这个结论的！要知道：洪秀全、康有为、严复和孙中山，以及比他们较次的龚自珍、谭嗣同、梁启超、章炳麟等人的思想，虽然对于从孔子以来的中国思想仍有一些关系，但这班比较进步的人物所受的影响，更主要的倒是来自近代西洋思想，而不是来自古代中国思想。假使他们都是生在上古的中国或中古的中

国,那就不大会跳出孔子思想的范围,也就不会有他们这种的改良主义思想与革命主义思想了。假使如此,我们研究他们,才要从孔子以来的中国思想入手。可是在事实上,他们都生在近代中国,都是比较进步的人物,我们研究他们,就首先要注意到他们的受了近代西洋思想的影响了。他们有的是开明地主阶级,有的是以开明地主阶级而向资产阶级转化,有的已经是资产阶级、小资产阶级,这就不可能再以封建圣人孔子的思想为限了。毛泽东同志说得最正确:"自从一八四〇年鸦片战争失败那时起,先进的中国人,经过千辛万苦,向西方国家寻找真理。洪秀全、康有为、严复和孙中山,代表了在中国共产党出世以前向西方寻找真理的一派人物。那时,求进步的中国人,只要是西方的新道理,什么书也看。……好像雨后春笋,努力学习西方。……这些是西方资产阶级民主主义的文化,即所谓新学……和中国封建主义的文化即所谓旧学是对立的。……要救国,只有维新,要维新,只有学外国。……日本人向西方学习有成效,中国人也想向日本人学。"(《论人民民主专政》)由于中国封建主义文化没有西方资本主义文化进步,所以近代、现代中国比较进步的人物都是努力学习西方文化的,只有梁漱溟那些封建地主阶级,老是死也要抱住孔子不放。但如认真地说:梁漱溟的思想有三大来源,而最主要的还仍旧是近代西洋柏格森主观唯心主义的什么生命哲学,其次才是古代中国的孔学、王学和古代印度的唯识宗。封建地主阶级思想尚且如此,其他更不用说了。

　　此外如多到落后的少数民族地区生活一下,对于研究原始社会也是同样有好处的。摩尔根之所以能写成《古代社会》那一部名著,就是由于研究美洲土人的生活,而不是由于多读古书的。从上游看来,我敢劝哲学社会科学家们,有许多重要问题如果真要研究,与其说应当多到古史堆里去,不如说应当多到现实中去。与其说应当多从古史出发来了解现实,不如说应当多从现实出发去了解古史。前者是一举两失,后者是一举两得。什么是一举两得呢?既能了解现实,又能了解古史,不是一举两得么,反之,就是一举两失了!

(4) 近代、现代历史为各阶级所必争,是各阶级最激烈的一个历史战场

无产阶级的历史科学工作者,既不能袖手旁观,更不得临阵脱逃。我们必须首先夺取近代、现代这个历史根据地,然后以这个近代、现代的根据地为中心而把所有历史根据地都一一占领起来。资产阶级与帝国主义都是最虚伪的,他们一方面企图挟行愚民政策、奴化政策,而对被压迫、被剥削的人民,无比虚伪地宣传什么超政治、超阶级、超观点,而劝人民不要注重近代、现代史研究,以便好给他们一直宰割下去而不起来进行革命斗争;而另一方面,在他们自己,却一点也不肯随便稍为放弃或放松对劳动人民进行你死我活、惨酷无比的阶级斗争。他们把近代、现代历史作为尖锐武器,时时刻刻在研究近代、现代历史,以便作为攻击他们敌人的政治宣传。就侵略我们的东、西帝国主义来说,如美帝国主义对中国进行文化侵略,在中国办了许多教会大学,但是却不准中国学生读中国历史。如福开森所创办的金陵大学,课程中在 1925 年以前,只有美国历史而没有中国历史。卜芳济所主持的圣约翰大学,课程中只有泰西史、英国史、美国史、印度史,而没有中国历史。后来因为中国学生要求读中国历史,卜芳济才用英文写出一本内容非常荒谬的中国史给中国学生读。又英美在上海工部局办的中学,也叫担任中国历史的中国教师,讲授近代、现代部分中国历史时,要客气一点,这就是说不要太碰到侵略中国的帝国主义。十多年以前,日本帝国主义兽兵占领上海,叫汉奸保甲长告诉中国人民说:“日军就要按户调查,绝对不许中国人民暗藏中国近代、现代史。”当时的日本帝国主义

说:"现有的中国近代、现代史,多是用英美人的立场观点写的;今后必须改用日本人的立场、观点来写出中国近代、现代史。"这是竞争侵占中国的东、西帝国主义在中国近代、现代史上表现出来的矛盾。而在中国人当中,也出了亲日派如王桐龄著《中国史》,竟恬不知耻地拿日本市村瓒次郎所写《支那历代史观》一文去当作他的序文,说什么:"为中国计,联络土地最接近之国、文化最类似之民族,互相扶助,以抵抗欧美诸民族。拥护本国民族,保持本国文化,岂非当务之急?……为日本计,固当提倡中日亲善;即为中国计,亦何可不主张中日亲善也!"这是要中国人做日本的亡国奴,去为日本抵抗欧美各国的。而英美派的洋奴买办蒋廷黻写的《中国近代史》,又起来替英法帝国主义掩盖罪恶,如说鸦片战争是"英国在广州受了多年的压迫,无法出气";平英团等反抗侵略的人民,"引起大祸";"林则徐抗英是以为自己的名誉比国事重要";琦善等卖国,是"把中外强弱的悬殊看清楚了";英法联军退出北京帮助清廷绞杀革命人民,"是了不得的事情,足证西洋人也守信义"。这又是买办派"历史家"各要讨好他们的主子而起的冲突。在近代、现代中国史学界里,除了买办资产阶级的"历史学家"以外,还有代表封建地主、资产阶级、法西斯等派的"历史学家"。我们人民中国的历史科学工作者,必须更加密切联系社会主义的革命实际,去向上述各派进行不妥协直到肃清为止的斗争。假使只让他们联系反革命的实际,而我们自己却不知联系革命的实际,就等于自动地向反革命者投降,或被反革命者解除武装了!

(5)厚今薄古可以纠正极端错误的贵古贱今、贵远贱近的传统观念和畸形现象

中国哲学社会科学界尤其是文史科学界的贵古贱今、贵远贱

近,真是由来已久的一个严重现象!

就教学来说,许多人教通史,总是通不下来的:有的教中国通史,只通到秦汉为止;如能通到鸦片战争以前,已经像是凤毛麟角的难能可贵了;至于通到现代部分的,简直没有。教其他专门史如哲学史、经济史等等,也很少通到近代、现代的。最近有一个大学派人来拉我演讲,说他们"历史系的研究生分为中国通史与中国近代史两班,中国通史不包括中国近代史"。这就是不把中国近代、现代史看成中国通史的一部分,也就是把中国近代、现代史排斥在中国通史之外的,也就是表示中国近代、现代史不是中国历史的,这样的通史,实在未免太不通了!

就科学研究来说,解放前旧史学家所著的许多中国通史,固然多到鸦片战争或清末为止,就是新史学家的著作也一点不例外,如范文澜、吕振羽等同志的中国通史,都只通到鸦片战争前为止。其他专门史,也都是如此有头无尾的。将近二千年前的司马迁,写出通古今的《史记》,还能够通到他的"今上"即当时的皇帝。"相形"之下,我们的近代、现代史学界,实在未免有点"见拙"了!

现在中国大学与研究所有一个怪现象:就是老教授老专家,愈古愈多;近代史已经少得可怜了,现代史简直不必谈。好像是老人包办古,年青者包办今,古今对立也是老年人与年青人的对立的样子。谁说这个怪现象不应当加以尽可能地扭转一下呢?如果是应当的话,那么厚今薄古就是唯一对症的好药方了!

(6) 必须厚今薄古,才会真正地不割断历史

我个人的浅见,以为:毛主席在《中国共产党在民族战争中的地位》、《新民主主义论》、《改造我们的学习》等论文中,都一方面反对"割断历史",主张应当顾到古今的全面;而另一方面,更特别指出

应当有重点,重点应当放在近代、现代史方面,如说:"新东西是层出不穷的。研究这个运动的全面及其发展,是我们要时刻注意的大课题。"又说:"对于人民群众与青年学生,主要的不是要引导他们向后看,而是要引导他们向前看。"更说:"对于自己的历史……特别重要的是中国共产党的历史和鸦片战争以来的中国近百年史,真正懂得的很少。"因而提出一个建议:"对于近百年的中国史,应聚集人才,分工合作地去做,克服无组织的状态。……"我的体会有二:第一,毛主席这样既顾到全面又指出重点,把点面结合起来去处理问题,实在就是最正确地运用唯物辩证法。只有倾向形而上学思想方法的人,才会觉得这是不可克服的一个矛盾,而说既然要全面,就对古今都应当平均主义地看待,不能有什么厚薄的分别;既然要有重点,要厚今薄古,就是不全面而割断历史了。第二,人们比较容易知道毛主席说的"对于中国昨天和前天的面目漆黑一团",对古代史一点也不懂得,就是"割断历史";而比较不容易注意到毛主席说的"对于中国今天的面目若明若暗",对近代、现代史不大懂得,在这种态度下,也是"割断历史"。因此,古就应当薄一点,今就应当厚一点,厚古就是夸大了古的重要性,薄今也是缩小了今的重要性。厚今必然应当薄古,薄古决不等于非古、废古、无古;如果非古、废古、无古,那就是把古一笔勾销了,那就是割断历史了。所以非古、废古、无古,实在是主张厚今薄古者所极力反对的。这一点是主张厚古薄今与古今并重者所应当加以辨别清楚而不要有无谓的误会的。

最后,我得再简明地总结一下

我对于古今厚薄这个问题,主张:第一,我们应当首先肯定自己是今人而不是古人,也不是古今人或半古半今之人,因此,研究一切问题,都一定要有重点、有中心,而这个重点、中心又一定要放在今的一方面,而绝对不能放在古的一方面。如古今并重,就是没有重点、中心和把重点、中心放在古的一方面了。第二,要顾到全面,绝对不能只要片面。我们可以比较的厚薄,厚薄无损于全面;不能绝对的存废有无,绝对的存废有无就根本否认全面了。第三,要有重点、有中心的全面,有重点、有中心的全面才是真正的全面;如果没有点的面,面也成问题了。反过来说,也是要有全面的重点中心,有全面的重点中心才是真正的重点中心;如果没有面的点,点也成问题了。所以"厚今薄古",是有点有面,点中有面,面中有点,点面结合,把矛盾统一起来的。第四,所谓以今为重点为中心,只是以今为研究的共同基础,以今为研究的共同出发点,以今为研究的共同服务对象,而绝对不等于要使所有哲学社会科学工作者都无例外地同样以今为业务,而不许一部分人去研究古。只是人数与时间等等,应当有所不同罢了。如再明白地说,就是不但研究古的,要注重今,从今出发;就是研究今的,也要有今的精神。不然的话,还是会脱离现实,而不可能为人民服务的。无论为研究古而研究古者,与把今当作古去研究者,要都同是成了古人而不像是今人。因此,我们大家必须自己勉励自己与互相勉励:个个都能名副其实地成为社会主义国家与毛泽东时代的哲学社会科学工作者、劳动者,使劳动人民觉得我们都是可有不可无的;而不是可有可无的,更不是可无不可有的!

(原载《文汇报》1958 年 4 月 11 日—12 日)

鲁 迅 的 逝 世

正当全国抗日救亡运动高潮的时候,1936 年 10 月 19 日,鲁迅在上海病故。这消息立刻传到国内外,追求光明进步的人们一致表示深切的哀悼。苏联人民、日本进步的文化工作者、东方被压迫民族各国的许多人都把鲁迅的逝世看做世界文坛上的巨大损失。

鲁迅的去世,在要求抗日民族解放斗争的中国人民中,更引起无比的哀痛。四面八方的唁电纷纷飞向上海,全国各大城市的革命群众都发起追悼。单上海一地,就有工人、学生、作家、店员等男女老幼近三万人,不顾租界及国民党的警察、特务的监视,纷纷前往吊丧。送殡的群众,唱着挽歌,喊着口号前进,成了对反动派的示威。中国共产党与中央工农民主政府在致鲁迅家属的唁电中说:"本党与苏维埃政府及全苏区人民为我中华民族失去最伟大的文学家、热忱追求光明的导师、献身于抗日救国的非凡领袖、共产主义运动之亲爱的战友而同声哀悼,……深信全国人民及优秀之文学家必能赓续鲁迅先生之事业,与一切侵略者、压迫势力作殊死的斗争,以达到中国民族及其被压迫的阶级之民族和社会的彻底解放。"

鲁迅战斗的一生,为无产阶极和人民大众建立了不朽的革命功绩,留下了丰富宝贵的文化思想遗产。

鲁迅从 1918 年起,开始驰骋于文化战场,以文学作武器对各种旧思想旧势力宣战。他的大声呐喊,不仅震动着官僚地主永久统治的迷梦,也在广大青年中激起了反抗的火焰,并给中国新文学奠下了基础。

　　早期的鲁迅是一个相信进化论的爱国主义者。他反对复古,反对麻木,因而成为新文化运动中的启蒙思想家。他又是一个清醒的、批判的现实主义者,忠实于现实,紧紧地追随现实的发展前进,爱憎分明,斗争到底;因而他在政治上就成为一个急进的、革命的民主主义者,要求彻底地反对帝国主义和封建主义。虽然五四时期的鲁迅还是站在小资产阶级立场上的革命作家,但他的创作生活开始于十月革命和中国无产阶级登上政治舞台以后,由于他在思想上已多少感受到了共产主义的影响,因而反映在他的作品中,就不仅能对旧社会、旧制度作无情的揭露,而且还经常透露出对未来光明的憧憬,从而鼓舞了青年一代为未来而战斗的勇气。这种情况表明鲁迅的创作已和一般的批判的现实主义有所不同,预示了他向着社会主义、现实主义方向发展的前途。

　　到第一次国内革命战争时期,中国社会的阶级矛盾更加尖锐化,急剧的斗争使鲁迅不能从容地将思想和感情熔铸到具体的形象里去,从事小说的创作,于是他便发展了他的独具一格的杂文形式,来及时地进行战斗。他用这种锋利的杂文向反动统治阶级及其奴仆冲锋陷阵,有力地打中敌人的要害。

　　在残酷的对敌斗争中,鲁迅对现实的认识虽然逐步加深,但这时期他还不是一个马克思列宁主义者。因为他没有投入工农群众的革命斗争和他们取得密切的联系,他较多地看到工农群众由于反动统治所造成的落后的一面,而不容易看到他们扭转乾坤的伟大力量,因而感到自己是在“孤军奋战”,思想上蒙上一层苦闷、彷徨的暗影。这种情况促使他一面战斗,一面探索;在探索中国历史前进的动力和方向时,也无情地解剖自己。

　　1927年四一二反革命政变后,阶级斗争的残酷事实,引起了鲁迅思想上的深刻变化。他说:"我一向是相信进化论的,总以为将来的必胜于过去,青年必胜于老人,……然而我明白我倒是错了。……我在广东,就目睹了同是青年而分成了两大阵营,或则投书告密,或则助官捕人的事实,我的思路因此轰毁。"①从此,他毅然斩断过去的葛藤,不再犹豫彷徨,从进化论到阶级论,背叛了旧社会,参加了无产阶级的革命行列;并宣称:"原先是憎恶这熟识的本阶级,毫不可惜它的溃灭,后来又由于事实的教训,以为惟新兴的无产者,才有将来。"②这时,中国共产党人又给鲁迅以有力的帮助,使他终于由一个急进的革命民主主义者转变为一个共产主义者,由一个爱国主义者更进为国际主义者,由一个批判的现实主义作家成长为中国社会主义现实主义的开路人。

从此,鲁迅的工作更加勤奋,斗争也更勇猛了。他研究马克思列宁主义的理论,介绍苏联的文艺理论和作品,并创办了《奔流》杂志。在党的领导下,他参加了创立中国左翼作家联盟的工作。他和其他革命作家一起,勇猛地向新月派、民族主义文学、自由人、第三种人、幽默小品派等各种反动文学流派进行坚决的斗争,同时还严厉批判了革命文学内部所存在的资产阶级和小资产阶级的各种错误思想。这些斗争保卫了革命文学的成长,从而使中国革命首先在文学领域中获得了伟大的胜利。

在白色恐怖的环境里,鲁迅冒着生命的危险,反击国民党反动派的文化围攻,抨击国民党政府对内对外的各项反动政策,并参加了革命互济会、中国自由运动大同盟、中国民权保障同盟等进步群众组织,来反对国民党政府的恐怖统治。这些工作有力地配合了革命主力——红军所进行的反围攻斗争。

鲁迅的才能,到晚年得到了高度的发挥。他写下了更多的思想性和艺术性都很强的杂文。这些作品反映了他后期的战斗思想,鞭笞了各色各样的奴才,记录了国民党反动派媚外独裁特别是对日本帝国主义妥协投降的历史。

　　鲁迅的成就是多方面的,他除了从事革命文学运动和文学创作外,还进行了很多的翻译工作和有关中国文学史的研究工作。他是国外进步文化的辛勤介绍者和有力鼓吹者,也是中国民族文化遗产的优秀继承者和杰出发扬者;他是实事求是的历史科学家,也是以身作则的教育家;他的全部作品,都是具有独特的民族风格的中外进步文化的结晶。

　　鲁迅获得伟大成就绝非偶然,他一生走过的道路是一条不断追求真理和自我改造的道路。"五四"以来有许多新文化战线上出色的人物,但到了中途,有的变节,有的高升,有的隐退,而鲁迅却不断地追求进步,他相信"生命决不因此回头,人类的渴仰完全的潜力,总是踏了这些铁蒺藜向前进";③人类"没有一刻不在革命","凡是至今还未灭亡的民族,还都天天在努力革命"。④他主张必须先作一个"革命人",才能做出"革命文学"。⑤早在 1919 年,他就勉励别人和自己:"有一分热,发一分光。"他把自己发的光比作"萤火",而欢迎更有"炬火"的出现,他说:"此后倘若有了炬火,出了太阳,我们自然心悦诚服地消失,不但毫无不平,而且还要随喜赞美这炬火或太阳;因为他照了人类,连我都在内。"⑥鲁迅这样热望光明,而又这样的谦虚,所以能在党的领导和帮助下,把个人的战斗和广大人民的革命斗争结成一体,终于通过了十分曲折而不平常的历程,从根本上改造了自己的世界观。他在世界范围内,把列宁、斯大林领导的苏联看成炬火和太阳;在中国,承认中国共产党和毛泽东领导的革命是炬火和太阳。他讴歌苏联的成就,要求"打倒进攻苏联的恶鬼";⑦他电贺红军长征的胜利,无条件地加入抗日民族统一战线;称赞毛泽东是"切切实实,足踏在地上,为着现在这个人的生存而流血奋斗者",并说:"我得引为同志,是自以为光荣的。"⑧鲁迅之伟大就在于他永不自以为伟大,相反地在真理面前、在人民面前、在共产党面前、在革命家面前,他是低首下心,心悦诚服,甘愿作"孺子牛"和"马前卒";而对一切邪恶的敌人,他却是仇恨到底,永不饶恕,并主张"打落水狗"的。鲁迅所具备的这些可贵的品质和精神是永远值得人们学习的。

总结鲁迅的一生,毛泽东给予了最崇高也是最恰当的评价。毛泽东在1940年发表的《新民主主义论》中说:"鲁迅是中国文化革命的主将,它不但是伟大的文学家,而且是伟大的思想家和伟大的革命家。鲁迅的骨头是最硬的,他没有丝毫的奴颜和媚骨,这是殖民地半殖民地人民最可宝贵的性格。鲁迅是在文化战线上,代表全民族的大多数,向着敌人冲锋陷阵的最正确、最勇敢、最坚决、最忠实、最热忱的空前的民族英雄。鲁迅的方向,就是中华民族新文化的方向。"⑨

鲁迅的逝世对于当时的抗日运动特别是抗日文化运动是一个巨大的损失,但是,由于鲁迅在广大人民尤其是进步青年中有着崇高的威信,所以追悼鲁迅的运动,就更加激发他们的爱国热情,把更广泛的人们吸引到党所领导的抗日救亡的行列中来。

(原载李新等主编《中国新民主主义革命时期通史》第二卷,
人民出版社1962年版,第319—323页)

注释

① 《三闲集》序言,《鲁迅全集》第四卷,第6页。

② 《二心集》序言,《鲁迅全集》第四卷,第151页。

③ 《生命的路》,《鲁迅全集》第一卷,第434页。

④ 《革命时代的文学》,《鲁迅全集》第三卷,第313、314页。

⑤ 《革命时代的文学》,《鲁迅全集》第三卷,第313。

⑥ 《随感录》四十一,《鲁迅全集》第一卷,第400页。

⑦《我们不再受骗了》,《鲁迅全集》第四卷,第 327—329 页。

⑧《答托洛斯基派的信》,《鲁迅全集》第六卷,第 474 页。

⑨《新民主主义论》,《毛泽东选集》第二卷,第 691 页。

辞书建设是当务之急

一提到辞书,大家都慨乎言之,建国已经三十周年了,连一本像样的辞书也没有。在"四人帮"文化专制主义的统治下,不论小学生还是大中学生,都只有一本《新华字典》,这倒很可以作为这帮法西斯恶棍蓄意要毁灭文化的见证。

粉碎"四人帮"后,百废待兴,全国工作重点已经转移到社会主义现代化建设上来,辞书建设尤为当务之急。

我认为辞书首先要讲究科学性,有了科学性才能有稳定性,不致随波逐流,一旦事过境迁,成为明日黄花。林彪"四人帮"出于为篡党夺权制造舆论的政治阴谋,连辞书也要去配合他们的帮政治,从他们的帮观点出发,任意褒贬历史人物,任意剪裁历史材料,背离实事求是的原则,根本谈不上科学性。我们现在编辞书,就应该拨乱反正,力求达到高度的科学性,如实地反映客观实际。对有些人物和事件没有把握的,可以给读者介绍客观材料,不要乱下结论。

有人认为,编辞书只谈科学性,是否就不要政治性。我们说:否!须知每种学科都有它的特点,辞书编纂作为一门科学,也有它的特点。我们的辞书是在马克思主义的指导下编纂出来的,对于辞书特点的要求,非但不应削弱,反而应当加强。辞书作为工具书,它不同于报纸社论,不同于时评杂文,辞书要为政治服务得好,只有加强它的科学性,使每个条目都能如实地反映出对象的实际,这样使读者查考引用,不会以讹传讹,贻误大事,这也就是为无产阶级政治服务了。

辞书作为工具书,应该重视资料性。我认为每个条目应该尽可能多引原始资料,详注出处,不要单纯用复述的话。因为仅用复述的话,总是隔了一层,读者无法据以鉴别编者判断得是否正确,更不便转引,这就缺乏资料性。老的《辞海》尽管观点不正确,但资料性较强,至今还使人要想到它。但愿我们所出的辞书能把过去的旧辞书的一切优点统统吸收过来,取其精华,弃其糟粕。

辞书应该具备知识性。查辞书的目的就是为了质疑求知,要满足读者这个要求,希望编者尽可能多地从知识性这一点考虑。知识性,必须建立在科学性、资料性的基础上。否则,空而无当,疵谬百出,就谈不上具备知识性。

"工欲善其事,必先利其器"。有了好的辞书,等于有了好的工具,一定会促进科学研究和文化教育事业的发展。

随着文化建设高潮的到来,我们不但要有各种各样的辞书出版,而中国大百科全书的筹划出版也已经提上了日程,这是学术界和出版界的一件大事,是中国出版史上尚无先例的壮举。这说明,粉碎"四人帮"、推倒文化专制主义以后,全国文化学术界所迸发出来的高度的社会主义积极性,也是文化建设高潮到来的一个标志。

我愿和同志们一起,为此贡献绵薄的力量。

(原载上海辞书出版社主办《辞书研究》
1979 年第 1 期,第 15—16 页)

我苦学的一些经历

这个问题，说来话长。现在只讲我做学问的主要经过和为什么会把重点放在孔学及中国思想史方面。

从 1913 年到 1920 年，可以说是我入私塾、死背经书时期。我生在福建的德化县，这个县到处是山林而又崎岖不平，非常闭塞，全县只剩下一个前清举人，听说只他有一部《史记》而又秘不示人。我边在农村做农业劳动，边入私塾读书，被拉去在"大成至圣先师孔夫子神位"前行开学礼以后，就是天天死背儒家经书，背得最熟的是《四书》，光背诵而不了解其意义，真感痛苦；一直到了懂得它的内容之后，才觉得幼时死背书的好处，自恨没有多背些古书。现在无论是自己和别人的有关著作，哪怕只差一个字，我一看就知道其非原文。这比之一部分中青年人，我和读过私塾者都是占了便宜的。内地崇拜孔圣人的空气非常浓厚，我当然也不可能不是一个尊孔者。

到了 20 年代的前半，是我去永春打学问的基础时期。永春是我的邻县，我称它为第二故乡。那里有一个省立中学，校长是前清举人郑翘松，他也是一个有名的诗人。他藏书相当丰富，我就向他借先秦诸子书来读。这么一来，有得比较，我就逐渐对孔子和诸子一视同仁了。我的知识就扩大到诸子的哲学、《史》《汉》的史学、唐宋八家的文学等等，特别是用功研究韩文、《史记》、《庄子》，也能背诵其大部分，主要目的在于模仿写作古文。后来把文稿带去北京发表，张恨水、梅光羲等都看出我对于韩文研究有一定基础。

我坚决要离开文化很低的内地到文化很高的北京去深造，遇到的阻力可真不少，有经济上的阻力，有思想上的阻力，我主要的回答是："我宁愿到北京饿死，也不愿留在家乡平安地过一生。""人生无处不青山，死到沙场是善终。"

从1925年到1928年，是我独自远上北京从师问学时期。我因闽南发生战事迟到，来不及报考新开办的清华学校研究院，于是特去拜望王国维，请示他"应当怎样研究经学，要从哪些主要著作人手"。他面谈和复书都指出段(玉裁)、王(念孙)著作和《史记》、《汉书》等书的重要性。他勉励我："年少力富，来日正长，固不可自馁，亦不可以此自限。"这是我到北京第一次得到的前辈鼓舞和深刻教育。我从王老师这人想到许多重大问题：他只有大学问而没有什么大资格、大名气，可见一个学者在实学而不在什么虚名。他宁做教授，不做院长，足见学术专家的地位和贡献并不下于行政领导。他的《殷周制度论》、《宋元戏曲史》、《人间词话》等书，令人想见学术专著在精不在多，在质量不在数量。他在政治思想上是清末遗老，在学术成就上几乎首屈一指。学术与政治并不完全一致，我们固然不好以其政治倾向而否定其学术贡献，可也千万不要以其学术贡献而肯定其政治倾向。他对于古文字学的基础比同时的学者都好，所以他研究殷周古史的成就也比同时的学者都大。我对于他特长的甲骨文未免望而生畏。同时，我又把关于评论先秦诸子思想的一本稿子请梁启超指正，他用"更加罩究，当可成一家言"等语来郑重勉励我。由于我在中学时代就仰慕他的大名，多读他的大作，一旦接到他的来书，真是喜出望外，无比感动。从此时起，我更加努力研究先秦诸子思想，也是我决心研究中国思想史的正式开始。梁启超等在教育上真是"循循然善诱人"！

当时的北京学术界，仅北京大学研究所的导师，文字学方面有沈兼士等，旧文学方面有马裕藻、江瀚等，新文学方面有周作人、刘半农等，历史学方面有朱希祖、陈垣、柯劭忞等，考古学方面有俄人钢和太等，艺术方面有叶瀚等，西洋哲学方面有陈大齐等，佛学方面有梅光羲、李翊灼等，陈寅恪也招青年学子跟他考证梵文本某佛经。权威学者群集北京，真是极一时之盛！

我觉得很需要多方面地向他们学习，而又自苦没有多少工夫去向他们学习，结果只能就历史学、哲学、佛学等方面去向这些专家质疑问难。生平师长之多，以此时为第一。好得北大研究所和清华研究院不同，它全是自学，没有年限，用不着上课，因此我非常满意，主要生活是：一、经常去北京大学北京图书馆看书；二、访问各导师，同他们接谈学术问题；三、自由地、间断地去听一些课和学术报告。但因为我很穷，住不起公寓，只好住在宣武门外的永春会馆里，从城南到城北，距离很远，每次跑来跑去，既浪费时间，又疲劳不堪，难免影响了我专心一意的学术研究。

我在北京求学时期，正因为不必上课，就先后考上两个研究所，以资比较。另一个是孔教大学研究科，校长是康有为的高足陈焕章，听人家说他既是前清进士，又是美国哥伦比亚大学哲学博士，我也很想"识荆"与受业。哪会料到我考进后，他约我谈话，要我第一，精读董仲舒、何休的著作，认为董、何的看法才是孔子的看法；第二，对孔教要先信后学，不信孔就不能学孔。我一听见，大起反感，就开始同他辩论，以为：第一，汉代经学分为今文、古文两个学派，经今文学派的许多奇谈怪论反而不能代表孔学。第二，我们做学问，应先学后信。因为先信后学是主观的，是宗教家的语言；先学后信是客观的，是科学家的语言。他要我写出关于董仲舒《春秋繁露》的书稿，我交上后，他又叫我去谈话，说我大方向不对头。我此时觉得我们彼此已经没有共同的语言；加以后来的一个冬至节，他在孔教大学内大庭中举行祭天大礼，小菜一碗一碗地排列到十来桌之长，他独自一个人头上戴一个自做的大概是竹片做成的什么古冠，大讲"复，其见天地之心乎"的经文，丑态百出，令人作呕！我自有知以来，这还是第一次遇见哩。从此以后，我再也不去上他的当了。我心中想着：我是来北京求学的，不是来入教的。北京高等学校中，北大和孔教大学，真是处于对立的地位。

1929年，我在告贷度日之后，由蔡元培介绍，开始到上海一个大学教书，又被学店老板高度剥削，过着就业、失业无定和半失业的一种生活。最值得我纪念而终身难忘的倒是30年代去南京国学图书馆读书和搜集思想史料时期。我利用失业的时间，入住图书馆，每天吃咸菜稀饭，经过馆长历史学家柳诒徵的特别关照，得以自由搬书阅书查书，有时每天搬到几十部书，馆员也不敢表示厌烦。我只有一些晚上去同柳馆长谈学术和掌故问题，经常每天自己规定必须看书16小时以上。其步骤是：一、书目的自备。自己买一部该馆印出的《图书总目》集部5大册，放在桌上，先熟悉一下，以备随时在其中做记号。二、借书的范围。凡诗、词、歌、曲、赋之类以外的所有历代文集，一部一部地依次序翻阅下去，遇有重要的资料，就在《图书总目》上注明某篇某节某行某句，以便将来请人代抄，让自己赶快多看些书。结果从数万卷文集中搜集到数百万字的思想史资料。这种读书搜集材料法，可以说是矿工开矿式的，也是蜜蜂采蜜式的，它是再好也没有的一种读书搜集材料法。

我自从此次住馆读书以后，深信人要有两个老师，一为活老师，二为死老师即图书。活老师固然可贵，而死老师的可贵又超过活老师，活老师也是从死老师来的，死老师是"太上老师"，图书馆是"太上研究院"。我过去读的两个研究所比之大图书馆，实在有如小巫之见大巫。

　　我过去对一些国学大师、史学专家过于盲目崇拜,到了此时才发觉他们也未必完全正确,例如章太炎的考据均田井田思想,以为历史上只有几个人,我却查出几十个人。陈垣的《史讳举例》一书,我作学生时不敢说一个"不"字,此时就为它补出好多类例来,才真体会到古人所谓"学然后知不足"、"学无止境"。北大研究所的研究生,期限是由自己规定的,期满可由自己延长。我自认一辈子都是研究生,永久不会毕业,自己到死也不会满足自己的求知欲。我当时还不到三十岁,所可惜的是,此后再也没有此种机会了!我至今还羡慕此种生活哩。

　　在解放战争时期,我曾同郭沫若、杜国庠等发起全国学术工作者协会上海分会;在地下党领导下,同张志让等发起"上海大教联",并成立一个文化研究所。我在各报章杂志上发表文章之多,此后没有超过这二三年的。当时的某大学和国民政府教育部都以孔夫子自居,而痛斥我为少正卯:"言伪而辩,悖逆反动。"我对文化界的尊孔派,也写出不少文章,予以揭露。

　　解放以来的三十年,对我来说似乎可以说是理论与实践有所提高、学术文化上有所突破时期,但是在文化大革命的十年中,遭遇"四人帮"的封建法西斯专政,精神上的痛苦和学术文化上的损失,比起北洋军阀、国民党、汉奸日帝任何统治时期都来得惨。我心血所聚的积稿,尤其是《中国思想史通论》一稿七十多万字,至今下落不明,最使我伤心!

　　也算得是"坏事变成好事"吧,"四人帮"把我从历史学系调到哲学系,不许我搞教学和科研,我就利用空闲时间钻研和温习佛学,发现佛教的三纲思想比儒、法二家有过之而无不及;而佛教各宗的观点,原来也是大同小异、万变不离其宗的。

　　我从考进北大研究所到现在,一直在企图总结孔子思想体系。

直到六十年代,才大反自己过去几十年的一个根本看法,而深信不疑地肯定孔子思想体系的核心是礼而不是仁。

一九七九年十月写于复旦大学

(原载《书林》1980 年第 1 期)

蔡尚思自传

——以学术思想为中心的自我总结

我曾自号中睿,因很爱我母郭氏,尤为她的被父等压迫抱不平,故常用"郭生"为笔名。我生于一九○五年十一月十日,福建德化人。传闻近祖由农而商,父破落户,为塾师。我上有兄,下有弟妹,多死于鼠疫。弟为乞丐,饿死。母是城市贫农,只活到四十岁。她一死,我便觉得这个家不复存在了。

一、打下劳动、学问两个基础时期——
一九二五年以前

我少时赤足在农村养鸭牧羊,好爬山,多走路,刈芒砍柴,挑担种菜,对农事颇熟悉,有了农业常识和劳动基础。初进私塾,读儒家经书;后入县城小学,因路太远,疲劳不堪,考试常不及格。一九二一年起去永春入中学。诗人郑翘松藏书颇富,我经常去借书,自动拼命苦读,也就名列前茅了。我钻研中国学术,如先亲诸子、《史记》、唐宋八家等等,尤其是韩文,后来张恨水、梅光羲等都指出这一点,我把写作集成《少时文稿》,这样就打好了做学问的基础。每寒暑假回家,虽仍参加劳动,却已越来越少,终于中断了。

内地礼教空气浓厚,我少时因被拉去拜"天公",而发问:"有天公就有地婆,为什么没有拜地婆?"又如晒裤子、足布等,男的可挂在人行道的上头,女的高度只能在腰以下,而又必在偏僻的地方。我只看见丈夫打妻、纳妾、续弦,心中感到有些奇怪。内地宗族观念也牢不可破。有些姓蔡的自以为是蔡襄的后裔,曾推举代表致祭聚餐,我独不以为然而说:"我们也许是蔡京蔡卞的后裔。我们自己不争气,而老是要借同宗先贤的光,便是最不肖的子孙。我们好不好,同祖先的贤不贤根本没有关系。祖先贤同我们无益,祖先不贤同我们无损,何况姓名只是一种便于认识的符号,而决不是本来事实。以我为例,生我者父母,他俩是异姓同居,我可以姓蔡,也可以姓郭,推上去,恐怕任何一个人,都把一部《千家姓》姓光了。不仅如此,富人买子、贫人卖子以及招赘,男子出嫁,均改易姓名,是连家谱、族谱谁也靠不住了。"我竟被他们斥为妖怪。我尽管想到这些问题,但仍笃信孔子下及韩愈、朱熹等,没有想到二者原来是关联的一个问题。

二、求师最急、生活最苦和读书最多时期——
一九二五到三五年

我不顾邑中的一些父老的劝阻和恐吓,敢于反驳"半路死论"、"地理命定论"等的荒谬理由,死也要到北京去求名师,家中迫不得已,多方筹集到数目有限的路费。初次只身北上,因来不及投考清华研究院,改考孔教大学研究科、北京大学研究所为研究生,因无钱住公寓,只好住在永春馆里。一面自由去北大听课和听京中名教授作学术报告,一面去北大图书馆和北京图书馆读书,我曾上清华研究院、北大研究所诸名师书,内容主要是说:

居常自恨生于退陬,既寡师友之观摩,又乏书籍之浸灌,故欲乘此时机,脱蒣危邦,远离陋俗,专心致志,求诸通都广邑之中,与夫名山大川之间,有道通古今,学博中外,以承先启后为怀,以经世济民为任,真足为师资者而亲炙之;……且遍交当世有识之士,尽读历代有用之书,以辅其德,扩其识,他时道通学成之后,得效涓埃以报国家,或垂简策以资后学,尚不愧于先圣。有裨于世人,不致行尸世上,蠹食宇内,以羞炎黄之裔,而为夷獠所笑,则虽稿萎于蓬蒿之间,腐化于鸟鸢之腹,亦足以了其愿,而瞑其矣。……遂不远数千里而来,敢以不肖之身,为诸先生之累;第未知樗栎之材,果不见弃于大匠之门哉?

此书最足以见其来北大的志愿,所以王国维、陈垣、朱希祖、江瀚、梅光羲、李翊灼等一见面就称道我这封信。尤其是陈垣总是记住这封信。到三十年代还要我去辅仁大学教文史课。我一到北京,即到清华研究院去拜王国维、梁启超为师,既和王氏畅谈,又寄旧作《文稿》请他指正,他复书勉励我道:

　　前日枉顾,便知足下志趣不凡;昨日接手书,并读文稿,如《陈玄传》等,具有思致笔力,亦能达其所欲言,为欢喜!年少力富,来日正长,固不可自馁,亦不可以此自限。

我问致经,他复书指示说:

　　弟意先读《毛诗》注疏,参考《说文》段注及《经义述闻》,再及《礼疏》;否则,精读《史》、《汉》亦佳。

次年,我把到京才草成的《论各家思想》一稿寄请梁启超指教,他复书郑重勉励我道:

　　大稿略读,具见精思,更加覃究,当成一家言。勉旃!勉旃!

这在我是得到一次意外的鼓舞,我决定从事中国思想史的研究,就从此正式开始了。

我本曾抱实学主义,不抱文凭主义,对学者只看学力不看资格,不想专读一个学校,只是由于得悉北大研究所以学术民主、研究自由著称,是世界上最好的研究机构之一,才投考进去。当时导师中最常和我接谈的,有史学组的陈垣、朱希祖等,文学组的江瀚等,西洋哲学方面的陈大齐等,佛学方面的梅光羲、李翊灼等。陈垣深盼我学到顾炎武的考据文章,而讥欧阳修是文人不配作史。李氏因我研究孔子哲学而告诫我要做一个"今之孔子",谓"若一切皆本之孔子,此古之孔子,非吾之所以望予也"。我得到启发,就逐渐不要以孔子的是非为是非了。梅氏经常从天津来北京讲学,到我住的会馆来讨论儒佛问题,多次勉励我精研佛学。我很后悔,没有乘此难得的机会,更多地从他学到佛学。承以上诸师的鼓励,我永远记在心中。我在京求学期间,曾写出关于孔、老、墨哲学的几种稿子(后来出版)。

我参加一九二六年"三·一八"学生群众向北洋军阀段祺瑞示威游行,亲眼看见反动政府的野蛮屠杀学生,真是气急了!

由于家中破产,接济中断,我在京绝粮,除了应《世界日报》的征求,把《文稿》寄给发表,得到张恨水的好评和稿费以外,只好向在京求学的闽南同乡几角几元的零星借钱,在最穷困的时候,曾经一天只吃一个馒头,自己也无法预知会在哪天饿死,失眠、胃病都从此开始了。这是我平生尝到饥饿滋味的第一次,我也才真正体会到历史上记载的和劳动人民受过饥饿之苦。这是我在反动统治下生活的另一种气愤不平。

因此,不得不于一九二八年暑后南下谋生,结果不仅没有就业机会,而且第一次听见南京官场的种种黑幕,更加气愤不平。于是大反封建传统思想,写出《伦理革命》一书,企图根本打破社会上一切不平等事,推翻孔、佛各家及许多近人如康有为、张竞生等的片面说教,欲以"大人伦观"改易"小人伦观",不但空想,而且很左,蔡元培后来也有书给我说:"当局将有以为未便与青年道之者。"我这时由于老是挨饿,对旧社会的一切极端不满,但又还没有读过马克思主义著作,没有接触到共产党人,所以只能成为一个空想社会主义者。

一九二九年秋,蔡元培介绍我到上海大夏大学担任讲师,次年曾向章太炎、李石岑、太虚等请教,他们都很爽快地发表了不少特别的见解。同年秋,蔡元培介绍我任复旦大学教授,我到此二校,才体会到教师被学店老板剥削的痛苦,失业半年又过着困苦的生活。一九三一年去武昌华中大学任教。一九三二年,由蔡元培等介绍我加入中国民权保障同盟。

我在华中大学三年,一直秘密同学生何玮(霍恒德)等研究马列主义理论。如有新书,便相互介绍和借阅。我曾把数年中所采购阅读的新哲学社会科学书百种分铺在地板上,相互对比,加以摘录,其目的在于便于自己记忆,因此草成表解多种,而其中尤以社会思想表解用力最多,经此次作表解后,在认识上逐渐正确起来,这是生平研究西洋近代新学很值得纪念的一个时期。这样,我的思想也就开始转变为信仰科学社会主义,反对空想社会主义了。

由于校长自食其言,我愤而辞职,又失业了。只好东来南京,入住国学图书馆。我先表示决定把馆藏所有文集读完,有人摇摇头说:"自古尚无此种读书的人,何况在今天?"我自信能够打破这个纪录。馆长柳诒徵也特别给我有利条件,他关照阅览室同志必须耐烦,无限制地让我借阅图书,我于是自誓:每天至少用功十六个小时,虽有眼疾、胃病,终不顾及,以为我的用功必须等于普通人的二三天。自知是一无所有的穷人,哪里能够长期住读?何况居常以为"不勤学即自杀,不自杀即勤学。无必死精神,就无必成的事业"。

我加紧翻阅,把各种有用的材料注明于自备该馆新出的《图书总录》内,以便离开图书馆后,请人往抄,自己不兼抄录,可以多出时间阅览书籍。这样住读余年,果然等于往年住读几年了。后来请好多人代抄,邱汉生实主其事,我从此时起,确认大图书馆比之研究所不愧为"太上研究院",这种死老师给学人的益处,实在远远超过了任何活老师。柳诒徵等把我比作蜜蜂采蜜和矿工开矿。我平生最念念不忘的就是这个大图书馆和柳馆长。我离开该馆时向柳馆长辞行,他特写"开拓万古心胸,推倒一时豪杰"横幅,作为临别赠言。又说:"自有此图书馆以来,所阅图书之多,无一超过蔡先生者,请作一文为纪念。"我为作《学问家与图书馆》一长文交给发表,我感谢他给我多搬图书的特别权利,他感谢我把图书蠹鱼赶走的特别功劳,彼此就这样大笑暂别了。

一九三四年冬,困住在图书馆中,多所涉猎,而作《读陈垣师史讳举例》一篇长文,主要有:一、避讳的起源,如缺笔始于晋、北魏,非始于唐;避讳改音例始于梁,非始于唐。二、避讳的方法,应增加增笔、拆笔、并字、缺字等例。三、避讳的种类,应补入迷信、权贵、残缺、奴名、数字、狗、猪、鲤等例。四、避讳的期限,如禁寓意僭窃例,不止于宋代与人名;临文不讳,在汉后的魏吴亦有之……当时同住馆中的刘掞藜见之,极叹服。国民政府常令邵元冲来馆请柳诒徵主持修改《清史稿》工作,并聘刘掞藜与我为编修,又南京某大日报系军事委员会的机关报,由该社长来馆托柳氏请我们二人主编该报的《史地副刊》。我们在失业中,均不愿应聘。

我从一九二八年到一九三五年,有关于分析批评《老子》、周作人、冯友兰、梁启超、章太炎等的论文多篇,发表于《京报》、天津《大公报》、《天籁》及自编《中国学术大纲》附录。

三、师友读者的极大鼓舞和为配合己方战争而斗争时期——一九三五年到四九年

一九三五年秋到上海沪江大学担任特种教席,教授历代文选、中国通史、中国政治思想史等课。

欧阳予倩曾经从广州写信给我的爱人林寒松,已经说:"蔡先生是个青年学者,又是思想家。……蔡先生的思想史能否自由发挥?研究的文字尽可以纯研究的态度出之,敬祝成功。"不久又写信给我,在详述学术文化界的种种怪现状之后而说出一些经验话:

> 纯研究的态度是不是可以作挡箭牌呢?你书的分目我赞成,名字叫做《中国社会科学革命史》好,要含浑一点就叫《中国社会思想史》,似乎也无不可,不过前者容易引起注意一点。秉笔的态度自然要严正,不过万不宜有火气。有许多笼统微温的单字和诡辩式的性说一类的东西正有人要拿来骗人,若是批评过于露骨,至少东三省不销这个书。……可否寓批判于叙述中呢?……何以欧美有许多教授在课室说的又是另一种话呢?……蔡先生,我佩服你的努力,可是思想界的悲哀,谁也逃不掉啊!

从这些信中,很可以想见当时在国民党政府统治下学术界、教育界的极不自由,也可以想见欧阳予倩那般前辈对青年学者的爱护,更可以想见我在三十年代著《中国思想史研究法》一书的艰难痛苦,不得不有点"寓批判于叙述中",无法完全表达自己的心情,换句话说,就是只好尽量征引前人的言论来略表达自己的新见解。

一九三六年,我就从南京国学图书馆历代文集搜获的中国思想史料数百万字,摘取精华写成《中国思想史研究法》一书,蔡元培、

柳诒徵、蒋维乔、顾颉刚、陈钟凡等均为作序，吕思勉、吴康等均有评论。以顾颉刚序为有总结性，他说："扬雄有云：'仅彪于外而不弸中。'吾久欲友能雪斯耻者，今与蔡君尚思接，而自欣得其人也。""要之，其学也博，其思也慎，其辨也明，其行也笃，凡其人叹为大难者，君并有焉，惟其善疑能博，所以善断；惟其善断，故得阐人所弗敢决，非特为思想界放一异彩，所系于整个学术者亦至宏至切。然则所谓'再加覃究，成一家言'者，果不负任公所勖，而□乎有以尚之矣。"顾颉刚是给我生平鼓舞最大的一个人。此书于一九三九年由商务印书馆出版；另有《中国历史新研究法》一书，由中华书局出版。

我在这时期，曾先后发表《三十年来中国思想界》、《两年来的中国思想界》等文，陈子展、柳诒徵等对于前文，嵇文甫、刘国钧等对于后文均来书奖励。日人也将前文译成日文。艾思奇创办《认识》月刊，我也应征。

一九三六年，陈济棠在广州创办一个研究院程度的学海书院，由张东荪、张君劢主持，因听见我多读书，又有几位老学者自动向他们推荐，特用重金（月薪伍佰元）来引诱我去指导该院研究生，我以陈提倡尊孔读经，与我思想对立，断然予以拒绝。

由于我在三十年代痛恨国内外两个法西斯对中国人民的双重压迫，就故意利用讲坛向学生夸大宣传北大和五四新文化运动，说："它是中国人民特别是我们师生最不应当忘记的光荣历史，它的特点是反帝反封建和思想言论自由。现在大学如果连二十年前的北大也比不上，那就要真的愧死了！"在这双重的压迫下，越想搜集有关资料，写出文章纪念"五四"的二十周年（只对学生宣传而无法发表）。接着一九四零年蔡元培逝世了，我便用纪念他为挡箭牌，而名正言顺地宣传五四新文化运动和北大的民主学风，其反日寇汉奸和蒋帮，同时也把社会主义思想寄托在其中。《蔡元培学术思想传记》一部长篇式的稿子就是在这种历史条件下匆卒编著出来的。这在当时有一些积极性的作用,但却未必尽合乎历史的真实性(解放初才出版)。

我在政治上又比以前更进一步,而开始同地下党员联系了。

一九三五年,地下党员欧阳执无介绍我加入中苏文化协会。

一九三六年,何玮入了党,往来武汉、上海、天津等地做地下工作,他来上海总到沪江大学来看我,有时同陈家康等一道来。他说在上海的华东局组织已经并到天津的北方局了,组织者为刘少奇。请我开始秘密为他转信。天津来信总是写着"上海沪江大学蔡尚思教授转何玮牧师亲启","牧师"是教会的神职,何玮之所以用这种名义,大概在于避免别人注意。哪知结果正相反,由我替他转了好多信以后,有一封信终于被别人拆开了。这似乎是因为学校里的人都知道我既不是基督教徒,又常在课堂上反对迷信,我居然替一个"牧师"转信,而在"牧师"中有没有"何玮"其人,实在不能不引起别人的疑问,最后何玮还把几张秘密文件交给我,我一直提心吊胆的保存到解放后交给组织。

一九三五年,中国哲学会在南京开第三届年会,我提出《研究中国哲学应该有新认识》一篇论文。主持者宗华白一见面,即很惊奇的说:"我原以为你那样博学,一定是一位年老而又多病的学者,真没有想到原来你是这样一位年轻体健的学者。"嵇文甫会后来看我,我始与他为莫逆交,如他来书所说:"此次南行,得遇先生,实为最快意之一事!望今后互通消息,共相策励,前途当大有事在也。"

一九三七年到一九五四年,沪江大学移入上海旧租界。当时因为妻儿无依无靠、啼饥呼寒的逃难生活,我除了沪江大学以外,不得不同时兼任光华、复旦、东吴(迁沪)等大学,无锡国学专修学校(迁沪)教授,真是日夜不休,疲于奔命。

可是由于"通货无限膨胀,物价无限上涨",我家由吃稀饭到半饿,抗战如果迟些胜利,全家说不定有人会饿死的。

太平洋战事发生,日帝占领上海租界。汪伪政府曾发给我一个从未见过的大帖子,要我去参加什么"收回上海租界"的典礼,又筹备一个大杂志,要求我当总编辑,说月薪比我教几个私立大学的收入总和还要多出好几倍;而已经变质的所谓"国立交通大学"也来聘我为教授,我都一一予以拒绝。

我的学生地下党员施纫秋等经常同我联系,曾来告:党要我去新四军根据地洪泽湖创办大学,还有梅益等地下工作同志也曾来看我。

一九四五年,日帝投降后,我在地下党领导下做了同三大敌人斗争的两类工作:

第一,在群众组织上,我于一九四五年和郭沫若、马叙伦、陶行知、杜国庠等二十四人发起全国学术工作者协会上海分会。次年又和张志让、沈体兰等四人发起上海大教联(上海大学教授联谊会)及其附设文化研究所,经常组织进步人士联合签名在报上发表宣言,反内战、反独裁、反侵略、反饥饿、支持学生运动、支持教工斗争等等,此会一直活动到上海快解放,我是主持人之一,会员最后发展到一百多人。此时期,上海大学教授共有左、中、右三个组织,除了"大教联"是地下党领导的左派组织义务外,还有大学教授联合会、上海教授会,二者都像昙花一现,起不了什么作用(详见《上海大教联的组织内容和斗争方式》,载于《上海文史资料选集》上海解放三十周年专辑下册)。

第二,在文字宣传上,我除利用课堂做宣传社会组以外,还在各报刊(《消息》、《时代》、《民主》、《新文化》、《周报》、《时与文》、《国讯》、《展望》、《老百姓》、北平版《中建》、综合版《中建》、《新中华》、《中国建设》、《启示》、《现代教学丛刊》、《中国杂志》、《求真杂志》、《文汇报》、《大公报》等)发表政治性与寓政治于学术的论文一百多篇。关于政治、经济、教育等方面如民主、统一、破坏、资格、学生运动、大学教育、知识分子、穷人文盲、青年、女奴、官迷、财迷、盗贼、自杀等等,学术方面如空穴、封建传统思想、墨子、许行老庄、韩非、程朱派、陆王派、宋明理学、道统派别以及近现代的谭嗣同、李大钊、鲁迅、闻一多、陶行知、梁漱溟、冯友兰、王芸生、李季、贺昌群、熊伟、聂其杰、甘地等等,无不论及,也多有我自己的看法。于是国民政府教育部特电斥我为"奸党分子,持论狂妄","言伪而辩,悖逆反动",令沪江大学"密切予以注意"。可是另一方面,广大读者群众却正相反而纷纷致书鼓励我:有的比之"在齐太史简,在晋董狐笔",有的比之大海孤舟的星星之火,有的说:"愿先生再接再厉,用三寸笔椎击毁原子弹,个人利益勿顾也。"有些大学生引为志同道合的说:"您和我们一样的热情勇敢,酷爱真理,参加过开路的工作甚至比我们活得更困难;今年您却是青年人最好的朋友。"(《复旦大学五四纪念筹备会》)而最出乎我意料之外的是一九四八年有一个年已七十多的老太太,竟致书自述一生迷信孔子,受了传统思想毒害而不自知,直到读我在《大公报》上发表的《传统思想的真面目》一文,才大觉醒过来,认为我的论文很有说服力,真是功德无量。我的文章感动了那位老太太,倒比不上那位老太太感动了我。郭沫若也写文章支持我的论点,连埋头专研《明史》的"纯学者"黄云眉也来书说:"每于杂志中读吾兄所撰时论,未尝不拍案称快!……真能胆识俱坚,……吾兄盖吾徒中之北宫黝乎!"因此,我的胆子就越来越大了!

解放战争时期,侯外庐等来信商谈和索阅思想史材料。

四、从解放到社教运动时期——一九四九到六六年

上海解放,我和全国人民同样欢天喜地,不断积极投入各种运动,批判各种反动思想。

我任沪江大学代校长、副校长(校务委员会副主任委员),开始

主持学校行政,对学校进行革新,使一个教会大学变成新中国的大学,一九五二年调整院校,我第三次来到复旦大学,担任历史系教授兼系主任。

一九四九年到一九五零年,我先后把解放战争时期在报刊上发表的部分学术论文集成《中国传统思想总批判》的正续编出版。齐思和、范文澜等致书鼓励我,有"驱千载之积惑,开万古之胸襟","对封建残余进行严正的批判,作用甚大"等语。

一九五三年,我正式加入中国共产党。一九五九年到一九六六年任中共复旦大学委员会会员。一九六二年起兼任研究生领导小组副组长,分管文科研究生。

一九五九年到一九六一年,我去北京与李新等主编《中国新民主主义革命时期通史》。

一九六四年,由吴玉章、李新等的推荐,四川省教育局特约我去成都四川大学开"中国现代思想史"与关于孔子思想的学术讲座,每天报告,为期一月。

我在北京听传达后回沪,就自动要求下农村参加社会主义教育运动,与农民实行"四同"(三同加学习),并将藏书卖掉七千多册(现在无法买回了)。

解放后,我发表好多学术论文,对孔子、康有为、梁启超、章太炎、宋恕、武训、胡适、梁漱溟等都有自己的看法。

五、遭受空前浩劫时期——一九六六年六月到七六年十月

我多次被"四人帮"的党徒爪牙抄家,终也难免家破人亡,大儿子蔡夏死于南京。一部分最重要的积稿和藏书都损失了,尤其我以三十年的心血从所掌握的丰富资料中写成《中国思想通史论》七十

多万字,竟不知去向,最使我痛心!

　　我被关入变相监牢的所谓"抗大学习班",夜夜睡地下,天天被迫学习毛主席的《南京政府去向如何》等文,说自己要承认为反革命,快点投降。又被他们围攻,骂我是反革命,我怒火从天,忍无可忍地起而教训他们道:"我既然是反革命,革命的你们为什么不马上把我送入提篮桥监狱? 你们还有什么'革命立场'呢?"这么一来,他们除了连骂我"竟敢如此狂妄反扑"以外,再也没有其他的话好说了。他们硬要我去向几千听众规模的大会作"儒法斗争史"的报告,迫令我参加法家章太炎著作编注组,我都一一予以拒绝。

　　七十年代初,"四人帮"曾把我从历史系调到哲学系去搞中国哲学史,我趁机独自关在学生宿舍的一间房里温读《大藏经》,我对于佛学思想有了不少新见解,这也算是坏事变成好事吧!

　　这次"文化大革命"是人类历史上绝无仅有的,我生存在这时期虽是一场最大的灾难,同时也是一次莫大的幸福。

六、第二次解放,在学术上在得到鼓励时期——　一九七六年十月以后

　　打倒"四人帮",全国人民皆大欢喜,才得从长达十多年的封建法西斯专政解放出来。

　　一九七八年起,我兼任复旦大学副校长、文科学术委员会副主任、研究生部副主任、中国思想文化史研究室主任。

　　第二次解放后,我写出了关于孔子思想评价、儒佛一致的三纲思想、中国资本主义萌芽时期的新思想、陈垣的学术贡献、郭沫若的史学地位、评广东某教授的政治和学术观点和自己治学经历等的几篇文章。

　　一九七八年十月收到一封匿名信,其中有"你过去做了不少坏

事,打国民党、打地主、打资产阶级,斗争踊跃,影响了不少人民",所以"要吃你的肉,削你的皮"等语。

一九七九年,出版《中国文化史要论》(已出增订本)一书,纪念中华人民共和国诞生三十周年,承学术界不弃,有的为我补充,有的带点异议。郑鹤生、张舜徽、胡静道、熊德基、王焕镳、姜亮夫、石峻、顾廷龙、杨向奎、王仲荦、郑天挺、周祖谟、张岂之等都是我的益友,他们写信给我,有的说:"以一生心得,独抒己见,在学术界中,实属独创,裨益学者,功德无量。"有的说:"富于独创性,提高了许多独特的见解。"有的说:"以马克思主义为指导,继往开来,提纲挈领,史论结合,言简意明,上自远古,下讫当今,融会贯通,集中国学术精华于一书,裨益后学,丰富学林,为我中华文化增光,实属功德无量。祝愿吾兄能锦上添花,修订再版,流芳万世。"有的说:"不少画龙点睛之笔,要言不烦,一语破的,尤富启发。"我到今还有幸如此被鞭策,也就越要努力前进、死而后已了!

解放后,我参加并担任职务的学术团体,有上海市哲学社会科学联合会和上海新哲学、上海新史学等学会理事,上海市学会副会长,全国宗教学学会常务理事,中国史学会理事,中国现代史、中国哲学史等学会顾问。

七、纵横两方面的小结

在这数十年间,我是怎样走过来的,可以得出一些经验了。

首先,就平生学术思想的中心点及其发展来纵通一下。

生平致学,最向往陆游、袁参坡、章学诚、俞正燮、王国维等论精博的密切关系。就通与专的范围而论,我既不愿钻入牛角尖,也反对泛滥而无所归宿。因此,就以通史与文化史、学术史等等为基础,而以中国思想史为重点,其中特别注重先秦诸子、隋唐佛学、明清间思想界、近代思想史四部分,认为厚政治薄文化、厚正统薄异端一类风气,必须大力加以纠正。

就古与今的时代而论,对于中国学术文化界尤其是史学界的现状,我认为古代史部分是集中点,近代史部分是薄弱点,现代史部分是空白点。因此,中国思想史之类,也应当扭转这种反常的倾向,而以近现代史部分为中心,古代思想史部分也应当是侧重资本主义萌芽时期即明清时期的一部分。一个学者的学问,应尽可能地博古通今,千万不可如古人所说知古而不知今的陆沉和知今而不知古的盲瞽。但无可否认,荀况、司马迁、万斯同、刘献廷、章学诚、梁启超等强调的详今略古、厚今薄古却是一个正常和通行的最大原则。

就学术界思想的发展和变化而论,我从青少年时期的曾经尊孔而青年以后的疑孔批孔、反对封建传统思想,到学习一点马克思主义,加入中国共产党。现在一般年事较高的学人,都必然是经历了幼年少年的封建教育、青年中年的资本教育,而到中年老年的社会主义社会的。由于近现代是半封建半殖民地社会,也就难免以封建性而带买办性了,这是人人都应当自我警惕的!

就学术思想的一点成果而论,个人有个人的代表作,而个人在各个时期的代表作,一切都有时代的局限性,这是不随任何人的主观愿望而转移的。我自问在写出的十多部专书中比较能代表自己学术论点和治学经验的是三十年代中的《中国思想史研究法》、四十年代末的《中国传统思想总批判》正续编、六十年代初《中国新民主主义革命时期通史》中的思想文化部分、七十年代末的《中国文化史纲要》。中国思想史上势力最大的是孔、佛二家,我对它研究很久而颇有自己的心得。

我认为学问和论点的"青出于蓝而胜于蓝",后人超越前人,有所创新,有所发现,是正常的;反之,凡人云亦云,陈陈相因,都是反常的。无论什么,都只问贡献大小、创获大小,不问范围广狭、数量多少、影响大小。有贡献，有创获，一篇短文也超过了一篇长文，专题也超过了专门史，断代史也超过了通史；否则，无一而可。

古人说"学无止境"，"学然后知不足"，今人也说"学到老，学不了"，真是至理名言！从后来看过去，任何人物和著作，都有局限性，所以必须历史主义的看问题和发展观点看问题，"后之视今，亦尤今之视昔"。我自知在学问的领域里，只有好学，没有捷才，至今还是知道的太少，不知道的太多，所以一向以"终身研究生"自居，永不能毕业，永在接力赛的过程中，永不可能达到最后的目的地。我的信念是不难理解的，下列六句诗便可以概括起来了：

> 世界变革中，个人非神通。
> 科学无禁地，理论无顶峰。
> 只要重实践，一切不落空。

生平最爱的历史是一门综合性科学，为各种专门性科学所莫能外。历史具有决定性的力量，历史对我的教益最大。在历史人物中，如鲁迅、吴玉章等一生的顺潮流向前进与康有为、严复等后期的逆潮流开倒车，如李贽的反对以孔夫子的是非为自己的是非，袁枚的反对"得人之得而不自得其得"与董仲舒的宣扬"天不变，道亦不变"，韩愈的宣扬"曾经圣人手，议论安敢到"；如另详于前那些人的主张厚今薄古与孔丘、孟轲、董仲舒、韩愈等的主张贵古贱今；如齐太史、晋董狐、《史记》、《史通》等的爱护历史与《春秋》、《魏书》、王洙、王鸿旭等的糟蹋历史；如魏徵、徐有功、文天祥、李世雄等的高尚正直与公孙弘、冯道、秦洪承畴等的卑鄙奸邪；如唐太宗的比较肯听真话、坏话，终于成为封建王朝的英明君主与其他许多君主的只听假话、好话，以至自暴露其丑恶，而死于无可救药。……如此等等互相对立，一一分明，无需后人多费口舌。我的老师陈垣著《通鉴胡注表微》，对人的生死寿夭问题，说有人痛恨为不早死者，可见对许多历史人物来说,长寿短命与功过得失并不是正比例的。少时见某菩萨庙里有一对联说:"举念奸邪,任你烧香无益;存心正直,见吾不拜何妨。"我后来认为能够这样公正的倒是人民写出的历史而绝不是宗教家的虚构。

其次,就生平的各方面来横通一下。

我在教育上,认为一个人的受教育是终身的大事,绝不限于做学生时期;只是做学生时期多受他人教育,做了教师和其他领导时期,都是一面教育人,一面继续不断地受人教育,有点不同罢了。所以我的特点之一是:凡师友和读者来书对我的鼓励,我都选存起来,作为座右铭,终身不敢忘,而生怕辜负了师友和读者的厚望。每有一点小成就,都觉得饮水思源,应当归功于他们。求学时期,固然如此;直到现在,对许多学者的鼓舞,也还是如此。但这还是限于学问上的教育;我所受最大的思想上的教育却是中国共产党和马克思主义,从三十年代以来一直起着主导的作用。没有它,就像今天这样平庸的我,也是不可能的。

在生活上,"穷且益坚",能忍饥耐寒,即便快要饿死,也决不后悔而想逃回老家去。二十年代的挨饿如此,三十年代至四十年代的曾经失业、变相失业也都是如此。我生平没有烟、酒、茶、咖啡等嗜好,自慰过去生活不安定,对这些嗜好,"是不能也,非不为也";解放后,生活安定了,对这些嗜好"是不为也,非不能也"。我对于衣服,也成了习惯,喜穿粗的不喜穿精的,喜穿旧的不喜穿新的。

在政治上,能坚持干斗争,不羡权贵,不畏威胁,不为利诱。从二十年代末起,一直与封建、法西斯、买办各派进行不妥协的斗争。无论对国民党军阀、汉奸、日帝和"四人帮"的统治,都表现出来。

在学术研究上,勇于争鸣,重视创获。生平认为治学无捷径,关键在于立志苦学。我视大图书馆藏书为主要的精神粮库,长期在图书馆中的苦学是生平精神生活的一个主要组成部分,我终于把南京国学图书馆所藏历代文集数万卷大体翻尽才肯罢休。除了南京国学图书馆是我生平在学术文化上的最大恩人以外,他如今二十年代的北京图书馆、北京大学图书馆,三十年代的湖北省立图书馆、文华公书林、北平东方图书馆、上海鸿英图书馆,复旦、沪江等大学图书馆,四十年代的合众图书馆,解放后的上海图书馆以及青少年时期的永春郑翘松、武汉徐恕(行可)等藏书家都是我在这方面的恩人。

我在学术上不作繁琐的、偏僻的考证,不喜阅读空洞无物的著作,短于器物文字的考古、军事历史的探讨和神学玄学的玩索,……短处太多了。

在体育锻炼上,"老当益壮",远远超过了自己的青年时期,单大冷水浴一项,就已经超过了二十六个年头。敢于去年春寒季节,在峨眉山上一再跃入黑水江中的冷水浴。又两登泰山,时隔十六年,后者反而胜于前。我与古来的儒道佛家、理学家的主静论下至蒋维乔等的静坐法相反,而是提倡以动为主的主动哲学,就此点而论,我很佩服华佗、孙思邈、王夫之、颜元等先哲。在体力劳动上,尽管中间长期不劳动,可是到了六十多岁,仍能下农村干重活,去钢铁厂大战高温。许多人夸奖我"很难能",而我却说老实话:"只是由于少时有点基础,占了便宜,没有什么了不起。"

学术界对我的今后计划很关心,我就在这篇末附说几句话:关于我的治学实践、治学精神、治学方法等问题,除在本传记中论述外,可看《中国思想史研究法》、《中国文化史要论》两书。假使能有应备的条件,我将多做学术研究的工作:一、把四十多年前搜集到手而极其丰富的"中国思想史资料"整理出版,以供今人、后人作为必要的参考。二、同其他同志合编《中国现代思想史》、《中国近代思想史》、《明清间思想史》。三、《孔子思想体系》一书快点定稿。四、《中国佛学思想史》一书快点完成。五、还很想写出《春秋战国思想》一书。六、前述《中国思想史通论》一稿不可能找回和重新写出了,改写《中国思想史要论》或《中国思想史专题研究》之类的压缩本,也许是可能的。此外体育界对我也很关心,我有勇气,能坚持到不能动作为止,我将写出《主动哲学与健身经验》一书。不才的我,只好这样回答读者了!外间关于我的传说,难免出入或不全面,我的传记,应以此为准。

蔡尚思

一九八零年六月于复旦大学

(原载晋阳学刊编辑部编《中国现代社会科学家传略》第一辑,山西人民出版社 1982 年版,第 345—363 页)

我 和 词 典

《辞书研究》编辑部出了《我和词典》这个题目,要我交卷。就让我用最简朴的文字来谈一下我和词典的关系吧!

一、前人做学问,先从小学即文字学入手。读经就必须读《尔雅》,直到清人戴震仍然强调"由字以通其词,由词以通其道"。对此问题,我比之清代和民国初年的学术家,真感惭愧。现在广播电台和电影、剧场字幕等常读错了字音和写了别字。假使章太炎这样的学者还活着,至少也要长吁短叹!试举些例子来说吧!如"帅"字有两个音义,"元帅"的"帅"是名词,另一个"帅"读"率",是动词,现在很多人把它与"元帅"的"帅"读一个音。"装潢"的"潢"与"璜"不同,有些人却写"装璜",六十年代初,我曾指出其误,竟被告知:"今人多这样写,你如坚持原字,反而会见怪了!"我听见,颇有"啼笑皆非"之感!音乐学院的"乐"应读"岳"而偏读"洛"(六十年代初我在北京,所见公共汽车售票员大喊)。乐姓也应读"岳",而竟被读"洛"(我听见几个专家这样读)。至于孔子"知者乐水"的"乐"应读什么音更不必说。甚至不止一个大学生,连"学系"也公开写作"学係"。……类此之例,不必多举了。我一直主张在大学里,不论文、法、商、理、医、工、农等都要共同必修国文,国文不过关,很难学习任何专业,道理也多在这里。

二、我从中学生时期起,才开始用字典辞书。除了英汉双解的英语辞典以外,当时几乎能背诵商务印书馆出版的陆尔奎等主编的增订放大《实用学生字典》一书,并且随时翻查《康熙字典》、《辞源》等书。后来常用新旧两种《辞海》,最近由辞书出版社出版的《辞海》比六十年代初的《辞海》(未定稿)更高强了,这是必须肯定的。我还常翻查《中华大字典》、《经籍籑诂》与人名、地名、佛学等大辞典。有时仍然去翻查旧《辞源》、旧《辞海》,看看是否有其他词目。人名、地名等大辞典不能适应我的要求,我因查不到而感到失望,以为很有重新增订的必要。《佛学大辞典》比之《法相辞典》容易懂些,仍欠通俗,是其缺点。

三、我乘此机会,建议最新的《辞海》,也能准备进行一些增订,力求更加妥善。现在让我就曾翻到的极小部分来举些例子,向专家们请教!

①2023页[将]

应补:㉓逆乱。《史记·叔孙通列传》,《集解》瓒曰:"将谓逆乱也。《公羊传》曰:君亲无将,将而必诛。"

按《公羊传》庄公三二年:"君亲无将,将而诛焉。"昭公元年:"君亲无将,将而必诛焉。"均有此语。

此为阮元《经籍籑诂》、《中华大字典》、《辞源》及新旧各种版本《辞海》所遗漏。

②289页[李光地]

原文"曾奉命主编《性理精义》、《朱子大全》等书"。按:此处的《朱子大全》实是《朱子全书》之误,《朱子大全》即《朱文公文集》。《朱文公文集》条下谓"明嘉靖间胡岳刻本比较完备",亦与此处矛盾,清代的李光地怎有可能奉命主编明刻本?

③33页[三纲]

这实始于韩非、董仲舒(再说上去就是孔、孟、荀等),而非始于《白虎通》、《礼纬》。刘师培三纲出于汉代《纬书》之说也不合事实。

④ 381 页[巨擘]

按宋吴曾《辨误录》卷下《经子之错》说:"尝记前辈摘经子之错,……孟子以仲子为巨擘。"非也。齐人以蚯蚓之大者为巨擘。

⑤ 4668 页[章炳麟]

原文:"但他的思想受有佛教唯识宗和西方近代资产阶级主观唯心主义的影响。"按,这太不实事求是。章太炎在清末所受古今中外各家思想的影响,以佛教唯识宗为最大,请多查阅他的原文。

⑥ 844 页[凌云山]

独缺此条,应补。按宋邵博《清音亭记》说:"天下山水之观在蜀,蜀之胜曰嘉州,州之胜曰凌云。"邓谏从《山水堂记》也说:"天下水窟有二:曰嘉州,曰桂林。"嘉州实指乐山凌云山。明《凌云山寺碑》仍说:"天下山水在蜀,蜀山水在嘉,嘉山水在凌云。"世界第一大佛亦在此山。

⑦ 1665 页[吕留良]

未提及其代表作《四书讲义》,不知是否受了梁启超曾经误断的影响。

其他从略。

(原载上海辞书出版社主办《辞书研究》
1982 年第 1 期,第 48—50 页)

《左宗棠年谱》序

凡是学过一点中国近代史的人,对于左宗棠的名字都不会感到陌生。

这个人,从在湖南湘阴老家做塾师起步,直到成为晚清赫赫有名的封疆大吏,曾经在上个世纪的六十年代至八十年代,无论军事、内政、外交或经济领域,都留下过脚印。尽管那些脚印深浅不等,但只要研究那三十年的中国历史,则不管对他喜欢不喜欢,都不得不时常同涉及他的事件打交道。

因此,系统地了解左宗棠的生平,了解他对有关的中国问题或国际问题的认识过程,了解他在错综复杂的内外矛盾面前的实际表现,就对我们不但有益,更有必要。

为什么说是必要的呢? 因为左宗棠不是孤立的个人,而是清朝晚期的一名封建统治阶级的重要成员,一股封建地方势力的头面人物,一个所谓洋务集团的主要首脑。他的思想信仰、他的政治主张,乃至他的性格和作风,都不可避免地要给有关历史事变的进程,或多或少带来影响。

就是说,这个人是半封建半殖民地的中国统治阶级在一个历史阶段的缩影,至少是一个侧面的缩影。难道我们不该花点力气去了解他的个人历史吗?

多年来,我在研究近代思想史的过程中间,就常想找一部用马克思主义为指南而编撰的左宗棠传记,可惜尚未如愿以偿。不得已只好看看面前这部清末罗正钧所纂《左文襄公年谱》。

但就是这部十卷本年谱,有时也索阅为难。因为它原是《左文襄公全集》的附录。《全集》虽非孤本秘籍,却只有一八九七年湘阴左氏家刻本传世,数量既少,卷帙又繁。倘想随时检索其中的年谱,真是麻烦得很。

正因如此,湖南岳麓书社决定把罗正钧《左文襄公年谱》,予以校点,单行出版,就使我很赞成。我认为,这将给读者带来很大方便,无疑是做了一件好事。

当然,我表示赞成,还因为这部年谱具有出版价值。

我们学术界向来重视利用各种年谱,那是有道理的。年谱属于历史人物的个人编年史。它与一般编年史的相同之处,在于都按照年、时、月、日的时间序列编排史事。但它的背景不及一般编年史广阔,而反映历史进程的精细程度,却超过一般编年史。

编年有利于明白时势。一部好的年谱,就像透过显微镜观察江河里的一滴水,由它的成分可了解江河的水质,而透过个人一生的变化过程也有助于了解那个时代的历史全域。这就是我们常说的知人论世。

自从年谱作为一种历史编纂形式出现以来,大概已有一千年。它总共刊行过多少?现存还有多少?谁也说不清楚。就编纂目的来看,现存的年谱约略可分数种:研究型的,编者多为后世专家;卫道型的,编者不外是自命为古圣先贤正宗嫡传的人物;回忆型的,即由谱主本人生前所作的自订年谱;扬名型的,多为谱主的子孙、门人所编,也有为了攀附名人以扬己之名的不学无术之徒所编。

旧时代的年谱,以后三种类型居多,因而除了少数学者的作品而外,本身都称不上什么学术著作,而且有大量粗制滥造的货色。因而,我们如今鉴定它们的好坏,仅能依据它们的史料价值,主要是看它们各自保存的史料的原始性、丰富性、可靠性和全面性。

对旧时代的年谱作者,很难提出反映全面的要求。因为他们不仅受到眼界的限制,更其受到主观意向的限制,例如"为尊者讳"、"为亲者讳"之类陈腐观念,以及宗派门户偏见等等,都使他们不能直书足以暴露谱主不可告人秘密的事实,即使对人所共知的谱主的罪行丑闻,也必然要为之曲笔讳饰。所以,只要编者少存心溢美,不故意造假,搜录详尽,言有佐证,事经考订,这样的年谱便可算较好的一种。否则就只好归入下乘乃至劣制,尽管其中也许不乏有用的材料。

罗正钧编的这部左宗棠年谱,属于哪一种类型呢?

显然,他的目的在于表彰谱主的功业,他的编撰也在谱主亲族的密切注视下进行。他甚至没有按照惯例写篇序言,说一说发凡起例到杀青付梓的过程。可以想见,他的忌讳不少,或者掣肘者更多。因而,我们当然不能指望从中发现编者秉笔态度的客观与公正。

但编者的有利条件也是存在的。他得到左宗棠亲属的支持,编成的时间上距左宗棠去世的一八八九年,不过十二年。这样,他不但可以充分利用左氏家藏的谱主本人留下的全部材料,包括奏议、文稿、书信、诗钞、论著,以及官私文书、家谱行状等等,而且可以设法得到谱主的亲戚朋僚、门生故吏的帮助,了解其他有关的文字或口头的材料,这在年谱中都有反映。同时,对于载入年谱的各种事情,编者也明显地用过一番考订功夫,证成一说常列举两种或两种以上材料,有时还表示存疑。

因此,就史料价值来说,这部年谱至少有几点可以肯定:第一,保存材料较多,基本上都是第一手的,传闻成分较少,而且有若干材料不见于其他文献;第二,采择方面较广,大凡左宗棠的生平经历和主要事业、政治态度和思想抱负,以及为人处世等等,都有反映;第三,叙述事实大致确切,因为材料经过筛选和考订,尤其在判断材料的时间性上花过力气，所以前后颠倒、自相矛盾的毛病犯得较少，从而提高了记录的可靠性。

我想，这部年谱虽然有隐讳，有粉饰，字里行间时时流露理学之徒的迂腐气息，但它问世以来，受到学者重视，至今还不失为近代史研究的一种有用史料，理由也在于此。

不过我赞成校点重印这部年谱，还因为我觉得左宗棠这个人值得研究。除了开头所说的理由以外，他在阶级斗争和民族危机中间的矛盾表现，也十分引人注目。

谁都知道，左宗棠是靠着镇压农民革命起家的。这个二十一岁中举后便屡试不第的封建知识分子，虽然才干早受陶澍、林则徐等赏识，但如果不是太平天国英雄们打得清朝统治阶级阵脚大乱，那末他也决不可能成为地主阶级的"英雄"。就在曾国藩组建湘军之后，他也有好几年只是充当湖南巡抚的幕僚，限于出谋画策，因为清朝皇帝不理睬曾国藩、胡林翼等的多次保荐，拒绝授予他统带地主武装的资格，直到一八六○年才勉强同意他随同曾国藩帮办军务。那时左宗棠已四十九岁，急忙纠结五千人，自树一帜，号称楚军。如所周知，这时太平天国已在走下坡路。但在力量已由内讧而削弱的农民武装面前，楚军也连吃败仗，最后不得不仰仗法国流氓武装的洋枪保护。

可见，当左宗棠站在地主阶级反革命立场，与起义的农民为敌，不管他个人如何能干，也是不行的。罗正钧在年谱中竭力描绘左宗棠没得到指挥权前两湖局势如何危急，而楚军组成后局势如何大变，本意是在制造"此人不出，奈苍生何"的印象，效果却适得其反，刚好证明左宗棠运筹帷帐之中也好，亲临战阵指挥也好，都不是什么手握扭转乾坤之力的"英雄"。对于年谱这段记载，我们也只能看作是颠倒历史。

左宗棠接着镇压捻军起义的历史同样表明，使他取得"功臣"

称号的主要因素,也在于捻军比后期太平军更涣散,更具有旧式农民战争的一切弱点。拿着外国侵略者送来的新式杀人武器来屠戮仅有原始刀矛的革命农民,还竭尽力气才勉强取胜。在这一点上,左宗棠比他的年谱编者略有自知之明,因为他曾向皇帝承认,那些"平发捻"的善战将领的秘密,就在都喜欢使用洋枪洋炮。

　　然而左宗棠最终仍然得到历史的纪念。为什么呢? 因为他没有忘记自己是个中国人。他早年反对英国侵略的慷慨议论,曾使因领导反侵略战争而遭投降派打击的林则徐为之倾倒。他晚年主持反对沙俄、英国侵略新疆阴谋的战争,证明他在民族危机的严重考验面前,保持了作为一个中国人应有的气节。尽管与也曾镇压人民起义的林则徐相比,他对人民犯下的历史罪过要大得多,可是他把西方列强供应的新式枪炮掉转来指向外国侵略者和民族叛徒,有效地挫败了沙俄和英国攫夺我国大片领土的狂妄计划,在客观效果上也比林则徐主持的反侵略事业更有成就。这就使中国人民虽然谴责他反对革命的罪行,却始终将他同曾国藩、李鸿章相区别,不仅承认他晚年率军收复和保卫新疆领土的历史功劳,而且认为他是历史上值得尊重的一位爱国主义者。

　　中国人民是重视民族大义的。近代中国曾经受过外国资本主义侵略者如此严重的欺侮,使我们的民族遭到那样大的不幸,使我们的人民遭到那样重的灾难,更加深了中国人必须团结御侮的共同认识。任何中国人,即使像康熙那样的专制皇帝,即使像左宗棠这样双手沾染过人民鲜血的封建官员,只要他为国家的统一和民族的生存做过一点好事,都会令人民感动和纪念。

　　正是在保存左宗棠晚年为保卫国家领土而努力的有关史料方面,使罗正钧编纂的这部年谱具有特殊价值。编者搜录相当详备,叙述也很清楚。左宗棠以古稀之年出任陕甘总督,面对英俄侵略者支持民族叛徒在新疆建立傀儡汗国的严重挑衅,背受李鸿章为首的清朝对外妥协势力反对收复新疆的沉重压力，而坚决主张用兵，并亲自部署和指挥战争；同时，在消灭傀儡政权的战争过程中，又拒绝英国侵略者的外交讹诈，准备同拒不归还中国领土的沙俄侵略者决战，而在战争胜利后，又为稳定新疆的安全作了许多努力。如此等等，在年谱里都有较系统的记载，而且反映的内容均属客观存在的事实，所以溢美不实之词就少得多。应该说，关于左宗棠晚年的历史，是这部年谱编写得比较成功的部分。

　　承湖南岳麓书社同志的好意，要我给这部即将重印出版的《左文襄公年谱》写篇序言。我对左宗棠的生平没有作过专门研究，而出版社同志将校点过的年谱复印稿寄来的时候，我适因腿伤住院数月，至今仍然行动艰难，坐困斗室，无法研究有关材料，也没有力气细细阅读校点稿，结果迟疑不克动笔。现在，既经出版社同志屡加督促，只得勉为其难，写下一点想法，为总想替繁荣社会主义学术文化做好事的湖南岳麓书社同志助助兴，并就正于方家。

　　　　　　　　　　　　　一九八二年八月蔡尚思序于
　　　　　　　　　　　　　　上海复旦大学
　　　　　　　　　　　　　（原载罗正钧著《左宗棠年谱》，
　　　　　　　　　　　　岳麓书社1983年版，第1—6页）

类 编 体 自 传

蔡尚思曾号中睿，因爱我母郭有而恨家人的压迫她，曾愤而想改姓郭，但为习俗所不许，故只好用郭生为笔名。我出生于一九〇五年十一月十日。福建省德化县西墩乡人。据说是汉族，家中没有任何家谱，族谱可考，即使有，我也不大相信，反正我是一个中国人。

我的自传，如果把编年体改为类编体，那就可以归纳为下列几个突出的问题：

一、劳 动 锻 炼

我少时曾因读书不成而去学耕牧。在农业方面，有锄草、翻土、粪田、种地瓜、山药、多种蔬菜等等。副业方面，很爱养鸡、养兔、牧鸭、牧羊、刈芒砍柴，采野生菇果，还负重挑担，爬山越岭，竭泽抓鱼虾等等。白天赤足走路，口渴见水就饮，腹饿就在山上采野果、野花吃，天热就下溪洗澡，挑重担就在树下休息，真是最同大自然接触的一种原始生活。后来埋头读书才长期脱离农村、山林而不从事体力劳动。但正因为有这些基础，到了六十多岁还会下农村干重活，到工厂战高温，负八十多斤的麦筐过小桥，扛石头上板梯做大石像等等。这对我理解历史问题是很有帮助的。而我七十多岁还健步如飞地爬上泰山、峨眉山、青城山，能跑步、跳高，坚持每天洗冷水浴达三十年之久,也使我体会到劳动与运动确真有益于健康。

二、生 活 考 验

从我有知起,在家非过节(五月、七月、除夕、元旦)难得有肉吃。在北京求学时期,有一次苦到只吃一只小馒头,多喝几碗冷水过一天,自知几乎等于一个叫化子。有些同乡,有钱嫖、赌、烟、酒,件件都来,我从不羡慕他们,只要有饭吃就满足了。一九二九年到一九三五年,表面上做了大学教师,实际上仍过着被学店老板剥削的学徒的苦生活。有的私立大学,教两门课六小时,每月只发给五十元;有的教一门课三小时,每月只给三十元,而且寒暑假都没有工资。但这还算是比较好的了,更加不好的就是失业。私立大学发给的聘书,多是一学期的,最多也只有一年。暑假如没有继续接到聘书,就只好自卷铺盖离校了。学店老板总是把一部分没有什么关系的大学教师的聘书当作对"名人"、"要人"介绍人的应酬品的,应付一下就算了。在此期间,我曾经生病,没有钱去看病、买药,有时也只吃一碗阳春面度过一天。因此,我曾与何伟通信,自称为高等学校中的无产阶级。这和我日益对旧社会不满而终于投入政治斗争是有密切关系的。我从未想到解放后,全国各界,都是人人有只打不破的铁饭碗,其中的一部分工作者更是不退休的终身职。这太值得过来人忆苦思甜了!

三、学 历、学 友

一九一三年到一九二〇年,我入私塾与县立小学。一九二一年到一九二五年,入永春的福建省立第十二中学,为我打好学问基础的有郑翘松、郭鹏飞等老师。一九二五年到一九二八年,在北京自由听讲与考入孔教大学研究科,北京大学研究所,除陈垣、朱希祖、陈大齐、梅光羲、李翊灼、江瀚、蔡元培、陈焕章等人外,并拜清华学校研究院王国维、梁启超等教授为师。到大学教学后,在长辈中,我曾向太虚、蒋维乔问佛学,向章太炎问国学,向李石岑问哲学,向柳诒徵问文化史,向昌思勉问通史。在好友中,如欧阳予倩、顾颉刚、刘掞藜、陈钟凡、嵇文甫、张栗原、范文澜、齐思和、夏康农、黄云眉等等都特别鼓励我治学,其中如王国维、梁启超、陈垣、梅光羲、蔡元培、柳诒徵、欧阳予倩、顾颉刚、陈钟凡、嵇文甫、范文澜、齐思和等是解放前和"文化大革命"前给我教益最大的师友。

四、文化教育工作

一九二九年到一九三一年,我任上海大夏大学讲师、复旦大学教授。一九三一年到一九三四年,任教武昌华中大学。一九三五年到一九四二年,任沪江大学特种教席、教授。一九四二年到一九四五年,同时任沪江、复旦、东吴(迁沪)等大学及无锡国学专修学校(迁沪)教授,光华大学历史系主任。一九四六年到一九四九年,仍任沪江大学教授。一九四九年一月起,并任商务印书馆特约编辑。

一九四九年五月上海解放到一九五二年,任沪江大学代校长(三人行政委员)、副校长(校务委员会副主任委员)、教授。

一九五二年调整院校后,第三次回复旦大学,任历史系主任、教授,中共复旦大学党委委员、校务委员会委员、研究生领导小组副组长。

打倒"四人帮"后,任复旦大学副校长、社会科学学术委员会副主任、研究生部副主任、中国思想文化史研究室主任。

从一九二九年起,在各大学担任的课程,有中国学术大纲、中国历代文选、中国思想史、中国政治思想史、中国近现代思想史、中国

哲学史、儒家哲学、墨子研究、中国经学概论、中国史学概论、中国通
史、中国政治史、中国社会史、中国教育史等等,担任时间最长的是
中国思想史、中国通史、中国历代文艺文选三门课程。

五、精　神　食　粮

对一个学者来说,如果把饮食作为物质食粮,那么,图书就不失
为精神食粮了。学者的学术研究,首先依靠资料,资料首先依靠图
书。二十年代,永春中学校长、文人诗人郑翘松,私人藏书之多,永
春、德化等县无出其上者,我第一次向他借书来读。去北京后,就到
北京大学图书馆和北京图书馆借读。到上海教书后,仍向各大学借
读。去武昌教书,经常到文华公书林和湖北省立图书馆去看书,也
向汉口私人藏书家徐恕借书,再去北京找书搜集资料。回上海后,
除各大学的图书馆外,经常去向顾廷龙主持的合众图书馆、上海图
书馆借读。其中最值得纪念的是在南京龙蟠里的江苏国学图书馆,
馆长柳诒徵过去是东南大学历史系教授,是有名的中国文化史专
家。他让我住在图书馆里,特别给我各种便利,我才得自备该馆独
有的《图书总目》,翻完中国历代文集数万卷,搜获中国思想史及其
他资料数百万字,成为我生平读书最多的一个时期。我到了此时,
才深刻地认识到图书是太上老师,图书馆是太上研究院。不要看它
是死老师,死老师却远远地超过了任何活老师。这样,我在学问上
开始转变了。

但当时全国图书馆的藏书,几乎全是古书,最缺乏的是有关马
克思主义的理论著作,这只好依靠自己与偷买偷读了。从一九三一
年到一九三四年,我在武昌教书,学生何伟与我相处很好,是我生平
开始学习马克思主义理论著作最多的一个时期。因此,我在思想上
也开始转变了。

六、学术的团体与活动

一九三五年,我加入中苏文化协会。一九三七年,出席中国哲学会第三届年会。一九四五年,与郭沫若、茅盾、马叙伦、马寅初、陶行知、胡绳、杜国庠、翦伯赞、许涤新、叶圣陶、周建人、郑振铎等二十四人发起全国学术工作者协会上海分会。一九四六年,与张志让、沈体兰、周予同等四人发起上海大教联及文化研究所,任干事与常委,这主要是配合解放战争从事政治斗争。四十年代末被选为中国社会学会成员。一九五〇年,与冯定、刘佛年、郑易里、姜椿芳、胡曲园等二十余人发起中国新哲学研究会上海分会,与顾颉刚、李平心、周谷城、周予同、吴泽等十四人发起中国新史学研究会上海分会,后来成立上海市哲学社会科学联合会,均任理事。

打倒"四人帮"后,任上海市史学会副会长、全国宗教学学会常务理事、中国史学会理事、中国现代学会、中国哲学史学会等顾问。

解放后,我参加的全国性学术活动有历史科学规划会议、山东孔子学术讨论会、中国科学院哲学社会科学部扩大会议等等。十年浩劫后,有全国历史学规划预备会、山东大学文科理论讨论会、全国宗教学研究规划会议、中国历史学研究规划会议、重建中国史学会代表会议、明清史国际学术讨论会、佛教讨论会、中国史学会理事会等等。

除了在上海、武汉两地外,还到过北京、济南、四川、曲阜、南京、西安等地讲学。

七、学术的领域与争鸣

我以哲学社会科学为范围,对它都很感兴趣。以文史哲为基础,看做三位一体而无法绝对分开,以中国通史、中国文化史、中国学术史为专业,以中国思想史、中国近代思想史与关系古今的孔子思想为重点。孔子是二千多年前的人物,其思想势力,不仅在封建社会时代为最大,而在以后的社会也会长期受其残余影响。所以对于孔子思想的研究,是没有古今的,也是不能绝对分开的。

我治学一向主张学术民主,勇于争鸣,试举些例子来说:如对孔子思想的核心,由起先主张仁到后来主张礼,认为它是名教而不是宗教,早就与陈焕章的"先信后学"说大唱反调。孔学与佛教的中心思想都是三纲,而不是同样主张平等与相反者。佛教各宗只是大同小异,根本同而枝叶异。先秦名学的科学性,名家不如别墨,别墨不如荀况。名家多是形而上学而不是辩证法。孟子不是民主论者,更不是什么唯物论者。清代学问家超过了任何时代,但在思想上却远远不及先秦诸子。清代反孔疑经者,没有一个比得上袁枚的。戴震是以孔、孟礼学反对程、朱理学的,他的行动教育比不上颜元,他的反对传统比不上袁枚。青年梁启超有反孔的一方面而比章太炎等都中要害。没有戊戌维新、辛亥革命两个时期的新思想运动,也不大可能有"五四"以前的新文化运动。中国思想家在哲学上与政治思想上往往相背而驰,有基本唯物论者而不可能有彻底的唯物论者,其历史观全是唯心论的而不是唯物论的。中国学问家在学问上与政治思想行动上也往往相背而驰。中国史地学极盛,晚年梁启超的《先秦思想史》是代表他自己的学术思想史。梁启超文言文的流畅生动与胡适白话文的明白如话,都是不易做到的。谭嗣同与康有为、陈焕章同是尊孔子为教主者,他有唯物与唯心、反孔教与注重礼教、反君主与最忠于君主、反侵略与主张出卖大量国土两方面。章太炎哲学上从唯物论退到唯心论,政治上从改良派进到革命派,主要是民族革命派而不是民主革命派,是相对主义、俱分进化论者而不是进化论者,是传统思想占优势而不是什么农民派与独特派。佛学到谭、章,已经发展到最高的地步。司马迁不失为史圣,徐霞客不失为地圣。德、识、才、学等条件俱不可缺少,但德、识比才、学更为重要。哲学社会科学同自然科学一样,都要突破而不要死守,经学式、宗教式、教条式的那种旧立场、旧观点、旧方法,对任何人也不要有所例外。最伟大的历史人物是不断地跟着时代潮流而前进者,是在历史接力比赛中有所贡献者,而不是有口无心、有言无行、有始无终者。……

像这一类举不胜举,散见于各时期的代表论著中。这就是我主要论点的一部分,也是我心得、体会的一部分。

前二年有个大学党委书记初见面就说我不像老年人。解放战争时期,不止一个人说我"一身多是胆,一生多吃苦",我都颇以为然。还有一个三十多年前的女大学生,现在是大学教师,她写信给我说:"希望您永远正直地为人师表。"我愿把这一类话作为终生努力的目标。

八、政治的组织与斗争

政治的组织方面,一九三二年加了宋庆龄、蔡元培、鲁迅等领导的中国民权同盟;一九三六年从何伟来访问起一直与中国共产党有联系,在党的领导下做些秘密工作。接触的地下同志有何伟、陈家康、施景兰、梅益、韦殷、李正文、唐守愚、方行等。一九五三年五月加入中国共产党。

我从一九二六年"三·一八"事件起,开始痛恨北洋军阀政府,从一九三一年学习马克思主义著作,开始不信空想主义。抗日战争时期,我秘密地反抗日本帝国主义侵略与汉奸卖国贼相勾结,反抗国民党政府的消极抗日、积极反共。对于各种威胁利诱,都不动心。解放战争时期,我积极反对三座大山,为配合解放战争而斗争,主要是:一、在党的领导下共同主持上海大教联,发表宣言支持反内战、反迫害、反饥饿、反法西斯专政、反签订卖国条约、反美抗日和罢工、罢课、罢教等等。二、在各大小报刊上发表政论与有现实意义的学术论文一百多篇。三、在大学讲堂上宣传人民民主和社会主义，揭露和批判国民党政府的反动统治，终于被国民党政府教育部斥为"奸党分子，持论狂妄，平日教学专事打击政府；而在沪版《大公报》暨其他杂志发表之言论，尤"言伪而辩，悖逆反动。'命令'密切予以注意"，并派他们的学生来暗地监视，用匿名信对我威胁利诱。

沪江大学头一个元老每年都出面来拉我洗礼为基督教徒，而且每年都说："今年不来明年来。"我认为是故意对我的侮辱。当时那校长要求把我的《蔡元培学术思想传记》作为该校第一部丛书，而国民党头子之一的李石曾也要求我把此书交给世界书局出版，我都置之不理。

十年浩劫是史无前例的，我虽然有时靠边站，被诬为反什么和被变相软禁，但反过来也被要求去公开宣传"儒法斗争史"和参加所谓杰出法家章太炎编注组，如此之类，我都一一予以拒绝，认为《狗马史记》应有续编，"狗马哲学"应予痛斥。

我尽管遭到家破人亡与珍贵积稿的大损失，却也认为得活到此时，实千载难逢，丰富了见闻，加深了体会，对自己研究历史与现实斗争是大有益处的。

蔡尚思主要论著目录

一、主要学术专著目录系年

1935 年：

《中国文艺文选》（其中有《同事异体》、《一题数做》两例，各选

9 篇),沪江大学

1936 年:

《中国思想研究法》,1936 年完成,1939 年商务印书馆出版,顾颉刚、蔡元培、柳诒徵等有评论

《中国历史新研究法》,1936 年完成,1939 年中华书局出版

1941 年:

《蔡元培学术思想传记》,1941 年完成,1950 年棠棣出版社出版

1949 年:

《划时代的五四运动》,大众文化出版社,1947 年 5 月《文汇报》连载

1950 年:

《中国传统思想总批判》(古代、近代部分),1950 年初版,1951 年增订,1981 年湖南人民出版社新版(增补卷末《道家佛教批判》)

《中国传统思想总批判补编》(现代部分),棠棣出版社出版(以上两书范文澜、齐思和等有评论)

1962 年:

《中国新民主主义革命时期通史》(思想文化方面,主编),1962 年初版,1980 年人民出版社新版

1979 年:

《中国文化史要论》,1979 年初版,1980 年湖南人民出版社增订版

1981 年:

《中国现代思想史资料简编》(主编,中国思想文化史研究室合编),浙江人民出版社

《孔子思想体系》(朱维铮、李华兴助编),上海人民出版社

二、主要单篇论文目录系年

1. 1929 年到 1941 年新论文时期（白话文）

1929 年：

《老子的理想人世》,（南京）《京报·副刊》

1930 年：

《礼教化的中国美术》,《复旦大学福建同学会刊》

1932 年：

《评梁任公师著〈先秦政治思想史〉》

《评冯友兰著〈中国哲学史〉上册》[以上二文均见《中国学术大纲》（改编本）]

1935 年：

《钟惺、谭元春与佛学之关系——评周作人先生〈重刊袁中郎集序〉》,2 月 17 日（天津）《大公报·文艺副刊》

《评章太炎先生的读经论调》,《天籁》季刊 25 卷 1 期;《中国思想研究法》（节录）第 18—20、80—83 页

《学问家与图书馆》,《江苏省立国学图书馆第八年刊》

《评冯友兰著〈中国哲学史〉下册》,《天籁》24 期 1 号

《三十年来中国思想界》（增订,有日译）,《天籁》25 卷 2 期

1937 年：

《研究中国哲学应有的新认识年会特刊》,1 月 23 日（上海）《大公报》,中国哲学会

1939 年：

《汉文帝的重新评价》,见《中国历史新研究法》节录

1940 年：

《蔡元培的各种特点》,3 月 17 日《申报》

2. 解放战争时期——政论与学术论文

1945 年：

《苏联的特色》(笔名郭生),《时代》第 132 期

1946 年：

《冯友兰新玄学批判——冯氏代表作〈新原道〉的思想历史》《新文化》(半月刊)1 卷 10、11 期连载

《孔学总批判》(上),《民主》(21、22 期合刊)

《冯友兰论儒墨批判——冯氏代表作《新原道》的考据》,4 月 1 日《中国建设》(2 卷 1 期)

《女权,民权,人权》,4 月 7 日《文汇报·星期评论》

《评王芸生氏对中国历史的看法》,6 月《周报》(42 期)

《〈大公报〉上的封建政论——评贺昌群氏的现代政治社会观》6 月 29 日《周报》(43 期)

《再评李季的老庄封建说——中国虚无主义史略》,8 月 1 日《求真》(1 卷 4 期)

《穷人、文盲、女子的参政问题》,9 月 9 日《文汇报·专论》

1947 年：

《民族文化的新看法——兼评梁漱溟氏的〈政治根本在文化〉》,1 月 20 日(上海)《大公报》

《许行思想的新释——周末最前进的学说》,3 月 22 日《文汇报·新思潮》(4 期)

《值得国人纪念的蔡元培》,3 月 30 日(上海)《大公报·星期论文》

《中国学生运动述评》,6 月 5 日、12、19 日(上海)《大公报·时代青年》(30、31、32 期)

《论思想统制的祸害》,7 月 11 日(上海)《大公报·现代思潮》(38 期)

《民主的种类与重新估价——全民政治与全民经济》,8 月 22 日与 29 日、9 月 5 日上海《大公报·现代思潮》(44、45、46 期)

《民国三十六年》,10 月 12 日(上海)《大公报·星期论文》

1948 年:

《陆王派哲学的批判》,3 月 1 日《中国建设》(5 卷 6 期)

《青年化的人生观——大众的永久的青年精神》,3 月 22 日(上海)《大公报·时代青年》(76 期)

《梁漱溟思想的评价》(内容包括:绪论、背景、哲学、教育学、社会学、经济学、政治学、结论),4 月 16 日至 5 月 14 日《时与文》(3 卷 1 期至 5 期)

《宋明理学相同的缺点》,5 月 1 日《新中华》(复刊 6 卷 9 期)

《传统思想的真面目——儒家学说的大缺点和坏影响》,6 月 13 日(上海)《大公报·星期论文》

《程朱派哲学的批判》,7 月 1 日《中国建设》(3 卷 4 期)

《父子师生两代间》,8 月 8 日(上海)《大公报·星期论文》

《大学教育的面面观》,9 月 26 日(上海)《大公报·星期论文》

《论大学教育的社会化——读潘光旦先生的〈论教育的更张〉》,11 月 5 日(北平版)《中建》(1 卷 8 期)

《论盗贼与忠恕——评冯友兰先生的道德哲学》,12 月 4 日(上海)《大公报·文综》2 期

《论保富的不合理——旧式富人的〈保富法〉》,12 月 21 日(上海)《大公报·文综》9 期

1949 年:

《道统的派别与批判》,1 月 1 日《中国建设》(7 卷 4 期)

《再论许行思想》,2 月 1 日《中国建设》(7 卷 5 期)

《孔学和新时代的对立——再论传统思想的缺点》,2 月 22 日、23 日(上海)《大公报》

《中冈传统思想概论——传统思想的三个阶段》,3 月 5 日(上海)《大公报·文综》35 期

《梁漱溟的政治错觉》,3 月 10 日《中建》(综合版)(1 卷 3 期)

3. 解放后到十年浩劫前

1951 年:

《胡适思想批判》,12 月 16 日《大公报》

1953 年:

《梁漱溟思想批判》,12 月 7 日《新建设》,又北京市民盟有单行本

1955 年:

《论英雄创造历史的唯心主义历史观》,2 月 20 日《解放日报》

1958 年:

《厚今薄古是个正确的方针》,4 月 11 日至 12 日《文汇报》;又《清除厚古薄今思想、贯彻厚今薄古方针》,北京出版社

1961 年:

《梁启超后期的思想体系问题——孔家店的新老板》,3 月 31 日《文汇报》

《"五四"前后东西文化问题的大争论》,5 月号《学术月刊》

《梁启超在政治上、学术上和思想上的不同地位》,6 月号《学术月刊》

《三论梁启超的旧传统思想体系》,9 月 15 日《光明日报》

《四论梁启超后期的思想体系问题——读陈旭麓同志的〈辛亥革命后的梁启超思想〉》,《学术月刊》12 期

《孔子思想核心的面面剖视》,1961 年冬初稿,1962 年夏定稿

1962 年:

《论章炳麟思想的阶级性》,《历史研究》1 期

《论章炳麟的思想面貌及其变化原因》,6 月号《学术月刊》

1963 年：

《康有为黄金时代的思想体系和评价》（金冲及帮助整理），《学术月刊》9 期

1964 年：

《哲学社会科学工作者首先应当是革命者》，1 月 7 日《文汇报》

《研究历史应当以近代现代为重点》，2 月 1 日《人民日报》

《论宋恕的思想》（与金冲及合写），《复旦学报》（哲社版）1 期

4. 粉碎"四人帮"以来

1978 年：

《"四人帮"的假批孔与孔子思想的评价》（朱维铮助写，初稿发表于 1978 年 12 月《复旦学报》2 期，定稿收入《孔子及孔子思想再评价》书中），1980 年 4 月吉林人民出版社

1979 年：

《论佛教的三纲思想》，《社会科学战线》3 期

《五四时期打倒孔家店的实践意义》（朱维铮助写），收入《纪念"五四"六十周年论文集》，中国社会科学出版社

《上海大教联的组织内容和斗争方式》（第一段有待改正一个问题，我身边尚保存最原始的会员名单和记录册），《文史资料选辑》（上海解放 30 周年专辑下）

1980 年：

《孔子教育思想要具体分析》，《教育研究》1980 年 3 期

《陈垣同志的学术贡献》，《陈垣校长诞生百年纪念文集》及《北京师范大学学报》1980 年第 6 期

《郭沫若在中国古代史研究上的首出地位》，《书林》1980 年第 3 期

《论清末佛学思想的特点》（1980 年 9 月在佛教讨论会上发言），1981 年 3 月《学术月刊》，收入《西安佛教讨论会论文集》

《中国资本主义萌芽时期的新思想》(1980 年 8 月在明清史国际学术讨论会上发言),收入《明清史国际学术讨论会论文集》,天津人民出版社 1981 年

《历史科学研究中应有大的突破》(在上海市历史学会 1980 年年会上发言),收入《年会论文选》1981 年 3 月

《蔡尚思自传——以学术思想为中心的自我总结》(1980 年 6 月定稿),《中国当代社会科学家传略》第 4 辑,书目文献出版社出版

《我是怎样冲破重重难关的——有关治学的精神与经验》,1981 年 4 月 8 日、10 日《浙江日报》

《关于我治学经验的问答》(4 月定稿),《群众论丛》

《中国社会科学人名录(小传)》(5 月定稿),附已发表著作一览表

《中国社会科学家辞典(小传)》(4 月定稿),附学术著作一览表

《当代中国社会科学家自传》(类编体自传,7 月定稿),附已刊主要论著目录

《顾颉刚先生创建的新疑古派》(5 月定稿)

《公孙龙的违反辩证法——与冯友兰等先生论"白马非马"》(4 月定稿),《哲学研究》

《辛亥革命时期的新思想运动——资产阶级各派基本一致的反孔反封建传统思想》(5 月定稿),纪念辛亥革命七十周年

《我难忘的青少年时代》,周锦尉、周锦熙记录整理

三、今后论著计划

只要有主要条件,如充分的时间与得力助手,我很想继续写出《中国近现代学术思想要论》、《中国各派中心思想概论》、《中国学术最突出的祖师人物》、《中国妇女地位思想史略》、《中国佛学思想

史》、《宋元明清思想史料选编》、《中国文学选例》、《中国文学修词问题》一类著作。而自传式的回忆录和《中国文化史》、《中国近代文化史》、《中国政治思想史》等书,也愿遵命写出。我有机会还想去补修感性认识(历史古迹)一门大课,也一直在想重过大图书馆的住读生活,可惜这些恐怕难于一一实现出来了!

蔡尚思

一九八一年七月写于复旦大学

(原载《中国当代社会科学家》第四辑,

书目文献出版社 1983 年版,第 309—324 页)

纪念《文史哲》创刊三十五周年——感想和希望

今年是《文史哲》杂志创刊三十五周年，编辑部来信，约我写一篇纪念性的文章。我是很乐意这样做的，这是因为，我是《文史哲》的一个老读者，从它诞生之日起，就对它怀有很深的感情。

首先，我十分赞赏《文史哲》这个刊名。不仅因为它反映了文学、历史、哲学三门学科的内在联系，恰好也同我个人的治学历程有着相似之处。我的治学是从文学入手的，最早写的一本著作就是《青少年古文稿》，文学为我以后的长期治学打下了良好的基础。在长达数十年的治学生涯中，我坚持文史不分家，史哲相结合，以介于哲学与历史之间的文化思想史作为自己的研究重点。所以，"文史哲"三字，也可以说是概括了我的全部治学内容。正因为这样的缘故，当《文史哲》创刊伊始，我就十分喜欢它，并对它抱有很大的希望。事实证明，《文史哲》不负众望，在五十年代和六十年代初期以及当前这个时期，刊物办得颇有生气。三门学科的文章各有特色，又互相补充，互相渗透，对繁荣祖国的学术起了积极作用。当前，社会科学研究要面向改革，面向"四化"，更加要求加强各门学科之间的联系，加强交叉渗透，拓宽专业面，更新知识结构，发展综合科学。因此，希望《文史哲》进一步发扬文史哲不分家的传统，加强三门学科的综合研究，全面促进文史哲的发展和繁荣，使自己更加名副其实。

我对《文史哲》产生感情,还因为它的艰苦创业和为繁荣学术而献身的精神感动了我。要办成任何一件事,没有一点牺牲精神是不行的。《文史哲》的创办者们,正是具备了这一点精神的。《文史哲》于1951年创刊时,全国刚解放,大学复课还不久。随着经济建设的恢复和发展,文化教育事业逐步走向繁荣。这就迫切需要向人们提供学术交流的园地。当时我正在上海沪江大学任教,并担负着学校行政的领导工作,更深有此感。正当大家翘首以待的时候,山东大学历史语文研究所和文学院的一些老师们,在学校领导的支持下,以他们的勇气、魄力和富有牺牲的精神,在全国各大学之先创办了同人刊物《文史哲》,这是一种大胆的尝试。他们不计较个人的得失,不仅写稿不取报酬,而且还兼搞编辑、校对以及其他一切杂务工作,甚至拿出部分工资充作刊物的经费。这种艰苦办学术事业的精神,是难能可贵的。他们的高尚的风格,是值得称道的。在他们的努力下,刊物终于站住了脚。从1953年开始,《文史哲》由教师们的同人刊物,改成为山东大学的学报之一。实际上,它已超出了学校的范围,变成社会性的学术刊物,并且逐步地成为读者心目中有影响、有见地、有水平的优秀期刊之一。所以,我可以毫不夸张地说:《文史哲》在全国高等学校文科学报的地位上,是名列前茅的;在全国性哲学社会科学期刊的地位上,是具有较长的历史并有重大贡献的。我衷心希望《文史哲》的创业精神,能够继承下来,发扬光大,为繁荣祖国的学术作出新的贡献。

我以为,《文史哲》所以能够在社会上取得一定的声誉和地位,是同它坚持贯彻百家争鸣的方针分不开的。刊物初创时期,党的百花齐放、百家争鸣的方针尚未明确提出来。但是,《文史哲》一直坚持学术上互相商榷、自由探讨的学风,积极开展各种学术问题的讨论,并鼓励被批评者进行答辩,各种意见都可以发表,从不压制任何一家一派。尤为可贵的是,它既重视老专家、学者的作用,又不迷信"权威",注意扶植和培养中青年知识分子,不以名取稿,不轻易埋没具有见地的稿件。因此,刊物充满活力和生气。它对《红楼梦》问题的讨论曾引起全国性的争论,在历史学方面的讨论更加活跃,有关哲学史方面也发表过引人注目的文章,并发现和培养了一批新人。有人说,没有刊物,就不会有学术的繁荣。我以为,这只是问题的一个方面。有了刊物,不开展争鸣,也不会有学术的繁荣,这是问题更重要的另一个方面。百家争鸣是学术刊物的生命线,没有争鸣,刊物就没有生气,就失去了生命力。我希望《文史哲》保持和发扬自己的优良学风,真实的而不是点缀的,长期如此而不是一时的,把党的"双百"方针坚持贯彻到底。如此,这个刊物就功德无量、前途无量了!

还应该指出的是,《文史哲》的编辑作风是严谨的,凡是刊物发表的文章,从内容到文字,直至一个注释、出处,都认真校勘,力求把错误减少到最低限度。这种一丝不苟的精神,不仅造福了当今读者,它也是对祖国文化和子孙后代具有高度责任感的一种表现。大家都知道,我国的校勘学向来是做得比较有成绩的。但是,说实在的,这里面也浪费了不少有才华的学者的青春和精力。他们本来可以去搞一些更有意义的学术研究,然而为了纠正前人著作中的谬误,包括文字和印刷上的错误,而花费了许多无谓的劳动。在这里,我丝毫无意贬低校勘学,但强烈要求提高出版质量。如果我们今天的出版物,包括刊物在内,再来个粗制滥造、内容乖谬、文字讹误,其结果,谬种流传,不仅危及当今,贻误"四化"大业,而且在几十年、几百年直至几千年后,将会给后人带来无穷的祸患。事实上,现在有的出版物一到人们的手里,就要校勘学来为它服务了,这实在是要不得的。

以上是我个人的几点感想,也可以说是几点希望,谨表对《文史哲》创刊三十五周年的纪念与祝愿。

(原载山东大学主办《文史哲》1986 年第 5 期,第 10—12 页)

母亲是我的师表

我经常反思我所以能有今日,首先要归功于母亲。母亲是我的惟一无二的家庭教师。她是一个文盲,有什么资格做我的教师呢?说也奇怪!禅宗六祖慧能,以文盲而做佛教大师。我的母亲尽管是文盲,也不妨碍她作为我的最良好的家庭教师。

我的母亲姓郭名有,生于1882年,大约死于1923年,终年只四十一岁。母亲离开人世时,我还是一个中学生,不满十八岁。可我在许多方面,至今还牢牢地记得。我总是把她的精神同我联系在一起的,要了解我,就要先了解我的母亲。

当时山区小县的社会风气,是喜贵(官)恶贱,喜富恶贫,喜生男恶生女,喜多子恶无后。

因此,在我家中,母亲由于出身山区小县的城市贫民家庭,便被祖母与几个叔母瞧不起了。好在她也有一个天生的长处,就是多育,能生子传代,不像几个叔母均无子女。二叔也曾要求我父把我过继给他。

一、母亲娘家的不幸

我外祖母早死。外祖父生前是木工,很贫穷,有二儿二女。大娘舅因不幸而娶得一个石女为妻,不会生育,已再嫁。他实等于未婚。他长期卧病在床,既无人照顾,而三外祖父又一点荤菜都不给他吃。有两次母亲觉得他无依无靠,怪可怜的,就煮一碗特加荤菜的点心,叫我偷偷地直送到大娘舅床上给他吃。他无比高兴地要我回家谢谢我的母亲,他说:"我如马上死去,也可做一个饱鬼了。我的大姐呀!我死后也不会忘记您的呀!"我一听,不觉泪下。即此一事,就可想见母亲对同胞骨肉的真情。小娘舅在外祖父死后,被一点良心也没有的三外祖父把手足捆起来倒在地上毒打,几乎被打死。他无家可归,只好逃出家门,不知所终。三外祖父把外祖父的房屋及其他一切都占为己有了。小姨母不幸夫死,再嫁给一个游手好闲的丈夫,有时也以饿肚子过日。实际上,母亲已经没有娘家,不得不隔几年回到三外祖父家住上一二天。母亲缠足,不良于行,颠颠倒倒走这一条远路,真可怜。她告诉我道:"不把三外祖父当作娘家,不回去探望一下,三外祖父也会怪我的。不回去,会被怪;回去住久了,也不会受欢迎。"

记得母亲说的几句话,可以引来做这方面的总结,她说道:"我的娘家,父亲一生都穷苦;大弟结婚等于不结婚;小弟被三叔毒打赶走,不知流浪死在何处;妹妹夫死再嫁给一个不务正业者,穷到饿肚子。他们个个都苦,而我的苦比他们也轻不了多少。一句话,我父一家包括我在内,个个都苦,真是一个苦家庭!我明知他们都苦,可我也无法帮助一下。我心头上重重的苦,天呀!鬼呀!人呀!谁能知道呢?"

二、我家的破落

我的家乡,姓蔡的只有一座大屋。屋内分左右两边,左边是二祖父一家居住,右边是我的祖父一家居住。二祖父是二房,我的祖父是三房。

二祖父一家,有我的堂伯父、堂大哥,都是用钱从别人家买来的。二人都已堕落。堂伯父有时连饭也没得吃,把年已近五十岁的老婆卖给一个老头为妾。

我是在祖父死后才出世的。祖母有三子,我父是大房,还有二个叔叔。三人都已分家,三家加上祖母一人一家,共为四家。

由于我家没有家谱族谱,只听说祖父名焕章,少时因家穷,被其父亲卖给永春县达埔乡尤姓为子,稍长逃回德化。父亲名石海,塾师。母亲生儿女十多胎,包括小产在内。我有姐姐和两个妹妹,被父亲送给不生育的农家,无一生存。当呱呱叫的声音越去越远时,母亲只有伤心流泪,不敢作声。兄尚寿,起先与我同读私塾和小学,因失学而为农民。他已娶妻,生子。留家养大的大妹名永禁,有禁止生女的意思;小妹永多,有女儿太多的意思。男儿多多益善,女儿就嫌多,就要禁,这就是封建思想贵男贱女的突出表现了。两妹均出嫁,早死。弟尚武,不到二十岁,穷为乞丐,饿死在露天的稻草堆中。末弟永垓,大约五岁殇。

父亲与祖母和两叔,既已分为四家,如有租税等等,本就应当分担;但一共四份,全要父亲出,已经出不起。父亲又被土匪抓去毒打,直到把自己一份土地卖光为止。人也死了,家也完全破落了。

在蔡姓一大屋中,三教九流,几乎都有。只有母亲,什么都不迷信。祖母信佛教,每月初一与十五都吃素,经常去礼佛,有时特请巫婆代她到阴间去查看被害的第二个儿子的灵魂。有的叔母迷信天主教与基督教,常去做礼拜。有的叔母信道教,有病就请道士来治病,把床抬起,赶走附身鬼。我和父亲呢? 他是信孔教的,开口“诗云子曰”,也常祭祖宗、祭天。他很有宗法观念,赞美孔子说的“父为子隐,子为父隐”。我做中学生时期,却赞美“其父攘羊,而其子证之”。有一次在乡中,父亲与他人为了一件小事而与人争执,我就不满父亲所为。因此,被人传说:“蔡家父子的对立就是孔墨二家的对立,父是儒家,子是墨家。”父亲听见,很生气;我听见,很高兴。我长大了,就敢于同父亲辩论了。

三、母亲的苦境

除了第一,生理上多生子女的苦,就是第二,健康上得不到医药的苦。母亲一生从未请医生看过一次病,吃过一次药。由于多生育而长期有小便失禁之病,以致床上一席破烂不堪,寒冬也没有其他什么东西垫。最后以难产而惨死。我们做儿女的,围站着看她活活地死去。第三,生活上不得一分自用钱的苦。我家人口众多,经济困难,不是逢年过节,我们难得有一二块肉吃。家里如杀一只鸡,除了给父亲多吃些外,子女全由母亲公平分给。全家经济权操在父亲之手。第四,礼教上被大男子主义的父亲毒打的苦。我曾亲眼看见母亲被父亲打倒在地,并且拖得很远,以致身上多处受伤。我还年少,只能为母亲流泪,而心中却不满父亲所为。更可惜我还打不过父亲,不能为母亲阻止父亲停手。母亲曾私下告诉我道:"我初嫁来时,门口还未开井,我在屋旁田边洗衣服。有一次,我因俯身低头洗久了,喘不过气,就抬一下头,不料刚好有一个过路男子走来,被你父亲看见,就诬我敢抬头看过路的男人,把我毒打一顿。我头顶至今还有一处不再生出毛发的大疤。"我听了,更觉得这比古人"男女授受不亲"还要太过。父亲自己有旧礼教思想,又以旧礼教对待母亲。天下无不是的丈夫,天下无是的妻子。真是岂有此理! 我从此对父亲"敬而远之",对母亲越表同情。我强烈反对封建礼教的无人道无人情,其最早起因就在此。第五,文化上不识一个字的苦(详下)。

四、母亲给我的深刻教育

我受母教,她的话虽隔了六十多年,还历历如昨。在全家人中,我最爱母亲,其次爱两个妹妹。她们在母亲死后,被大嫂当作小丫头来奴役,实在可怜。我觉得,母亲在她的一群子女中,也是最爱我的。她在家中郁郁不乐,默默无言,觉得没有人可以同她交谈,消消闷气。因此,她常叫我或留我在她的卧房中谈些话。在全家中,只有我们母子二人谈得来,几乎无话不说,我至今记得最详细的有如下各点。当然,交谈是没有条理的,各点是由我概括起来的。

第一,她对我表示:"我自恨生为女人,才经常被虐待;如果是男人,就会好些。"她已经做露出反对大男子主义与"夫为妻纲"的思想。如她曾说:"女子要做节妇贞女,为什么男子可以多妻、再娶、外遇、大嫖? 女子为什么独要缠足? 男子为什么独得做官? ……"

第二,她自恨不识字,说:"要是识字,就会好些。不识字的人等于瞎子。瞎子多么痛苦呀! 有谁能知道呢? 男女夫妇实在太不平了! 难道只有男子是人,女子就不是人? 为什么男子要读书,女子就不要读书呢? 我对于古代与家外的一切,一无所知,好像关在监牢里或坠入地狱中,苦痛是无法形容出来的。"

第三,母亲的房中,只挂一幅上海某店的彩色广告画,画中有一个青年女子,手拿着一本《史记》坐着读。她指着那广告画对我说:"你看女子尚且要读书,何况你是男子,更非好好读书不可了!"

第四,她常说,读书必须自愿地读,不要被迫地读;自愿读书才会成功,被迫读书不一定会成功。她听说我入中学后很会读书,表示高兴,又教我道:"我家穷,也许难再给你上学。你要争取上进,争取多读书。有机会进学校就进学校,没有机会进校就自学。无论如何都要多读点书。读书当然可以做官,可不一定要做官。我只愿你多读书,不愿你做高官。"

第五,她听说有一个人做官,大刮地皮,叫农民半夜把硬币(银元)抬来,就再三教我道:"我不但一点也不羡慕他,而且觉得这种人最卑鄙。听说我县做官的人,没有一个真是为老百姓做事的好官。他们几乎全是虎狼,不仅害人,还会吃人。吃人的官,不做为好。因此我倒劝劝你,你长大后出去做事,千万不要想做官,更千万不要想发财,特别是不义之财。你能听我的话,才是我的好儿子。"

第六,"你千万不要自欺欺人。宁愿不说话,也不要说假话。不说话,害小;说假话,害大"。

第七,当我情窦初开,只觉得生理上大起变化,坐立不安,也许大病就要临头,我无人可与语,就很鲁莽地把情况含蓄地告诉母亲。母亲却默无一言,几分钟后,才安慰我道:"不要紧!不要忧虑!"我当时有点奇怪,觉得她不理睬我,后来才认为她答得很得体。我说出此点,是表示我的母亲是很会教育儿子的!她和父亲不同,从来没有打骂过我!

第八,我的乳名叫蠢,音"正"。家内外由于"正"容易认识,都叫我"公正"。我说我的名不是那个"正",为什么大家都叫我"公正"?母亲答道:"你以后就改名'公正'。人就要能公正。我倒希望你一辈子能公正,这要牢记着。"经母亲一说,我也觉得"公正"不仅通俗,而且很重要了,很高兴!

第九,她说:"我不认字,没有读过书。只听见人家说阳世有圣贤,阴世有鬼神,圣人是人上人,人死会变鬼。我要问你:世间尽是不平事,人吃物,人也吃人。如果真有鬼神,世间为什么会这样乱?如果真有圣贤,为什么一点也想不出去乱的办法?我要你多读书,就是要你多知道天下事。天下究竟有没有鬼神和圣贤?天下究竟有没有真能救苦救难、为老百姓打不平的什么好人?读书可等于不读书,识字可等于不识字。千言万语都没有'为老百姓而读书'、'为老百姓打不平而读书'这两句话重要;只要多少不曾忘记这两句话,就算得一个不忘本的好人了。一辈子无论想什么都应该围绕这点。如果将来能有所成就,也会在这点上。我常听见一些读书人互相勉励的话是能做'人上人',我却认为最好的人正相反,要做

'人下人'，就是要做在老百姓之下的人，将自己的心比老百姓的心，不愿做在老百姓之下的人，便不可能想到老百姓的一切事。天下大乱就是由于人人都想做'人上人'，就是骑在老百姓头上的大老爷。这是我的一种瞎想，不知你将来会不会同意？"母亲的这些话，我越后来越觉得是至理名言，超过了千百圣贤，真叹为"观止"！我应该为她解释一下，我母亲这次的话是讲得最长的一次，也是她最精确的一次讲话。她当时说的"人下人"，是指一个伟大的人必须永远站在广大人民的立场上，才有可能理解广大人民的一切。这和古来所说"吃尽苦中苦，方为人上人"，专指个人的奋斗不一样。

第十，其他。我一时记得不大清楚，就暂不说。

五、我对母亲的念念不忘

我的受教育，首先是受家庭教育，然后受私塾教育，最后才受学校教育。就此点而论，我的第一个老师当然是我的母亲。这个文盲的老师，比许多有文化的老师对我的教益都要深刻。她的教导，一辈子管用，也是用不完的。孔子经常梦见周公，吴与弼经常梦见孔子、朱子，我也经常梦见我的母亲，这真是俗语所说"日有所思，夜有所梦"呀！我还要仿孔子"事死如事生，事亡如事存"的话来说：我对母亲是视死如视生，视亡如视存的。回忆死人，就是死人复活；回忆往事，就是往事复现。这有些事实做证明：

在中年时期，即从 1945 年起，我常用一个笔名叫"郭生"，意思是说我是姓郭的母亲生的，我曾想改姓郭以纪念我的母亲。后来知道：第一，不好在中年改姓；第二，改姓郭也并不彻底。因为任何一个人都是父母一男一女生的，父的母就不姓蔡。如此推上去，恐怕百家姓、千家姓都要姓光了。姓蔡不能代表我，难道姓郭就代表我吗？母亲的母亲一定不是姓郭的，母亲的姓也是靠不住的。更认真地说,任何人也算不出自己是姓什么的。现在的姓只是一种符号,好给人们呼唤与记载历史而已,再无其他价值了。我在一个大学讲授中国通史,谈及这个问题,许多学生才恍然大悟起来。他们原来都要对方姓自己的姓,以他人来同自己的姓为光荣,以自己去同他人的姓为羞耻,自从听了我的一席话以后,再也不争到面红耳热了。这是前几年一位老学生特别写信给我,我才知道此事。

　　我和老家一别就是五十多年。有人问我,为什么长期不回老家?我老老实实地答道:"自从我最爱的母亲去世以后,我便觉得我的老家不值得留恋了。"1987 年,因去泉州市参加李贽研究学术讨论会,被德化的领导拉回到了故乡。我专程到老家门口去了一趟。哪知不去还好,去了触景生情,越看越想起六十多年前去世的母亲。从福建回到上海,一直怀念不已。无以表述我的心情,就不管搁了六十多年之久的画笔,由追忆而画出母亲的两幅像,并且到照相馆把它拍成照片,以便保存。同时,写出一首通俗诗:

画我母郭有遗容

我母受害旧礼教,郁郁不乐寡言笑。
出身贫贱被看轻,好心没有得好报。
内地缺少中西医,长期无法治漏尿。
子女连生十多胎,难产致死而惨叫。
我之所以有今日,多赖我母好教导。
我母生前未照相,我今动笔画其貌。
越老越念我母恩,画来画去也难肖。
反正见画如见母,不管此画好不好。

——蔡尚思

(原载香港文化馆《我的母亲》1990 年第 2 辑)

我对杜国庠同志的回忆与评价

——纪念杜老诞辰一百周年

我同杜国庠(守素)同志的接触,始于解放战争时期。1945 年 3 月 30 日重庆宣告成立中国学术工作者协会,发起人有郭沫若、马寅初、陶行知等三十七人,杜老也在内。同年 6 月 20 日,郭沫若、茅盾、马寅初、马叙伦、陶行知、翦伯赞、郑振铎、胡绳、叶圣陶、杜老和我等二十四人,共同发起中国学术工作者协会上海分会。1946 年 9 月,张志让、沈体兰、周予同和我在地下党的领导之下,发起上海民主教授联谊会(简称"上海大教联"),杜老是第一批加入的会员。现仍留在我身边的《会员登记簿》写着:"杜守素,中华工商专校。住在东嘉兴路瑞丰里 13 号。"和他在一校同事的会员,还有叶圣陶、马寅初、郑太朴等。因杜老不常来参加会议,我多次到他寓所同他论学。他的寓所非常简单朴素,似乎是独自一个人居住。他本来是一个沉默寡言笑而警惕性很强的人,但可能是由于知道我的学术观点和他比较接近,可以求同存异,有时也就交谈了一些问题。

我们几次谈话是从中国学术思想的开山祖师孔、墨二人开始,而谈到中国文化遗产、"五四"新文化运动以及当时的尊孔复古运动的。他对古来的尊孔派和变相的尊孔派是表示不满的。他认为:"五四新文化运动是很有必要的,也是极为重要的,不是某些人所能吹毛求疵,把它贬低的。可是运动过后一直有很多人起来作反扑的宣传。封建传统思想流毒很深，影响很大，孔家不曾被打倒，甚至有以新理论自居而实也是近乎尊孔者。"我听见他末了的一句话，知道他是有所指的，也就觉得没有向他问清楚的必要了。

郭老把杜老称作"杜墨子"，我以为郭老不愧为"郭孔子"。郭老是以孔子的立场去指责墨子，墨子成为他的对立面的。这个时期赵纪彬适在上海，我们也交换过对孔、墨比较的意见。我觉得杜、赵二人的看法比较认真，不同于有些人的讲空话。杜老也颇以赵说为然。

杜老在抗战的第八个年头，就写出科学性、战斗性都很强的《略论礼乐起源及中国礼学的发展》一篇文章，强调指出："我们必须使我们国家迅速地现代化——即是民主化和科学化起来，才能够胜任愉快地完成她的任务。"最后郑重地说："我奉劝诸君，最好少做些宣传古董贻误青年的文章。"这已经可见中国的现代化就是民主化和科学化，而与拼命宣传古董者即封建传统者不是站在一条道路上了。"

民主化和科学化直到现在和不久的将来也仍然有现实的意义。什么是"宣传古董贻误青年的文章"呢？单据杜老那一篇文章所举出的代表人物，就有李翊灼（澄刚）到林同济等六个。李翊灼强调"复兴礼学"，以为要"复兴中国民族，应自复兴中国之固有文化始"，而"中国固有文化，就中国民族之历史成绩言之，盖莫要于礼，……则今日复兴中国民族固有文化，亦莫先于复兴礼乐"。杜老认为："这是到底的复古论，要人们无条件的接受封建的。"李翊灼先生是我于二十年代在北京大学研究所求学时的导师之一，后又任中央大学教授。林同济是战国策派的头号代表。这些尊孔复古派真是应该给予批判。

杜老对我感叹道："哎！儒墨两个系统，二千多年来，尊孔反墨的人太多，尊墨反孔的人与孔墨并尊的人都太少，才弄成如今这个局面。"我对他说的话表示同感之后，认为儒家的著作太多，而且是人云亦云的，我们应当为中国文化、为墨家思想来编著一部《墨学史》或者叫做《墨家学派思想史》。杜老一听就马上问我："你想过这部书应当怎样写没有？"我答："可以从墨家祖师墨子、矩子、《墨经》、任侠、鲁胜写起，中间也有接近墨家思想的几派，而以汪中、路德、魏源、孙诒让、谭嗣同、前期梁启超、易白沙、吴虞、方授楚等为代表人物，您也在内，共达数十人。不仅尊墨者要写入，而突出的反墨者如孟子、荀子、王夫之等也要写入，有正必有反，这才成为一部思想斗争史。"杜老点点头表示同意。又问我道："路德二字是怎样写的？别人也从未介绍过，我根本不知道历史上有这个人。"我说："我以前也同样不知道，直到三十年代在南京国学图书馆住读，对中国历代文集一部一部地翻下来，才翻到路德的文集。看见他在封建时代，不仅敢于尊墨，而且超过了汪中，真是喜出意外。"杜老说："这就是你多翻书的好处，否则，谁会知道他？谢谢你的介绍。原来路德也是我们在思想史上的一位志同道合者。我希望你能够快些写出这本书，来为中国界想史文化史填补一个空白点。"我们两个人逐渐亲密起来，曾经共同讨论这部书的一些具体问题。当然，我们也不可能是绝对一致的。我从被杜老鼓励到现在已经四十多年，还未能将这个愿望实现，真是感到自愧，无以对亡友！不能再拖下去了，我很想来完成此书。

杜老还对我说："学术工作者不应当'为学术而学术'，而应当以学术出面去为人民、为革命服务。有些学者对别人提倡'为学术而学术'，而自己却是为反动思想、反动制度、反动势力服务。世界上从来就没有什么'为学术而学术'的人。所以，'为学术而学术'，只是自欺欺人的一句鬼话。"我觉得，他这话真是说得再深刻也没有了！据我听他的谈话和拜读他的大作后，对杜老的评价是：

一、杜老是一个老党员、好党员，政治性与学术性都很强。他在表面上寡言笑,内心却热火朝天!

二、杜老对于孔、墨二家的看法,比郭老的看法要科学些。杜老多的是科学性,郭老多的是文艺性。研究学术思想,文艺性不如科学性可贵的。我的另一位亡友齐思和也曾指出,郭老评价孔子是文艺性的而不是历史性的。

杜老在发表的论文中,尊墨偏重其唯物主义与逻辑思想;经过同他谈话后,我才发觉还有较少表现出来的其他看法,为什么不见于公开的文字,我可不敢乱猜了。

(原载广东省社会科学院主编《广东社会科学》
1989 年第 2 期,第 3—4 页)

胡适在新文化运动中的历史作用

关于胡适在中国现代思想史上的作用,我于解放前后,曾陆续发表过数篇文章予以剖析,[①]近年来,又在若干专著中作了补充。[②]由于历史的原因,对于胡适在"五四"时期新文化运动中的作用和贡献,则尚未写过专文论述。适值光荣的五四运动七十周年之际,我想就这个专题提出自己的看法,以完善自己对胡适的全面研究,并借此纪念划时代的"五四"白话文运动。

新文化运动开始于1915年,五四运动发生于1919年,人们合称为"五四"新文化运动。这个运动的主要倡导者、著名启蒙思想家很多,最重要的代表人物有六位:运动的"总司令"、影响最大的是陈独秀,理论分析最正确的是李大钊,反孔最长久(从一○年代到三十年代)、最深刻的是鲁迅,反孔最突出、"打倒孔家店"的"清道夫"是吴虞,倡导白话文的"急先锋"是胡适,提供运动基地、首创学术民主的是蔡元培。新文化运动的先贤们率先向帝国主义、封建主义发起猛烈的攻击,赢得了广大青年的普遍敬仰。他们的彻底地、不妥协地反对封建旧传统的革命精神,为中国近现代史谱写了

---

① 参见拙著《中国近现代学术思想史论·论胡适》,广东人民出版社1986年版,第398—440页。

② 参见拙著《中国文化史要论·人物·图书》(增订本),湖南人民出版社1981年3月版;《中国文化的优良传统》,湖南人民出版社1984年2月版。

光辉的篇章。

　　近年来在对"五四"文化的反思中,关于新文化运动批判中国封建旧传统的功过,有种种不同的意见。我的基本看法是,新文化运动对封建传统的批判,是非常必要的、完全正确的。受尽数千年封建主义残酷压迫的中国人民,将千秋万代永世赞扬"五四"反封建精神。我认为,所谓"五四"精神,它的基本点、它的第一要义,就是彻底地反对封建主义。正是在反封建主义这一根本意义上,"五四"新文化运动不可无,"五四"精神不可丢! 当前,为推进改革与现代化大业,仍然迫切需要弘扬"五四"反封建的爱国精神。

　　我以为,评论胡适在"五四"新文化运动中的历史作用,也需要从"五四"精神的精髓——反封建主义这一基本点出发,进行全面的考察,才能得出较为符合实际的结论。在一些学人的眼光中,以为胡适在新文化运动中只是宣扬杜威实用主义,没有做过什么反封建的工作。我却认为,胡适同其他"五四"先哲一样,他对新文化运动的主要贡献,恰恰也在批判孔学儒家、反对封建主义这一点上——尽管他的反封建具有妥协性的一面。具体说,胡适在新文化运动中的反封建精神,主要表现在以下几方面。

首 倡 白 话 文

　　"五四"新文化运动最显著的成功和给今人以最大益处的,是白话文代替了文言文,白话文学代替了古文学,从而正式结束了两千年来古文统治文坛的局面,确立了白话文的统治地位。而胡适正是在白话文和白话文学史上占了最高的地位。

　　白话文的胜利,其实际意义远远超出了文学的范围,而成为"五四"时期反对封建主义旧传统文化的一种锐利武器。白话文作为工具,极大地加强了新文化运动的宣传鼓动力量和社会影响,极大地帮助了学生爱国救亡运动与民众的大联合,扩大了五四运动的规模、声势和影响。作为白话文运动的首倡者胡适,于是"暴得大名",赢得了几乎超于他所应得的声誉。

如果把"五四"时期白话文运动的胜利归功于胡适个人的功劳,那当然是错误的。用胡适自己的话来说:"国语(白话)文学乃是一千几百年历史进化的产儿。""现在有些人不明白这个历史的背景,以为文学的运动是这几年来某人某人提倡的功效,这是大错的。……我们今日的功效,其实全靠那无数白话文人、白话诗人替我们种下了种子,造成了空气。"①胡适的这番话,说得比较实际。远的且不提,在近代中国以白话文作为大众传播工具的,也不始于胡适。戊戌维新以后,梁启超、黄遵宪等就开始了用白话从事创作的尝试。梁启超自办《新小说》杂志,积极提倡白话小说。黄遵宪试作白话诗,提出"我手写我口,古岂能拘牵"?② 以后,陈独秀主编发行了《安徽俗话报》,吴稚晖等也编辑出版了《新世纪》,都在使用白话文方面作过努力。但是,在新文化运动之前,并没有在社会上掀起白话文运动。只是到了辛亥革命失败后,袁世凯的称帝,清室的复辟,孔教的喧嚣,而这一切,都借助于古文作为工具,古文成了藏污纳垢和禁锢人们思想的桎梏。于是,用白话文代替古文,以适应"五四"时期整个社会革命的需要,才成为大势所趋,无法逆转的潮流。因而,胡适、陈独秀、钱玄同等登高一呼,青年学子群起响应,共同扫荡"桐城谬种"、"选学妖孽",遂演成了一场举国和之的白话文运动,在中国文学史上形成了一次真正伟大的革命,开创了一个以白话文为主体的新时代。

在这个划时代的白话文运动中,胡适确实占了头一功。胡适于

---

① 胡适:《白话文学史》上卷,新月书店1931年9月版,第1—2页。
② 黄遵宪:《人境庐诗草》卷一。

1917 年 1 月在著名的新文化运动的号角——《新青年》杂志上发表了《文学改良刍议》一文,成为公认的文学革命运动的第一个宣言书。文章提出了著名的八项主张即所谓"八不主义":(一)须言之有物;(二)不摹仿古人;(三)须讲求文法;(四)不作无病之呻吟;(五)务去滥调套语;(六)不用典;(七)不讲对仗;(八)不避俗字俗语。一句话,即以白话文学代替滥调古文。接着,胡适对新文学的创造发表了一系列的意见。他认为创造新文学须有三步工夫:一是工具,二是方法,三是创造。强调只有白话才是创造新文学唯一有力的工具。① 要求注意搜集材料,"推广材料的区域",反对"关了门虚造"。② 谴责"说谎的文学",批评文学家不敢正视和揭露"天下的悲剧惨剧"。③ 鼓吹创作短篇小说,十分注意翻译、介绍外国优秀的短篇作品。胡适不仅大力提倡白话文,还以身作则,能写"明白如话"的真正白话文。他的白话新诗《尝试集》、《白话文学史》上卷、独幕剧《终身大事》,以及用白话写的《中国哲学史大纲》上卷,特别是情文并茂的翻译短篇小说,在当时都曾产生过一定的社会影响。胡适还与钱玄同、刘半农等人拟订了一个标点符号方案,积极参与文字改革工作,主张改革语文教学。胡适终其一生,始终关注着白话文的发展和命运。

　　正因为如此,古文卫道者们对胡适大肆攻击,而朋友们对胡适则备加赞扬。林纾、梅光迪、章士钊等把白话文视作洪水猛兽,给胡适加上"过激党"的头衔,拼命加以诅咒。身为教育总长的章士钊,声称胡适是"罪魁祸首",指责当时青年"以适之为大帝,绩溪为上京,遂乃一味于胡氏《文存》中求文章义法,于《尝试集》中求诗歌律

---

① 参见《胡适文存》卷一,亚东图书馆,第 71—72 页。
② 同上书,第 88 页。
③ 同上书,第 208 页。

令,目无旁骛,笔不暂停,以致酿成今日底他它吗呢吧咧之文变。"①
而陈独秀则赞扬道:"文学革命之气酝酿已非一日,其首举义旗之急
先锋则为吾友胡适。"②钱玄同在为胡适《尝试集》所作序文中说:
"适之是中国现代第一个提倡白话文学——新文学——的人。"1919
年7月,孙中山先生的亲密助手廖仲恺在致胡适的信中,也极力赞
扬胡适倡导白话文之功,"以为所造福德,较孔孟大且十倍"。③ 而
新文化运动的旗手鲁迅,在十年后还说:"文学革命"是"胡适之先
生所倡导的"。④

　　应该指出,胡适有关文学革命的见解,有不少是消极的或错误
的,还夹杂着一些民族虚无主义偏见。胡适的开篇之作《文学改良
刍议》,通篇避开了"文学革命"字样,全无挑战的勇气,颇有"改良"
的意味。于是陈独秀紧接着发表了《文学革命论》,明确地提出了
"文学革命"的口号,并表示"以白话为文学正宗之说,其是非甚明,
必不容反对者有讨论之余地",这才引起了全国学界的注意。胡适
也承认,如果没有陈独秀的革命精神和坚决态度,那么"文学革命至
少还须经过十年的讨论与尝试"。⑤ 白话文运动如果没有力作,就
难以深入人心,立稳脚根。是鲁迅,以其思想的深度和创作的技巧,
最早投身于新文学的实践,创作了《狂人日记》等卓越的短篇小说,
才产生了广泛的社会影响,显示了文学革命的实绩。是李大钊、陈
独秀,从理论上、原则上强调了创造新文学的需要。这就说明,白话

---

① 章士钊:《评新文学运动》,见郑振铎编《新文学大系·文学论争集》,第200
页。

② 陈独秀:《文学革命论》,《新青年》第2卷第6号。

③ 参见《胡适来往书信选》上册,中华书局1979年8月版,第84页。

④ 鲁迅:《无声的中国》,《鲁迅全集》第四卷,人民文学出版社1881年版,第13
页。

⑤ 《胡适文存二集》卷二,亚东图书馆,第157页。

文运动既然是一场革命,必然是先进知识分子和人民群众的共同事业,不可能是个别人的独创。

"打孔家店"

有人说,胡适是搞"打倒孔家店"起家的。此话未必精当,但据查,在文字中最早提出"打孔家店"口号的,却是胡适。这口号见于胡适所作《吴虞文录序》。对此,吴虞在1924年5月2日致《晨报副镌》的信上,曾作过如下说明:"我的文录……本一无系统之作,来京时友人为录成一册,胡适之先生为撰序,介绍付印。时适之先生方阅《水浒》,故有打孔家店之戏言。其实我并未尝自居于打孔家店者。""打孔家店",集中反映了"五四"反对封建礼教的基本精神。《吴虞文录序》,成了胡适的重要反孔名篇。它对吴虞反孔的精神和业绩,推崇备至,给予了高度评价,热情赞誉吴虞是"四川省只手打孔家店的老英雄",是打扫"孔清孔滓尘土"的"中国思想界的一个清道夫"。序文坚决主张砸碎孔子偶像的招牌,指出:"这个道理最明显,何以那种种吃人的礼教制度都不挂别的招牌,偏爱挂孔老先生的招牌呢?正因为二千年吃人的礼教法制都挂着孔丘的招牌,故这块孔丘的招牌——无论是老店,是冒牌——不能不拿下来,捶碎,烧去!"①这时,胡适反对儒家孔学、反对封建礼教的态度,是十分鲜明和果断的。

胡适另一引人注目的反孔举动,是他在《中国哲学史大纲》(上卷)所表现出来的破除旧传统的精神。尽管这本书在学术意义上,并没有什么真正新的开创,但在思想意义上,却像倡导白话文那样,确实起了前驱的作用,在青年学子中引起了极大的震动。"当时人

---

① 见《吴虞文录》,后收入《胡适文存》卷四。

认为'新'的地方,主要在于它不同于封建时代哲学史书代圣贤立言,为经传作注解,而敢于打破封建时代沿袭下来的不准议论古代圣贤的禁例。他把孔丘和其他哲学家摆在同样的地位,供人们评论,这是一个大的变革"。① 顾颉刚在回忆当时听胡适讲授中国哲学史课的情况时说:"这一改把我们一班人充满着三皇五帝的脑筋骤然作一个重大的打击,骇得一堂中舌挢而不能下。"②在中国哲学史著作中,甩开尧舜禹汤文武周公,直接从老子、孔子讲起,并把孔子与诸子并列,在当时确是破天荒的一件事。

胡适还猛烈抨击了以孔孟之道为核心的旧伦理、旧道德,批判了封建主义的"节烈"和"孝道"。"五四"时期,胡适先后发表了《贞操问题》、《美国的妇女》、《论贞操问题》、《论女子为强暴所污》等文章,强烈谴责"饿死事极小,失节事极大"的儒家理学谬论,尖锐指出:"劝人做烈女,罪等于故意杀人。"③此外,当时胡适在"整理国故"的口号下所进行的小说考证,尤其是《红楼梦》的考证,以及大力鼓吹的疑古思想与古书辨伪工作,虽与"五四"青年的革命潮流不相称,有其消极的一面,在当时和稍后均曾受到严厉的批判,但从另一方面看,胡适及其弟子用资产阶级的观点和方法,用怀疑和批判的态度,来对待古代的文化典籍,不承认封建道统的"权威",不承认孔孟之道的"神圣",这对于打破对古书的迷信,打破封建思想和儒家经典的束缚,都有一定的积极意义。胡适自称:"我们的使命是打倒一切成见,为中国学术谋解放。"从某种意义说,学术上的疑古,正是为了思想上的解放。这一点,却是与"五四"反封建精神并行不悖的。

---

① 任继愈:《学习中国哲学史的三十年》,《哲学研究》1979 年第 9 期。
② 顾颉刚:《古史辨自序》,《古史辨》第一册,第 39 页。
③ 均见《胡适文存》卷四。

引进西方文明

胡适在"五四"时期影响最大的,是大量介绍和引进西方资本主义文化,积极宣传资产阶级思想,客观上也起了一定程度的反封建作用。胡适写的《易卜生主义》,及其介绍的《国民公敌》《娜拉》等剧目和《不老》等文章,提倡个性解放与妇女解放,鼓吹自由与民主,反对封建纲常名教与封建宗法制度,具有一定的反封建的意义,在思想界起了启蒙作用。

胡适引进的西方文化中,在学术界、教育界影响最深的,莫过于美国的实验主义。实验主义,或称实用主义,几乎是与马克思主义同时传入中国的。作为资产阶级唯心主义哲学,它同马克思主义是相对立的。胡适引进实验主义,始终是为反对革命,提倡改良主义服务的。但由于新文化运动的锋芒主要指向封建主义,因而强调"重新评估一切价值"的实验主义哲学,在这一点上,又与"五四"反封建传统迷信的精神相吻合。胡适在杜威来华前夕,发表了《实验主义》的长文予以系统介绍。在此前后,胡适将实验主义应用于文学革命与"整理国故"等学术领域,提出"研究问题,输入学理,整理国故,再造文明"的纲领性口号,并把它概括为"大胆的假设,小心的求证"的"十字真言",在当时思想学术界充当了相当重要的角色。诚如艾思奇所说:"胡适所标榜的实验主义占了一时代的上风,其他哲学思潮自然未尝没有介绍,但对于传统的推翻、迷信的打破,科学的提倡是当时的急务,以'拿证据来'为中心口号的实验主义被当时认作典型的科学精神。""实验主义在今日,谁也知道是一种错误的思想方法……但在当时,作为与传统迷信抗争的武器,还不失为历史推进的前锋。"[1]

---

① 艾思奇:《廿二年来之中国哲学思潮》,《中华日报》2卷1期,1934年1月。

所以,对于胡适宣传、鼓吹实验主义,应进行具体分析,看到它在不同历史条件下的两重性。"五四"前后,陈独秀、瞿秋白、邓中夏等都曾公开主张与胡适的实验主义取适当联合的态度。[①] 随着马克思主义的广泛传播,实验主义便日益成为马克思主义的敌人。到了三十年代以后,胡适在政治上迅速地倒向蒋政权,瞿秋白就辛辣嘲讽道:"文化班头博士衔,人权抛却说王权。朝廷自古多屠戮,此理今从实验传。"[②]

力行学术民主

胡适在宣传西方资产阶级文明时,以身作则,在处理和对待上下级、师生等人际关系问题上,一反封建主义的等级尊卑观念,颇有民主作用。在封建礼教阴霾笼罩下的旧中国,这无疑是吹进了一股新鲜的空气,在知识界留下了一段佳话。

胡适一生始终怀念着"五四"时期在北大任教的一段生活,对蔡元培怀有特殊的感情。1917 年夏,胡适自美返国,经陈独秀引荐,立即被一生爱护新派的蔡元培聘为北大教授,时年 27 岁。次年,即入选北大评议会,担任文科研究所哲学门主任和英文科教授会主任。蔡元培长北大时,"循思想自由原则,取兼容并包主义",积极赞助和保护新文化运动。在按西方资本主义模式办学方面,胡适比其他人拥有更大的发言权。他与时任北大文科学长的陈独秀,合谋策商北大文科的改革,积极向蔡元培提出建议。他们效法欧美大学,实行选科制,制订学习与考试制度,调整课程设置,增设新学

---

① 参见陈独秀《新青年宣言》,瞿秋白《实验主义与革命哲学》,邓中夏《中国现时的思想界》、《思想界的联合战线问题》等文。

② 瞿秋白:《伪自由书·王道诗话》。

科,创办研究所,扶助各种文化学术团体,赞助工读互助团等等,均得到蔡元培的支持和信从。一个直言敢谏,一个从谏如流,恰像唐太宗与魏征。对于学术问题上,更各抒己见。胡适《中国哲学史大纲》(上卷)一出版,立即得到蔡元培的赏识,给予高度评价。但一旦出现分歧,胡适也敢于大胆提出不同意见。在《红楼梦考证》中,胡适对以蔡元培为代表的认为《红楼梦》是清康熙朝政治小说的一派"红学",即进行了批评。蔡元培在《石头记索隐》里说:"作者持民族主义甚挚。书中事事在吊明之亡,揭清之失。"胡适认为,这是牵强附会之说,无稽之谈。他主张研究《红楼梦》要先从考订作者及其家世入手,进而研究本子问题。当时,敢于向蔡元培这样显赫的人物提出批评,是一件了不起的事。但蔡元培还是承认胡适的考证"诚有功于《石头记》"。

胡适对待学生,也一反师道尊严、神圣不可冒犯的封建等级观念,平易近人。他常同受其直接影响的"疑古派"学生顾颉刚等人,自由地讨论学术问题。顾颉刚曾说:"要是适之、玄同两先生不提起我的编集辨伪材料的兴趣,奖励我的大胆假设,我对于研究古史的进行也不会这般的快速。"①胡适的"高足"傅斯年,1920 年借助胡适之力留学英国,从国外给胡适来信说:"先生自提倡白话文以来,事业之成就,自别人看之实在可惊,然若自己觉得可惊,则人之天性,本是以成就而自喜,以自喜而忽于未来之大业。所以兴致高与思想深每每为敌,人性最宜于因迫而进,而惯怠于实至名归之时。……愿先生终成老师,造一种学术上之大风气,不盼望先生现在就于中国偶像界中备一席。"②胡适颇有"但开风气不为师"的气度,乐于接受学生的极言规谏。姑不论其内容,在那封建意识十分浓厚的时代

① 《古史辨》第一册,第 80 页。
② 参见《胡适来往书信选》上册,中华书局 1979 年 8 月版,第 106 页。

里,这不能不说是难能可贵的。

　　我在《中国文化史要论》一书中,曾给胡适下过这样一个评语:"他在中西学、中英文各方面都有相当根柢,颇像严复;有时比较浅薄,颇像梁启超。他大力提倡白话,功不可没。他的思想,在新文化运动时期起了相当积极的作用。"①至于"五四"以后,胡适政治思想的发展和政治上的表现,怎样"从杜威走向蒋介石"(陈独秀语),成为人民的对立面,我在其他文章里已作了详细评述,这里就不再重复了。②

(原载青海省社会科学院主办《青海社会科学》
1989 年第 3 期,第 14—20 页)

---

　　①　参见拙著《中国文化史要论》(人物·图书)增订本,湖南人民出版社 1981 年3 月版;《中国文化的优良传统》,湖南人民出版社 1984 年 2 月版,第 83 页。

　　②　参见拙著《中国近现代学术思想史论·论胡适》,广东人民出版社 1986 年版,第 398—440 页。

朱子在中国思想文化史上的地位

——在开幕式上的讲话

主席,各位领导、各位代表,女士们、先生们:

纪念朱熹诞辰860周年国际学术会议,今天在中国福州市隆重开幕了! 我首先代表武夷山朱熹研究中心向前来参加会议的国内外来宾特别道谢和特别致敬!

朱子是中国文化史上最有地位的人物之一,在中国文化史、传统思想史、教育史和礼教史上,影响最大的,前推孔子,后推朱熹。因此,有些学者称朱熹为"三代下的孔子"。

在中国经学史上,最突出的是汉、宋两派:郑玄集汉代经学之大成,朱熹集宋代经学之大成。

在中国理学史上,朱熹集周敦颐、张载、程颢、程颐及邵雍之大成。古来称"宋五子",其实不够全面,应是"宋六子"。朱熹吸收道、佛二教的部分理论补充儒家的不足,而又不失其儒家的根本体系。他是古代新儒家的最大代表,而为近现代新儒家所仿效和歌颂。

在中国学术史上,朱熹的博学超过了任何前人。

在中国著述史上,朱熹的著述比之前人也是最多的一个。康熙与李光地编出的《朱子全书》,实是"朱子不全"之书。

在中国文庙(孔庙)史上,汉后有那么多的先儒、先贤,但被封建王朝列入"十哲"之内者,朱熹是独一无二的。

　　在福建文化史与闽北文化史上朱熹的影响至深至广。福建的被称为"海滨邹鲁"、"理学名邦",都是同朱熹分不开的。他对福建文化教育的贡献最大。现在福建省各级政府重视传统文化的研究,在朱熹活动过的武夷山已建立了朱熹研究中心,系统开展了朱子学和闽学的研究,经过两年时间已开始出版了"闽学研究丛书"等书籍。最近,朱子纪念馆又在武夷山落成了,这为促进和发展福建与全国各地和国外学术界文化交流创造了条件。这次,纪念他的国际学术会议,也是规模最大的一次学术会议。参加这次会议的代表来自国内的绝大多数的省市和国外的许多国家以及港、澳、台地区。真是中外名家云集,济济一堂。可见朱子不仅是中国的,也是东方的、世界的。朱熹研究已经成为一种世界文化现象。

　　这次会议的召开,受到福建省各级领导的重视和国内外各地学者、专家的共同关注,体现了三个结合,这就是:

　　一、学术交流和朱子遗迹文物考察相结合。除了在福州市、武夷山市开展学术交流以外,还有无锡李纲祠、朱子墓和到冲佑观参加朱子纪念馆剪彩仪式。

　　二、中外学者展示研究成果和武夷山朱熹研究中心分赠有关著作相结合。武夷山朱熹研究中心,以发掘整理闽学文化宝库为己任,组成了"闽学研究丛书"编委会,第一批出版的专集有《朱熹与闽学渊源》、《武夷胜境理学遗迹考》,以及《朱子遗墨》,作为向这次国际学术会议的献礼,分赠给中外代表,这是一种开拓性的贡献。

　　三、纪念朱子诞辰与展开百家争鸣相结合。我历来主张百家争鸣,只有百家争鸣才能促进学术发展和繁荣,所以我热烈地希望大家在会上畅所欲言,各抒己见,任何代表,只要"持之有故,言之成理",有意见均可尽量发表。真金不怕火,怕火非真金。

　　我衷心希望今后至少也需要再来一个三结合,就是:

一、尊重前人研究成果与开拓创新相结合。任何时候都不能停止前进,吃老本是没有出息的! 我一直认为"新陈代谢,后来居上"是一条基本的客观规律。

二、发掘利用文化资源与发展旅游事业相结合。武夷山既是一处旅游胜地,又是一座文化名山,前年我曾写过两首通俗诗,其中一首说:"山水各有一特色,青岩山奇水不奇。九寨水美山不美,山水俱佳推武夷。"另一首说:"武夷是名山,朱熹是先贤。人地两相配,唯有此间全。"充分发掘利用武夷山的文化资源,就能进一步提高武夷山旅游的层次,吸引更多的国内外旅游者来游武夷山。

三、开展学术研究与保护、修复有关文化胜迹相结合。清康熙皇帝尽管最崇拜朱子,把他列入孔庙十哲之一。可是不但未建立朱子庙之类,而且连朱子墓也不修得像样些。我于 1988 年 6 月在武夷山朱熹研究中心成立大会举行后第一次到建阳黄坑朱子墓,看见一条小路非常难走,而墓顶又很破败,觉得比之孔子墓,真有天渊之别。我建议我们应当在现已建成朱子纪念馆的基础上,再建立一个朱子图书馆,并修复紫阳书院和黄坑朱熹墓,把紫阳书院办成一个弘扬民族文化的重要基地。要办好这些事业就得有一笔资金,我希望我们各级政府要进一步重视并支持这项事业,同时也希望社会各界和国内外热心人士提供经济资助。我还希望各位代表把自己的著述踊跃捐献给朱熹纪念馆和今后正式兴建的图书馆。

最后,敬祝大会开得圆满成功!

（原载《朱子学新论——纪念朱熹诞辰 860 周年国家学术会议论文集》1990 年,第 16—18 页）

十年来我的治学与著述生活

（1979—1989）

甲、通　　论

我生平治学，无论涉猎多么广泛，都以思想史、哲学史为中心；寓哲学思想于历史，而不是寓历史于哲学思想。

我除了 1959 年至 1961 年与李新等四位同志在北京共同主编《中国新民主主义革命时期通史》以外，直到 1978 年，都忙于教学、教育行政、社会活动、政治学习等等，没有时间来写专书。当时的复旦大学陈望道校长虽然曾告诉我道："我们将要让你多搞学术研究。"但直到 1977 年他逝世时，这句话也未能实现。只有在 1979 年以后，我才有机会坐下来搞学术研究工作——借用一句话，开始务"正业"了。

我搞写作，有三个步骤：无论专书与论文，都在拥有资料的基础上，在步行中与睡醒后构思，随时零星记录备忘；再集中起来分为若干纲目，草成初稿；最后加以补充，成为定稿，自己或请人重抄一遍。做学问的方法也有三个：以辩证逻辑为主，以形式逻辑与考据学为辅。只要前者而不要后者，或只要后者而不要前者，我均以为不妥。

我经常自勉的对联是："学问永不毕业，思想长葆青春。"以李大钊、鲁迅、吴玉章等为师，以严复、康有为、章太炎等为戒。

我自认作为一个文化人或学人，应当视学术生命重于肉体生命（包括生活方面），为了保持学术生命可以牺牲点肉体生命，例如生活方面的要求之类。

以下，我试就近十年与以前的写作，约略比较一下：

我在四十年代的下半叶，虽以不到四年的时间发表了一百多篇文章；而近十年发表的文章也不过一百多篇，这是不是近十年不如四十年代的四年呢？不是的。四十年代四年中发表的文章，多有政论性文章；近十年发表的文章，却全是学术性的，学术性论文不会比政论文章容易写。单就此点而论，此十年似比从前的四年还难些。此其一。

就我生平写作专书方面来说，我在此十年，除了有两部是由我提出基本观点和大纲而请别人代为执笔由我定稿以外，我自写的有六部，此外还主编了三部书，一共十一部。这是我编写专书最多的一个时期。其中的《中国古代学术思想史论》、《中国近现代学术思想史论》（以上两书中的小部分学术论文是写作和发表于十年前）、《中国礼教思想史》三部专著合起来，就相当于"文化大革命"中遗失的《中国思想史通论》书稿的一半。此其二。

《王船山思想体系》一书的写作，其精力之集中，是我生平从未有过的。其中个人独到的见解，也是不见于其他著作的。此其三。

以前的专书，多出于我的青中年期；近十年的这些专书，多出于我的老年。老年时期的学术研究成果，反而超过了青中年时期。此其四。

我生平读书最多的时期是在三十年代，我近十年尤其是在写作《中国礼教思想史》时，仍要利用它。此其五。

我的学术观点，近十年比之青中年时期，是有所发展的，例如对孔子、墨子、老庄、韩非、澄观、朱熹、林兆恩、袁枚、戴震等思想家的研究,都有更新更多的论述。此其六。

我的专书与论文,虽是自愿写出,而更重要的却是被约才写出的。因此,我很感谢约我写作的报刊与出版社。此其七。

我没有烟、酒、茶、赌、弈等嗜好,也没有官、财、色、圣人、鬼神等迷信,近十年在著述之余,我到过徐霞客未曾到过的许多名山,自创自编了各种健身锻炼,因而治好了多种痼疾。此其八。

乙、分 述

一、《中国文化史要论(人物、图书)》(1979 年)

我写此书的动机,是二十年代在北京求学时,读了胡适的《一个最低限度的国学书目》和梁启超师的《国学入门书及其读法》,表示不同意而写的。尤其是对胡适开的书目,认为只是文学哲学书目,而不是全面的国学书目;并且在很偏之中又太专,而不是"最低限度",不适于初学与增长常识之用。其中又多重复,有索引而无本书。后来,李笠的《三订国学用书撰要》,批评胡、梁二人之说,我也觉得有太烦琐而不得要领等毛病。数十年来,因有其他任务,一直无暇动笔。到了 1979 年,我前在光华大学兼课时的学生朱悦同志来访,代湖南人民出版社要我写此类书,以纪念中华人民共和国成立三十周年,我才于短时间内仓卒写出《中国文化史要论》一书。为什么内容只以人物与图书为限呢? 这是因为中国文化史,范围太广,纵通与横通有矛盾,例如文学方面唐宋可以合一,哲学方面唐宋就要分开,很难有人能够写出一部全面而又全通的中国文化史。我当然也想不出好办法。此后湖南人民出版社的领导,要求我再以此书为基础,写成范围很广的中国文化史;外文图书出版社的陈有升同志也要求我加详《要论》中的人物与图书,以便译成外文。而我却至今都未敢答应。

此书的特点有：一、是文化要论而不是文化概论与通论，是以人物与图书为范围而不是以广义而无所不包的文化为范围。二、内容分为工具书与文字学（亦即总类）、文学、史地、哲学、科学及博学五部分。三、此书异于我以前著的《中国思想研究法》、《中国历史新研究法》两书之处，在于它是从比较有代表性的人物著作中选出，而为一般读者所适用。四、此书以《论清代的总结中国历代学术文化》、《论做学问的辩证关系》二者为重点。五、既肯定清学对过去一切学术文化的大整理、大集成，又指出其思想内容几乎没有一个不是尊孔读经者，是为清学的最大缺点。不仅到清末为止，直到解放后还发生了真尊孔与假批孔的事件，因而提出了一个值得思考的问题："这与中国封建社会时代特别长久牢固，而资本主义社会时代特别短暂薄弱，缺少了一般民主与现代科学的一个运动，有没有密切关系？"六、否认科学禁区与理论顶峰之说，以为由于世界一直处在变革中，任何个人都不是神通。所以科学不应当有禁区，而理论更没有所谓"顶峰"。只要能够注重实践，便不致于落空了。七、此书不同于旧传统以汉族与男人、专书等为限。八、我的重要主张和特别论点，散见于书中各处，无法一一指出了。此书出版后，得到友人郑鹤声、王焕镳、郑天挺、王仲荦、胡道静、顾廷龙、张舜徽、杨向奎、熊德基、张岂之、刘尧汉、陈有升等的鼓励和指正。

二、《中国文化的优良传统》（1983 年）

我向来对中国固有的思想文化都分为继承与批判、肯定与否定两部分。有些人只知我在四十年代作的《中国传统思想总批判》正补编多批判与否定，而不知我在三十年代作的《中国思想研究法》、《中国历史新研究法》两书的多继承与肯定，更不知我在解放战争时期的批孔是为了与民国时代的尊孔读经派针锋相对的。有人往往对我误解,因应读者的要求,我才来再著《中国文化的优良传统》一书,表示我重视中国优良传统文化的态度。

此书论述了二百多个文化人立身治学的宝贵经验,内容概括为三十多个问题,坚持客观的立场和历史发展的观点,只论价值的大小、多少、有无,不论地位、名气、学派、男性女性、生人熟人、前辈后辈等等。例如:"九、在吃苦遭祸中立志奋斗","十、终身同时间竞赛,分秒必争","十五、不仅不嫉妒,而且自认不如他人","十六、跟着时代潮流前进","十七、坚持民族气节,决不出卖灵魂","十八、坚持真理,反对旧传统而不惜多所牺牲","十九、坚持信史实录而不畏权势压迫","二十一、打破对君主个人的迷信","二十六、得力于自学而不求资格","二十九、以身作则,言行一致","三十一、百家争鸣与互相扬弃","三十四、促使思想武器的更新"等,所有人物均为难能可贵而值得我们学习。

三、《孔子思想体系》(1982 年)

我著此书的原因很多:一因我很久以来就研究孔子的思想,有为他作一小结的必要。二因孔子在中国学术思想史上影响最大、地位最高,我应当为他写一专书。三因要我写作有关孔子学术思想文章的报刊很多。四因过去的中国哲学史、思想史、文化史一类书都有孔子的独立论述,却很少有较全面地写成一本专书的,我想补这个空白点。五因前人、今人论述孔子的中心思想,我多未敢同意;而有些人提出的观点,我虽表同意,却仍嫌其不详。我最近找到 1932 年我在武昌讲授《中国政治思想史》一课的残稿,已说:"孔孟言礼,程朱言理,其名虽有礼理之分,其实则理即礼,礼即理,一而已矣。戴震、焦循等主礼反理,不如阮元所谓'理必出于礼也'。宋儒以理杀人,固儒以礼杀人,均甚于法家以法杀人。"这是我始终不变的看法。六因我主持中国思想文化史研究室,就请研究室成员朱维铮、李华兴同志根据我的提纲分头执笔,再由我修改定稿。

此书特点,主要为:一、孔子的思想有政治、经济、哲学、文艺、史学、教育等方面。二、孔子思想体系的中心是礼。当孔子把礼、仁合一而论时,实质上是以礼为仁,纳仁入礼;礼为目的,仁为手段。当孔子把礼和仁分开加以比较时,也认为礼比仁的要求更高,礼比仁的范围更广。孔子认为小礼可随时改变,大礼却永远不能改变。三、孔子的教育思想最多贡献,但也要加以具体分析。四、孔子思想在封建时代的演变,以汉代的神学化与宋代的理学化为最突出。五、礼教在中国的毒害最大。"五四"时期提出打倒孔家店,对二千多年来的尊孔读经来说是很有必要的。

四、《蔡元培》(1982 年)

蔡元培是我的一位模范老师。他逝世于 1940 年,我即在课余,于次年编成《蔡元培学术思想传记》一大本书,资料相当丰富。但当时是处在国内外敌人的双重压迫之下,匆忙编出的,所以有关毛泽东、周恩来等同志对老师的评价,和老师对瞿秋白等很多共产党人的营救活动,不便如实地写进去,这是一个缺点。我不顾日本帝国主义的入侵,在课堂上宣传"五四"爱国民主运动,突出了北京大学与老师的功绩,有时也利用老师来宣传社会主义,因此就强调了老师所说的"社会主义",这是又一个缺点(自然还有许多优点,现在暂不在这里说了)。因此,我很想能有机会来纠正它。1982 年,适有江苏人民出版社为编辑"历代名人传丛书",来函要我写《蔡元培》。我因在郊区跑步跌断膑骨,正在华东医院开刀,只好请李妙根同志就我的示意代为执笔,书成后再由我审定。此书比之前的书简要多了。

五、《王船山思想体系》(1985 年)

我从 1962 年起先后读了谭嗣同、梁启超、章太炎、侯外庐等人的有关王船山的著作,常常不免上当。直到 1979 年写《中国文化史要论》时,还未指出王船山最重要的著作是《四书训义》、《读四书大全说》等书,而又误说:"有人以成书最富称他,并非过誉。"1981 年底,我利用开刀出院后在家休养的机会,重借太平洋书店出版的《船山遗书》八十大本,从头到尾读一遍,并且亲自摘录其要语,为时一年多。我这才看出过去许多学者的论述,全是因未读其全书而未能认识其真面目。只有一个学者不同,他就是王船山专家嵇文甫。喜谈王船山的人很多,而竟却只有一个人能读其全书,这真是中国学术界的可悲。我独持异议,先在《光明日报》上发表《王船山思想体系提纲》一文,以纪念王船山逝世二百九十周年。听说在湖南长沙开的纪念会上,曾有人扬言要对我那篇短文"逐条辩驳",又有人在报刊上一再发表言论暗中批评我,这就更促使我要集中精力来编著《王船山思想体系》一书了。我真要感谢这些反对我和鼓励我的人。

此书从体裁到内容都很特别。全书分为二编,上编多属主要的论点,下编多属主要的论据。论点是强调从中国学术思想史上去看王船山,从明清间学术思想史上去看王船山,从张载思想去看王船山,从西洋近代启蒙思想去看王船山。必须这样,才能看出王船山思想的真面目。论据是从全部原著中选出极其丰富的材料,分为哲学、宗教、政治、法律、军事、经济、教育、史学、文学、美学、科学等十一方面,作为无可否认的证据,证明欧阳兆熊、谭嗣同、梁启超、章太炎、张西堂、熊十力、侯外庐等人片面宣传王船山思想的不合事实之处。最终得出一个结论:王船山思想的精华与糟粕两方面都很突出。王船山的礼教中心论、儒家道统论,不仅把一切异端异学都视为禽兽,连"女娲"、庶民、起义农民、夷狄等等也无一不被看作禽兽,这是从来没有一个研究和宣扬王船山者所曾提出及的。此书的特点,详见《我的一种治学方法——以王船山思想体系为例》、谭其骧教授的序文和香港《大公报》(1986 年 5 月 5 日)载的《蔡尚思全面评论王船山》等文。

六、《中国近代学术思想史论》(1986 年)

此书多就论文集成，但如陈独秀、吴虞等少数人虽很重要，却因为我没有现成论文，就不在内了。我很想写一本《师友言行录》，在没有动笔以前，就把部分师友的言论列入此书中了。所以此书与近代学术思想有很密切的关系，拟值得人们参考。

此书的特点是：一、内容包括已发表的论文和新写作的论文、回忆录在内。二、通论部分，包括论思想武器、人民至上的新文化运动、哲学社会科学工作者应是革命者、学术研究应展开争鸣、应有大的突破、应以近现代为重点、应向进步的西方求真理等。三、分论部分，包括佛学思想、辛亥革命时期的新思想、"五四"新文化运动等大问题，涉及严复、康有为、谭嗣同、孙中山和蔡元培、顾颉刚、柳诒徵、范文澜、嵇文甫、艾思奇等二十多人，其中十多人是我的师长友好。全书共有论文五十多篇。

七、《中国古代学术思想史论》(1989 年)

我因对中国文化史、学术史、思想史、哲学史一类著作有很不同的看法，早就着手编著《中国思想史通论》(不幸于"文化大革命"中遗失)；又常在几个大学讲授中国思想史、中国政治思想史、中国哲学史等课，至今还存一些积稿，已经遗失掉的也重新补写了一些。我很想以此书代替已遗失掉的《中国思想史通论》的一部分。

此书主要的特点是：一、论先秦有十二家而不止六家和九流。二、最可代表中国自创的思想文化的是孔子、墨子、老庄、韩非四大祖师。对此四家的中心思想，先介绍古来学者各种看法，然后肯定孔子是礼教，墨子是兼爱非命(反宗法反宿命)，老庄是自然主义、相对主义，韩非是极端君权(势治)。论证号称"三代下的孔子"的朱熹,其中心思想仍是礼教而不是其他,不以钱穆《朱子新学案》避而不谈其礼教思想为然。三、指出中国最可代表佛教者是慧能与澄观。四、司马迁的思想很有特点,表面不得不尊重孔而实质却反儒。五、袁枚的思想非常广大,也很精彩,梁启超、钱穆《中国近三百年学术史》固不必说,杨鸿烈《袁枚评传》也很不够,袁枚的进化性思想是超过戴震的。六、不讲王充,是因为我没有太多自己的见解;不讲王守仁,是因为我早已把他概括过了。

八、《中国礼教思想史》(1989 年)

四十年代初,我在一个大学讲"中国传统思想新批判",由施景兰同志为我做笔记。她以一个女青年而站在为自古以来被压迫者的立场,劝我写出一本批评礼教的专书。1982 年美国加利福尼亚大学教授刘广京博士来访,更正式劝我编著《中国礼教思想史》。他认为我早就研究此问题,由我来写很适宜。但我却意动而笔未动。直到 1988 年香港中华书局主持者来访,约我编著《中国礼教思想史》,而且有期限,我才不得不暂停其他书约,抓紧时间赶写此书。这就是我编著此书的大概经过。

《中国礼教思想史》的特点是:一、《中国礼教思想史》实占"中国思想史"的主要部分,而此类著作寥若晨星。我早就想为中国学术文化界填补这个空白点。二、内容丰富,从春秋末到民国时代,选入人物有一百七八十个之多,为任何思想性专史所未见。三、女性人物,和有关妇女问题,比之其他专史也是最多的。四、我立志为古来不幸者大鸣不平,打破新旧儒家的传统观念,对历史人物只论特点而没有贵贱、贫富、正邪、隐显、性别等等的成见。五、体裁比较新颖,书中标出个人思想的特点,便于读者一望而知其主要内容。六、本书是著者老年时期最集中精力写出的一部书稿,其勤劳不下于三十年代在南京国学图书馆住读时期。

九、主编《中国现代思想史资料简编》（1982—1983 年）

我在复旦大学常讲授《中国现代思想史》一课，于 1960 年订出《中国现代思想史论著选要目录》，又于 1966 年 2 月由复旦大学历史系印出《中国现代思想史参考教材（1919—1949）》一书。到了 1980 年，我以中国思想文化史研究室主任职而主编《中国现代思想史资料简编》。全书分为五卷，由朱维铮、姜义华、李华兴分编。其收入的原始资料，算是丰富的，单 1945 年到 1949 年近四年历史就选入了五十多人的代表文章，很可补我 60 年代与李新等同志共同主编的《中国新民主主义革命时期通史》独缺思想文化方面的不足。但由于要避免与有关"五四"新文化运动的文选过于重复，有些重要文章未选入。又如个别人最重要的文章因故也暂删去，而代以次要的文章。总的说来，此书比已出版的类似书籍都全面，可以算是前所未有的。

十、共同主编《中国文化名著选读》（1985—1989 年）

有些人觉得我著的《中国文化史要论》一书与《哪些书最能代表中国文化》一文，都是以书为单位的，初学者苦于没有时间钻研，要求我再编以篇为单位的一部文选。而浙江人民出版社也指定陈子展、顾廷龙、谭其骧、胡道静与我为编委，来编《中国文化名著选读》一书。此书就是这样编出来的。

此书的特点有：一、范围不同于过去的各种文选，把全书分为文、史、哲、科四大部分。二、不按照旧传统的标准来选篇目。三、全书篇目，除科学部分由胡道静同志决定外，多出自我。四、选入的有些重要文章从未被人们选过，更不必说加以注释了，例如袁枚的几篇代表作和章太炎的《五无论》之类，都是第一次见于本书的。五、大部头的小说只指出书名，让读者自由选读。六、由五名教授、副教授分科注释，文责自负。

十一、共同主编《中国文化要籍导读丛书》（1985 年起）

巴蜀书社也要我与上述四位专家为编委来编著此部丛书，以我《哪些书最能代表中国文化》一文所说的五十部书（增加一部）为专题，请全国专家分别写出，陆续出版。

我担任其中的《论语导读》一书的撰写任务，至今一直在写作中。其特点为：一、全书前部对《论语》一书作比较全面的介绍和评论。问题大约分为：1.《论语》的重要性与杂乱性；2.《论语》命名的意义；3.《论语》的记录者；4.《论语》成书与书名的出现时间；5.《论语》传本的考辩；6.《论语》的由称"传"到称"经"；7.《论语》的字数异说；8.《论语》的注释与研究的数量；9. 今本《论语》的字句解释所以发生纠纷的原因；10.《论语》的资料有待补充；11.《论语》在教育史上的地位；12.《论语》的影响与价值是否一致；13.《论语》的中心思想；14. 孔学的演变历史；15. 实事求是研究《论语》的科学方法；16. 孔学独鸣与百家争鸣。二、把《论语》的杂乱无章改编为专题类编，即把相同或相近的各条原文专题，归并在一起，一边相互发明与比较。三、再在每类专题之后附加按语，从资料得出结论，以纠正各种无稽之谈。四、注释工作由施悟担任。

以上专书，以《中国文化史要论》、《王船山思想体系》、《中国古代学术思想史论》、《中国近现代学术思想史论》、《中国礼教思想史》五本最能代表我的学术思想。如果要说哪一本最可代表我，那我就说是《中国思想研究法》；如果要说哪两本最可代表我，那我就再加上《中国礼教思想史》。

丙、结 束 语

我得声明一下，我自知在学术思想上是一个永不能毕业的人，什么家都谈不上;但如一定要夸我或鼓励我为什么家的话,那我比较同意苏联科学院哲学研究所布罗夫博士对我说的话:"你是哲学家,不是史学家。"浙江大学出版社《当代中国社会科学学者大辞典》说我是"社会活动家、哲学家、史学家"。因为我从青年时期就注重思想方面的问题,以哲学第一名考入北京大学研究所哲学组,大多数著作被列入哲学类,国务院古籍整理出版规划小组也指定我为哲学顾问。我自知首先是研究哲学思想的,其次才是史学等。我无意与古人攀比,但这类现象在历史上却是经常出现的。例如,黄宗羲首先是思想家、哲学家,其次才是史学家。袁枚首先是思想家,其次才是文学家等。戴震首先是思想家,其次才是经学家、考据学家。人们只称袁枚为文学家、戴震为经学家,是不合事实的。但愿今天和日后,人们对我也不要产生误会。

(原载《书林》1990 年第 2 期,第 21—24 页)

我的孔子观

我认为孔子思想的核心是礼,而不是仁或其他。仁、孝、忠、恕、中庸等,都必须受礼的制约,也都在礼教的范围内。从《礼记》所说"道德仁义,非礼不成",到鲁迅、吴虞等,都把这些看成吃人的礼教。而所谓仁,在孔子、孟子、荀子等原始儒家眼里,指的就是"人",以爱亲、孝亲为基本内容。仁之实是事亲,仁之本是孝悌。到了后儒,才曲解了原始儒家关于仁的学说:第一,把孔子的仁说成是兼爱与爱全人类,这是把孔子曲解为墨子。第二,把孔子的仁说成是以天地万物为一体,这是把孔子曲解为惠施、庄子和佛教徒。第三,近现代的一些学者,把孔学说成平等自由学说,这是把孔学资产阶级化。第四,近现代又有学者把孔学说成是2000多年前的社会主义,这是把孔学无产阶级化,化来化去,化得孔子面目全非。我以为,研究孔孟儒家,首先必须忠于历史,实于孔孟,千万不能把古人时代化或当作傀儡,否则,就是治学上的不德。

说孔子思想的核心是礼,还因为孔子是礼教理论的祖师,其地位远远超过了制礼的祖师周公。章学诚曾尊周公于孔子之上,这不合事实,不必列举荀子、《礼记》、李觏、司马光、林兆恩、凌廷堪、曾国藩、王先谦、廖平、辜鸿铭、戴季陶等人的说法为证,就连孟子、张载、朱熹、王船山、颜元等人,也是最重礼而注意阐明礼的观点的。关于孔子思想核心是礼的问题,我只是全面论证者,而不是最早发现者;

只是集成者,而不是创作者。

孔子有非常正确的可为后人师表的一面。在政治上,他认为政治就是先正己后正人,以身作则,才不致上梁不正下梁歪。又认为领导者好了,人民就会好。这些话,很值得后代政治家玩味和学习。在教育上,孔子注重启发,因材施教,主张有教无类,学思并重,学不厌,教不倦;"知之为知之,不知为不知,是知也",毕生奋斗,"不知老之将至"等。这些,是很值得后代的教育家学习的。孔子的博学,以及他在传授、保存文化遗产方面所作的贡献,既与道家、法家相反,也为墨家所不及。就传播知识、保存古代文化遗产而论,以孔子为代表的儒家,在先秦四大家中占了第一功。这是孔子最可尊敬的一面。

孔子又有非常片面,甚至颠倒是非轻重的一面。孔子尽管大谈忠恕之道,但却不能付诸实践,将心比心,推己及人,诸如推父及母、推夫及妻、推男及女等。周公、孔子制礼的片面性,早经晋谢太傅夫人和明王文禄指出:男子制礼专为己谋。不仅如此,更有甚者,例如偷窃明是犯罪的,孔子却独重宗法,以父子互证的法治为非,以父子相隐的礼教为是,未免是非颠倒了。孔子主张大礼要陈陈相因,不许修改,小礼则可以有所损益,这也是轻重颠倒的。这类言行,是孔子思想中最为荒谬的部分。从总体上说,尤其是从时代的角度来看,我认为孔子思想中应该否定的东西,多于应该肯定的东西。

"五四"新文化运动反对孔子儒家的斗争,乃是历史发展的必然结果,是中国走向现代化过程中必不可避免的,是不以人们的意志为转移的。有尊孔,就有反孔。中国自步入近代以后,内忧外患,步履维艰。在思想文化方面,西风东渐,以孔子、儒家为代表的传统文化,受到了猛烈的挑战。随着中国民族资本主义的兴起,上层建筑与经济基础不相适应的矛盾,尤日益显露。作为维系中国封建社会结构的孔子和儒家的命运,不能不受到日益严重的威胁。批判孔子和儒家思想的斗争,作为辛亥革命的一个主要内容,在辛亥革命时期就开始了(详见拙作《辛亥革命时期的新思想运动——资产阶级的反孔反封建传统思想》)。但是,由于中国社会几千年传统文化积淀所造成的巨大历史惰性,在辛亥革命失败后,适应袁世凯封建复辟政治阴谋的需要,以尊孔复古为主要内容的封建文化,又在中国社会生活的上上下下泛滥成灾,形成一股反对中国近代化的逆流。正是在这种情况下,在陈独秀、李大钊、鲁迅、胡适等一批接受了西方科学与民主思想影响的知识分子的带动下,出现"五四"时期以激烈反对孔子和儒家传统思想为特征的新文化运动。"打倒孔家店",批判旧思想,批判旧文化,成了一代进步青年的响亮口号和实际行动。所以,我始终认为,"五四"时期反对孔子和儒家的斗争,在当时是很必要的,是具有伟大的历史意义的。

然而,在中国,儒家传统的历史包袱背得太重了。"五四"以后,就不断出现否定新文化运动"打倒孔家店"的思潮,这种思潮一直持续到今天的现代新儒家。现代新儒学有一个重要内容,就是否定"五四"新文化运动对孔子和儒家的批判,认为它破坏了中国学术文化"道统"的传承。近几年来,还有所谓"文化断层论"者,认为"五四"激烈的反孔,是导致中国文化危机和造成民族文化断层的重要原因之一。这种对"五四"新文化运动反孔斗争的公然否定,是反历史主义的。不久前,又有人撰文考证"打倒孔家店"口号的由来,认为"'五四'时代并不存在所谓'打倒孔家店'的口号",而是学术界"以讹传讹",把"打孔家店"糊里糊涂变成了"打倒孔家店"。这既是对历史的误解,也是对学术界的误解。"五四"时期打倒孔家店的斗争,并不是口号之争,更不是多一个或少一个"倒"的问题。从向孔家店打第一枪的易白沙,以及继之而起的陈独秀、吴虞、鲁迅、李大钊、胡适等人的文章中,字里行间莫不充满了"打倒孔家店"的精神。就以提出"打孔家店"的胡适所作《吴虞文录序》一文来看,它认为"这块孔丘的招牌——无论是老店,是冒牌——不能不拿下来,捶去,烧去",这与"打倒孔家店"有什么质的区别? 学术界对于这一"倒"字之差,也是注意到的,并不存在所谓"以讹传讹"的问题(参阅拙作《胡适在新文化运动中的历史作用》)。我认为,历史赋予"五四"新文化运动的启蒙重任,并未彻底完成。今天我们的任务,是要继承和发扬"五四"新文化运动的批判精神,而不是否定它。

[原载《时代与思潮(4)——文化传统寻绎》,1990 年]

《诸子百家精华》序例

对于中国历史上的诸子百家,凡专门研究者都应当细读其全书;若供一般人阅读之用,就以选编为适宜了。本书就是为有中等以上文化程度者而选出其比较重要部分的。

一、诸子百家的重要问题

中国文化遗产中最富有创造性、独立性而为后人所传述的,首推先秦(此指春秋战国时代)的百家争鸣,这主要是儒、墨、道三个祖师,如再包括法家就成为四大家。兵家首先出现,再一个就是名家,这就成为兵、儒、墨、道、法、名六大家了。但这只是就有代表著作传到今天来说的,代表著作已经失传的是农、阴阳二家。我认为商家有特色,也应当在内,所以从《史记》录出阴阳、商二家,从《孟子》录出农家。共有兵、儒、墨、道、商、农、阴阳、名、法、杂等十家。纵横、工二家缺乏思想言论,故不选及。司马谈只论六家,刘歆、班固则分为九家,兵、商二家都未被列入。

中国思想文化无论在古代与在近现代,都离开不了先秦,先秦诸子最能代表中国思想文化,不愧为中国思想文化的祖宗。有人以为研究中国近现代史可以不必研究先秦或古代,这是莫大的误解。试问近现代的大学者有谁不曾论述先秦或古代的呢? 近现代的社会政治各方面,就能完全不受其影响么? 可以说:凡不了解先秦或古代的学术思想者,都没有了解近现代史的可能。只要谈及中国文化遗产,就都有程度不同地去了解它的必要。中国人如此,在世界上也如此。因此,对先秦诸子就应当尽量地多选些。

二、诸子百家的特点问题

特点当然以优点为主,但也不能过于忽略其缺点。因为无论优点与缺点,都是它的特点。如果完全以优点为限,那么用今天的眼光去看,如董仲舒《春秋繁露》之类,尽管影响特别大,却多是糟粕,就可以不必入选了。我们岂可任意这样做么? 又如王充虽号称破除迷信,可也迷信宿命论。王船山虽号称进步者,而其落后部分却更多。

三、诸子百家的范围问题

范围有二,第一是时代的下限。古来所谓"诸子",一般都以春秋战国时代的诸子百家为范围。后人编书,有的就从春秋战国到北齐颜之推的《颜氏家训》为止,如世界书局的《诸子集成》;有的从春秋战国到隋代的《文中子》为止,如浙江书局的《二十二子》;有的从春秋战国到五代为止,如中华书局的《新编诸子集成》;有的从春秋战国到明代,凑成一百种,如扫叶山房的《百子全书》。我却认为下限应当限于古代,到鸦片战争前为止。而在古代中也应当以春秋战国的诸子为主要,以汉后子书(包括有子书性质的文集)为次要,这不是厚古薄今,而是厚作薄述,厚纯薄杂。汉后不能不选,但也不能多选(个别应当例外),以免与其他专编精华重复。《二十二子》竟包括史地如《竹书纪年》、《山海经》,医学如《黄帝内经》。胡适说:

"汇刻子书,以此部为最佳。"(《一个最低限度的国学书目》)真是胡说。《百子全书》更加杂乱,如儒家,首先收入王肃的《孔子家语》而没有《论语》、《孟子》,把墨家祖师的《墨子》、名家代表著作之一的《公孙龙子》、汉代著名儒家班固的《白虎通》都列入杂家类,真是太侮辱他们了。它也以《山海经》等为子书,还有许多伪书在内。又不知"百家争鸣"的"百"字是只形容其多而已,并不是具体数字的"百"字,《百子全书》只知有一个"百"字,就一定要凑成一百种书,未免太机械、太形式了,不知有价值的书不大可能刚刚是一百种。我今认为应当以思想为主要范围而不应当包括其他一切。

四、诸子百家著作的存亡问题

例如农家许行的思想言论只附见于《孟子》,道家鲍敬言的思想言论只附见于《抱朴子》。汉初陆贾虽有后人编成的《新语》一书,但其内容却不太可观。陆贾最主要的思想言论反而不见于《新语》而见于《史记》的概括论述。真如明代钱福《新刊新语序》所说:"今其书亦不复见此论。""今其书不下数千言,而其要旨不越过数言。"这就是我所以未选《新语》而以《史记》本传要语代之的原因。

五、诸子百家选编的数量问题

这个问题,数言可尽。原著字数很多的,当然必须选出;原著很简要的,就可以全部收入,如《老子》、《谭子化书》。又此二书的性质是道家而不是道教,所以都收入。《谭子化书》也比较罕见,多年前就有外地一位大学教授特别来问我到哪里去找。

六、诸子百家与经、史、集三部的交叉问题

古来的图书主要分为经、史、子、集四部,我主张打破此种旧传统分类法。《论语》、《孟子》等书,用现在的标准来看,应当列入子部,但在古代却一直特别尊重它而作为经部的两种代表著作。现在湖南要同时编选《十三经精华》,这就不免彼此冲突起来了。《诸子百家精华》决不能缺少此二书,如要避免重复,也只能少选,不好全缺。经、子两部精华对此二书各有各的选择标准,不会完全相同,此其一。司马迁以史学家而兼思想家,故可不选入;李贽以思想家而兼史学家,故应选入,此其二。子部的著作多收入集部中,是子与集也难完全分开。阮籍、嵇康、韩愈、柳宗元、李觏、王源等文集中都有名为"集"而实为"子"的一部分文章。袁枚一直被认为只是文学家,我却认为他首先是很伟大的思想家,而且超过了戴震,所有中国思想史、哲学史均没有此人,实不免失色,此其三。

七、《诸子百家精华》与道教、佛教、理学、科技四部精华的另编问题

诸子百家如果要包括道教、佛教、理学、科技四大部分在内,那就未免范围太广,内容太杂,一编既容纳不下,也很不容易编排,因此,我建议:在《诸子百家精华》之外,另就《道藏》选编《道教著作精华》,另就《大藏经》选编《佛教著作精华》,另就宋、元、明、清理学选编《理学精华》,另就中国历代科技著作包括医学在内选编《中国古代科技精华》;如果觉得科技部分太多太杂,不便包括医学在内,那就把它分出,另外选编《中国古代医学精华》或《中医精华》好了。这样,在诸子百家方面,才会比较全面,也才便于今后一般人的阅

读。近代著名佛学家丁福保生前已经选编《佛经精华录》一书,我们尽可对它略作参考而加以充实和扩大,使之成为较正式的一部《佛教著作精华》。

在这篇末声明一下:我被推为主编,只负责选目;至于校注等方面,全由朱悦同志在长沙做组织工作,由许多同志分别负责,在各篇末均有注明。

1990 年 4 月蔡尚思写于上海复旦大学

（原载蔡尚思主编《诸子百家精华》湖南教育出版社

1992 年版,第 1—4 页）

致毛泽东著作生平研究组函①

毛泽东著作生平研究组：

　　你们今年 3 月 5 日来信向我［询问］（编者所加）"毛泽东抄写的言志诗'孩儿立志出乡关，学不成名誓不还。埋骨何须桑梓地，人生无处不青山'"究竟出于何人何处？我已有复信，但近日又看到《福建文史资料》第 19 期载有黄文标《宋渊源与福建护法案》一文，却说是宋渊源于清末逃往日本，临行吟一绝句留寄郑翘松，诗云："男儿奋志出乡关，志若不售誓不还。埋骨何须归故土，人间处处有青山。"至日本人早稻田大学进修，斯时孙中山创立同盟会于东京，宋遂加入云云。

　　据此，我有几种猜想：一、宋是永春人，我于 1921—1925 年在永春读书，永春同学都很知道宋，有人告诉我说："《新青年》有此诗是转载日人西乡隆盛的。"我未去查《新青年》和西乡隆盛的诗集，就大受启发，不为家人所阻而［随］（编者所加）口念此诗："男儿立志出乡关，学不成名死不还。埋骨何须桑梓地，人生无处不青山。"直上北京求学。传说此诗有三种小字句，是大同小异的，很可能是出于宋的。郑翘松是我的老师，我也见过宋渊源，二人今年都比主席大了许多，可惜他们都早就去世了。二、也有可能是主席所作不约而同的。三、从毛传抄来的。我今不敢断定，谨再录此，以供你们参考。

────────────

　　① 此信函写于 1990 年 12 月 15 日，原件现由编者收藏。

我 是 忘 年 人

何谓"忘年人"？这是仿"忘年交"一语来说的。大自然要我活到什么时候，我就活到那个时候，寿长些不喜，短些不悲。只有李大钊提出的"永葆青春"和我注重的"学术生命"，是完全可由我决定而坚持的！这就是我所说的"忘年人"。

我在解放初只有四十来岁，有人称我为"蔡老"，我心中很不安！想起我的家乡，凡不是地主以上者都不得称某老。我既没有田地，也不是绅士老爷，怎有资格称"老"呢？有些人说"老"是一种尊称，我听了就反问道："解放前的孙中山、蔡元培、章太炎等，解放后的主席、总理等人，年龄都比我大得多，为什么都不被称为某老，难道他们都不值得尊敬的么？"这些人听见，都只笑而无话可说了！

年龄也不是完全有标准的，古人说"人生七十古来稀"，以年已半百为"老"。解放后，某一重要人物，当他60岁时主张要到70岁才是老人，当他到了70岁，又把老延迟下去了，说"七十小弟弟，八十多得很"。记得1930年，我第一次到复旦大学教书，在校庆大会主席台上坐有李登辉校长和马相伯、于右任、邵力子等名人。邵力子站起来开玩笑地说："李校长比起马先生还是一个小孩子。"我联想到苏局仙老先生，以为他比我的父母还早出生，是我的父辈，我在他面前，也还不是一个"小孩子"么？

一个人具有童年、少年、青年、壮年、老年，才算有生命的全过程。像孔子的第一高足颜回、康有为的第一高足练千秋等都缺少壮年期，真是不幸；像梁启超、王国维、鲁迅等都活不到60岁，也还是不幸的。就这一点而论，像我们被上海文艺出版社《文化老人话人生》一书作为组稿对象，可以说是"有幸"了！

我五年前继步登上三清山，几个青年学生和农民争问我几岁，我答："请你们猜猜看，我究竟值得几岁就算几岁好了！"他们从60多岁到80岁辩个不休。我因有感而在山上写了《我是忘年人》一首通俗诗。有人恭维我可同孔夫子媲美，因为他是"不知老之将至"的。我不以为然地说：我不愿做孔夫子，因为他一方面有此精神，可另一方面却骂他的故人为"老而不死是为贼"，并且"以杖叩其胫"。多么不近人情呀！我从不像他那样凶狠和矛盾！

人们不仅问我几岁，而且问我服什么好药，有什么保养。老实说，我根本没有这些，我只以身心锻炼代好药与保养。我是学术工作者，把"学术生命"看做比"肉体生命"还重要，但如果没有"肉体生命"，那"学术生命"就无所寄托而不可能延长些。我青年时期在一个大图书馆里住读，不失为生平读书的黄金时期。现在虽然比不上当时了，但有时晚上仍写作到午夜，有时早晨起床写作四五小时直到中午才吃午饭，省掉一顿早餐，这在我叫做"年龄有老学无老"，"终身不能毕业"。有人问我："您要到什么时候才小休？"我用元曲的一句话答道："死后休。"死后真可以无穷无尽的大休而特休了！

更多的人问我："您有什么长寿秘诀？"我答道："我在青年时期拼命读书，看到明代一个学人说：'祈年莫如爱日，爱日可使一日为两日，百年为千载。'喜出意外，最受教益，这就是我的长寿秘诀。"

有人问："那您就不怕死了吧？"我说："有生必有死，生下来时就注定有一天要死，死有何可怕！怕也没有用。秦始皇等都怕死，结果还得毫无抵抗地死掉。"我认为人们只知"天地之大德曰生"，

"生生不已"(《周易》),而不知同时也是"天地之大德曰死","死死不已"。人们很重视做生日、祝寿和大开追悼会、厚葬等等,都是俗不可耐的怪事,前者是活人连累了活人,后者是死人连累了活人,死人、活人都有过失。就中国思想史上来说,我是墨家兼道家的尊重者,不是儒家与佛教的迷信者。但我在这里要声明一下:我并不干涉别人的做寿与开追悼会等等,正同于我从来不吸烟饮酒而不干涉别人的吸烟饮酒一样。请不要少见多怪,对生死寿夭这类问题也可以展开百家争鸣嘛!

上面说的,只是用能否爱惜光阴来作为寿夭生死的标准的,此外还可以用有无功德来作为寿夭生死的标准,例如王莽、秦桧、汪精卫等,都是早死比长寿为好。隋代宰相苏威年八十二,入唐不保晚节。夏贵降元,授中书左丞,时年八十,都被古人认为长寿不如早死。严复、康有为等,如果没有晚年,那就更好了。反之,王弼等思想家、王勃等文学家、邹容等革命家,都是短命超过了许多人的长寿的。但长寿也有很可贵的,例如杨度、陈垣等都是到了晚年才加入共产党的,孙中山、宋庆龄等都是有了晚年而好上加好的。人们都认为奸相秦桧杀忠将岳飞,可在人们心中,却是秦桧等于反被岳飞所杀了。西湖岳坟前秦桧夫妻跪着,被人唾弃,有对联说:"青山有幸埋忠骨,白铁无辜铸佞臣。"秦桧虽为"一人之下,万人之上"的宰相,实在太臭,连他的后裔也觉得可耻了。这很可为生前得意忘形敢于作恶者大戒!读点历史,是很有益的!

户枢不朽,流水不臭,钢铁久不用也多会生锈,死物尚且需要动用,何况生物尤其是动物呢?鸟久不飞就会有点像没有翼,兽久不走就会有点像没有足,人手足久不动就会有点像没有手足,头脑久不用就会有点像没有头脑,至少也会迟钝起来,有点像傻子、呆子。如果用到不正常的地方去,有的就会走上邪路,终于作恶多端;有的就会自感空虚,终于消极厌世。

　　人是动物而不是矿物,人的生存主要是动而不是静。虽然需要适当的静,可也不能绝对的静,绝对的静只有死后才有可能。所以我很反对慎子的以有知的人而学无知的土块,庄周的以活人而羡慕枯骨,道教的静坐,禅宗的面壁。我也曾跟因是子(蒋维乔)学过静坐法,他很老实地说:连一分钟的无念,也"未能常也"。我曾在无锡大箕山的华东疗养院静坐过几个钟头,总觉得没有多大的用处。庄周说"坐忘",哪有那一回事。

　　人的生存就要有所作为,不能闲得无聊,无所事事,成为行尸走肉。老年人决不等于废物。

　　我的锻炼,约有两种:首先是养心,其次是炼身,以养心为先决条件,以炼身为配合条件,炼身不养心,不大可能达到炼身的目的。可惜的是世人多只知炼身而不知养心。我的养心要养到心情舒畅、心理正常、思想健康、精神饱满。首先要破除各种迷,如封建迷、买办迷、升官迷、发财迷、淫欲迷、鬼神迷、圣人迷、资格迷、赌博迷、闲逸迷等。这需要了解和运用唯物辩证法,它认为好坏往往会转化。它有相对性,可不是相对主义如庄子的《齐物论》和章太炎的《俱分进化论》。

　　既然破除了各种迷,不是弄到心无所寄托了么? 不是的! 心思非此则彼,是不能无所寄托的。只要健在的人,都必须有一种事业心,只是各人的事业有所不同罢了。试就我来说,我的专业即学术事业,我把我的心思集中到学术事业上,从学术事业上去为人民为国家社会服务,以从事学术事业为至乐为大幸,又何暇外慕如上述各种迷而不务我的正业呢?

　　我的炼身是指所谓炼身运动,约有三种:一是自创的桔槔功、开关气功、意守脉搏等,二是经我改造的重点推拿、十面操等,三是解放至今的冷水浴,并长期在水下做气功与推拿。许多人问我:"你冬天也浴冷水么?"我说:"冷水浴主要就在冬天。"问者都恭维我"很了不起",我认为做什么工作都要坚持,坚持才能胜利。我生平多坎坷,冬天冷水浴,实在谈不上"了不起"。

（原载范泉主编《文化老人话人生》,上海文艺出版社
1992 年版,第 86—91 页）

我要为中国大思想家李贽呼冤

——李贽的批孔堪称天下第一

李贽在当时和近现代都有正反两种评价,谩骂他的有张问达、王雅量、谢在杭、顾炎武、王夫之、颜元、纪昀、章太炎、林琴南等,推尊他的有焦竑、马诚所、陈明卿、袁中道、傅山、彭允初、黄节、邓实、吴虞、容肇祖、吴泽和我等。

我认为李贽在中国思想史上有三个独一无二的特点:一是在历代封建王朝以孔学为指导思想的极端专制下而敢公开反孔,其难能似非战国时代的墨家和民国的新文化运动时期所能比;二是为学术而殉身,和后世为政治运动而死的谭嗣同、李大钊等不同;三是中年以后越老越大胆反孔,这和开倒车的严复、康有为等更不可同日而语。(详见拙作《焚书续焚书合刊序》)

我现在还要为他呼冤,最大的有两点:

一、李贽是真反道学而不是只反假道学, 是"叛道者"而不是"卫道者"

曾有些人出来翻案,认为李贽实在是"卫道者",而不是"叛逆者",只是反对假道学(假儒学)而不是反对真道学(真儒学);但与此同时,却又不得不承认李贽公开反对妇女"饿死事小,失节事大",主张男女平等,说卓文君投奔司马相如是得身而不是失身等等。好!就单以此一个问题而论吧。试问,假使宋儒程朱是假道学,那么周儒孔孟总算得是真道学了,尤其是孔子被儒家后学与历代封建王朝都同尊为古来唯一大圣人,为什么孔子早就把女子等同于"小人"呢?为什么孔子以伯姬被火烧死为能守贞而尽妇道呢?为什么孔子不承认邑姜为十个治臣之一呢?为什么孔子用天尊地卑来比男贵女贱呢?(详见拙著《中国传统思想总批判》、《周易思想要论》)说李贽不反对真道学,天下有如此主张男女平等的真道学家么?不知李贽自有其是非标准,而敢于反对以孔子之是非为是非;他有时不得不托言三教归儒,其著作于圣教有益无损,这正同于袁枚的以情感哲学反对儒家理学,有时也不得不托言只尊信孔子一人。难道这是真事实么?在变本加厉的封建王朝统治下,有时不得不讲些对付的话以自掩盖,这是我们后人必须"心知其意"的。

古代的道统派多以孔子为集古圣人之大成,为三代上的唯一圣人,以朱子为集理学之大成,为三代下的孔子,而说什么天不生孔子,万古如长夜;天不生朱子,三代下如长夜这一类胡言乱语。哪知道在中国古代思想文化史上,李贽明说:"夫天生一人,自有一人之用,不待取给于孔子而后足也;若必取足于孔子,则千古以前无孔子,终不得为人乎?""咸以孔子之是非为是非,故未尝有是非耳。"(《藏书·总目前论》)这是说孔子未生以前的人尚有是非,有了孔子以后的人反而没有是非了。这不仅批评了孔子一个人,也批评了后儒和历代王朝。李贽敢于痛斥孔子为"庸众人类",不仅否认"圣经"是"万世之至论",而且指出《六经》、《语》、《孟》,乃"道学之口实,假人之渊薮"。他敢于痛斥程朱为"不操干戈之强盗"。不论孔孟与程朱,真道学与假道学,都在一并批判之列。古来把《六经》、《语》、《孟》尊为最高的经部,经部高于子、史、集三部,而李贽却反而认为儒家是司马谈所论的六家中最劣的一家,"独儒家者流,泛滥而靡所适从",就是说只有儒家是在其他五家之下。

二、李贽是王学的对立者而不是王学的嫡传之一

此点早就有冯友兰的具体分析,其结语是:"王守仁的哲学思想的社会作用是反动的。李贽的哲学思想的社会作用是进步的。""从王守仁到李贽是个发展。……王守仁没有说过一句跟孔子相反的话……李贽就与王守仁相反。"[《从李贽说起——中国哲学史中唯物主义和唯心主义互相转化的一个例证》,见《中国哲学史论文集》(二集)]我非常同意此说。王守仁与朱熹有很多相同:同是坚持纲常礼教的,同是主张"存天理,绝人欲"的等等。程朱与陆王两派只是儒家内部的两派,尽管潘平格说过:周邵程朱近道,陆王近佛(禅),可是都属儒家信徒而不是道教信徒与佛教信徒。不管主要是客观唯心主义也好,主观唯心主义也好,都同在唯心主义的范围内,都同是入世派、君权派、礼教派而不是相反。他们是援道入儒、援佛入儒,至多也只是要使儒家中有点道教化、佛教化而已,再夸大就不免失实了。我解放前就在《宋明理学(包括心学)相同的缺点》一文中指出过,现在不必重说。王夫之早就大骂李贽说:"王氏(指王守仁)之学,一传而为王畿,再传而为李贽,无忌惮之教立而廉耻丧,盗贼兴。皆惟患于明伦察物而求逸获,故君父可以不恤,名义可以不顾。"(《张子正蒙注》卷五)这是说李贽之说不利于他死守的儒家礼教。王夫之的骂人往往不讲理,甚至攻击李贽等"逾于洪水,烈于禽兽"(《读通鉴论》卷末)。他攻击李贽比孟子攻击墨子又进了一步,真是欲加之罪,何患无辞!近现代人研究李贽,一般都认为他是王学,至多也只是左派王学。我觉得冯友兰说的近真,他是反王学而不是王学。硬说与此相反的话,就是冤枉李贽了!我要为李贽呼冤!

　　我看出很多人尤其是古人不可能一点也没有矛盾,我们只要能辨别其主要与次要就好了,李贽当然不例外,对他千万不要主次不分,甚至主次颠倒!

[原载《首都师范大学学报》(社科版)
1994 年第 5 期,第 41—42 页]

蔡襄及其家世

——《纪念蔡襄诞辰 975 周年学术讨论会论文集》序

　　我虽是研究中国历史的人，但对蔡襄这个历史人物却未深入研究；而去年在莆田为他举行的学术讨论会，我也未参加，没有拜读各方代表的论文，所以自知没有太大的发言权。现在既承索序，就只好谈些感想和看法，当作蔡襄纪念论文集的小序。

　　在政治上，要争做好官而不要争做高官。好官既为当时人民所爱戴，也为后人所念念不忘。蔡襄就是这类好官之一。我儿时常听见父老讲蔡襄在泉州做官的故事，连我原籍德化（现属泉州市）那个山区小县，也曾由散居各乡村的一些姓蔡的代表欢聚在城区共同祭祀蔡襄。蔡襄生性忠直清廉，为人民做了不少好事，尤其是在泉州万安渡建造中国第一座海港大石桥（洛阳桥），以便利人民，而被立碑颂德、建祠纪念之类。我直到去年底才乘参加在泉州召开的李贽研究学术讨论会之便，赶到洛阳桥去考察一次，结果是越看越觉得近千年前的蔡襄真伟大！

　　一个人能成为多面手是很不容易的。蔡襄不仅在政治上是有名的一个好官，而且在艺术上是书法名家，[甚]至被称为"当时第一"或与苏、黄、米并称为"宋代四大家"。在文学上，也工诗文，著有专集。在史学上，也通史事，曾迁直史馆，兼修起居注。在科学上，更有著名的《荔枝谱》和《茶录》。他也可算是一个多面手了！

不必再说下去了,单就上述几点来看,蔡襄确实是一个不易多见而很值得后人学习的历史人物。

一九八八年四月十五日蔡尚思写于上海复旦大学
(原载《蔡襄及其家世——纪念蔡襄诞辰 975 周年
学术讨论会论文集》,1994 年)

中国的现代化与全球化

——读三篇有关文化的大文章有同感

去年,我读到三篇大文章,很想先略介绍而后提出我的看法。第一篇是周策纵先生的《中外为体、中外为用——中国文化现代化刍议》(《中国文化》1994 年 2 月第 9 期),他举了很多实例之后说:"作为一个受相当教育的中国人,如果排除外来词不用,恐怕有时就无话可说,无话可写,无话可思维,也无话可沟通了。而这许多词汇和观念,又往往是传统中国所没有的,这正可展示近百年来中国文化现代化已迈进了多么远。"这真有说服力! 中国今后不仅外来语如此,文化如此,其他政治、经济、军事等等也无不如此了。要像道家的恢复原始社会时代、儒家的恢复西周礼法社会时代、法家的实行极端专制,再也绝对不可能了。他继又强调"除了'西学'之外,也还有'东学'和'外学'。换句话说,中国文化有向外国文化吸收的可能。……这牵涉到文化和哲学上的一元论、二元论和多元论的问题。"因为"文化和思想永远在发展,都将变得复杂而多元",所以他的主张就是"中外为体,中外为用"。

又一篇是李慎之先生的《全球化与中国文化》(《传统文化与中国文化》1994 年第 4 期),他说:"世界已经进入全球化时代。"全球化"不论你欢迎不欢迎,它都是必然要到来的"。现在"中国由传统社会走向现代社会的转型期即将完成",但"事实上仅仅靠市场经济是远远不够的,我们还必须建立民主与法治,还必须建立现代化的道德秩序"。他提出了异于一百多年来的体用说,"以全球化的普遍规律为体,以中国特色为用","在一体化之中,必然会具有更多的多元化的特征"。他警告说:"我们的经验主要属于近代……工业化以前的时代,对近代的国际社会我们还是一个后来者……又如何能在全人类面前夸口呢?是好样的,只有自己做出榜样来。"

以上二文都提出今后思想文化会不断向多元化发展,中国都得向先进外国学习自己所无的东西。

第三篇是张之沧先生的《我们应当如何看待〈易经〉》(《光明日报》1994年8月31日)。就其内容来看,这个题目也等于或可改为《我们应当如何看待中国传统文化》。他说:"进入90年代之后,在中国……掀起了一场恢复中国文化传统、弘扬民族精神的热潮……一些人不仅提倡孔子儒学、老庄道学、程朱理学,而且一反'五四'时期的科学与民主的精神,几乎把一切封建主义的文化都视作传世之宝。一些本来研究西学的人也来了个180度转弯,开始喋喋不休地谈论和研究中学来。为数不少的国粹派人物重新成为一些人顶礼崇拜的对象。"这"对于有着坚定和强大的科学传统的西方来说,科学上的悲观主义是无伤大雅的,它只是西方科学与文明发展的巨大洪流中的一个小小的支流。科学技术对于西方文明发展的巨大历史作用是显而易见的。但是,这种反科学主义的思潮对于我们,都不是无关宏旨的。还没有充分享受到科学惠泽的我们,应该坚决否定这一思潮,应该积极地肯定科学的社会价值和认识作用"。"《易经》不是一部科学著作,对它……投入的人力和物力就不能大过头,否则,只能适得其反,有百害而无一利,甚至会把中国的'传统文化热'引到一个与发展科学技术和进行现代建设背道而驰的方向"。我也认为我们无论要建设出中国的或世界的新文化,都绝对不能走错大方向,只要走错大方向,我们就容易变成新文化的对头。

　　中国人要"中外为体,中外为用"与"全球化"、"一体化",首先在于如何看待中国传统文化,在这个问题上有中国儒家文化最高说、有墨家文化最高说、有道家文化最高说……这很值得认真研究,做出科学的新评价。又如陈寅恪先生对中国先后受印度、西洋影响进行比较地说:"窃疑中国自今日以后,即使能忠实输入北美或东欧之思想,其结局当亦等于玄奘唯识之学……亦终归于歇绝者。"我则认为二者不可混为一谈,近现代欧美思想的影响中国远远大于古代印度佛教唯识之学的影响中国,不仅要广到多少倍,而且有会歇绝与不会歇绝的大不同,这在近现代中国、在世界都已有事实在充分证明,为人们所共见,用不着我来一一举例了!

　　我对古今中外的文化只分精华与糟粕而不分体用,如果仍要分为体用的话,那就应当以人类主体的广大人民为体,以有用的一切精华为用。人类一切都要围绕广大人民这个中心,人与人、家与家、国与国、民族与民族、人种与人种,都从多界限进到少界限,有界限进到无界限,终于兼爱(不是"别爱")互助,达到全球化、一体化,而不再互相欺骗、互相伤害、互相压迫、互相剥削、互相侵略。既然是"人",顾名思义,就必须具有人格、人道、人权。凡丧失人格、人道、人权者就是人类公敌,必群起而攻之。古代儒家所提倡的那种"推己及人"的"恕",只是一种空谈而无实际,片面而不全面,必须加以改造和扩大,"推己及人"的"人",应当是广义的,必须推男及女,消灭贵男贱女的偏见;必须推强及弱,消除奴隶主、地主、资本家与奴隶、农奴、工人,帝国主义与殖民地等等的对立。而古代儒家所谓"仁"的"爱人",墨子早就指出它只是一种"别爱"而未进到"兼爱","仁"、"恕"尚且如此,其余诸德更可想而知了。人们千万不要热到"几乎把一切封建主义的文化都视作传世之宝"。以人格、人道、人权为体,才是真体,以一切有益于人类的言论与事物为用,才是真用。这就是我的体用观,也颇符合"中外为体,中外为用"与

"全球化"、"一体化"等主张。再说一句话：现代化决不是古代化，全球化决不是一国一家化。

蔡尚思

1995 年 1 月 10 日写于复旦大学

（原载江苏省社会科学院主办《江海学刊》

1995 年第 3 期，第 120—121 页）

我对传统文化与现代化关系的看法

近因有人问我对这个问题有何看法？我才来写此提纲式的一篇短文。

传统文化与现代化二者，无论是传统文化和现代化各自本身的问题或二者的关系问题，都是很重要而说来又很不简单的。

先就"传统文化"一个问题来看：如果所谓"传统文化"仍是指儒家或者仍是指儒家为主、道家为辅，那就会成为封建王朝统治下那种传统文化的继续了。儒、道之外有没有他家呢？学者对中国固有的传统文化代表，有的说是儒、墨、道三大家，有的说是儒、墨、道、法四大家，可见儒、道二家之外还有墨、法二家。如果认为儒、道二家有优良的传统文化，难道墨、法二家就没有优良的传统文化么？不说别的，试单就对孔、墨二家的评价来约略比较，就有长期的争论不休：近现代学者有的尊孔子为革命者，斥墨子为反革命者；有的却正相反地认为先秦诸子中只有墨子是革命者。有的说孔子不仅是高于其他先秦诸子的圣人，甚且是高于古今中外的任何伟大思想家；有的却反而肯定墨子是"比孔子高明的圣人"。有的把孔子比做马克思，认为孔、马"完全一致"；有的却反而认为只有墨子近于马克思，甚至有列宁实现墨子的理想之说。有的把《墨子》一书排斥在中国固有文化代表著作之外，有的却反而认为《墨子》是中国固有文化代表著作中最有价值的一本书……此外还有混儒、墨二家为一谈者。从上述看来，学术界对"传统文化"问题，至今还没有能够取得一致或比较接近。这就只好让它再争鸣下去了！秦汉以后的封建王朝是不许争鸣的，民国时代的统治者是要控制而控制不了的。只有解放后，人民政府才贯彻了文化上的"双百"方针，这也可以说是过去文化界所得不到的最大幸福的！

再就"现代化"一个问题来看：人们都知道"现代化"不是"古代化"，如老庄的向往原始社会和孔子的向往西周初期社会以及近现代有些学者的以中国封建社会为美谈。那么"现代化"是不是等于"全盘西化"呢？近代一些学者所主张的"全盘西化"，其实也只是主张中国的"全盘西方资本主义化"而同时反对中国的西方社会主义化的。如又不是，那么是不是半古半今与半中半西呢？这也只是一种做不到的空话。要解决这个问题，主要只有基本根据社会向前发展的历史趋势：封建社会时代虽超过了奴隶社会时代，而有根本不能解决的问题，只好留给资本主义社会时代去解决了；资本主义社会时代虽超过了封建社会时代，更有根本无法解决的问题，也仍然只好留给以后一种社会时代去解决了。各种社会时代的多得权益者都力图使自己的社会时代能够千秋万世永久不变，这都只是他们的一种主观愿望，而在客观事实上，社会时代却是一个一个地变革下来，只有继续不断的变革，才能继续不断的进展。否则，就终古如斯，永远停留于原始社会时代。人类社会一直在新陈代谢，文化也不会例外。最近有刊物说，孔子儒学"有无限的生命力"，独能"万古常新"。我们知道：生命力只有或长或短的不同，无论怎样长，也还不会长到无限的。"万古常新"就是"万古不变"，真有此事么？真有可能么？

陈寅恪先生认为现代中国输入北美、东欧的思想等于古代中国玄奘从印度传入的唯识之学，都同样地会"归于歇绝"，也是以一种不变的眼光看问题的，是很不正确的。他不知道古代中国的印度化、佛教化,只限于宗教、艺术和一些主观唯心主义哲学,而现代中国的西化,范围却很广,影响却很大,它包括自然科学技术与哲学社会科学各方面,而宗教却不好算在内。陈先生只知古而不知今,才会混古代与现代、印度化与西洋化为一谈。

现代中国的现代化决不等于"全盘西化"而又与西化有密切关系。谁不相信,这有一部中国近现代史可作为有力的证明:从太平天国的西教而洋务派的西器(西方科技),而维新派的君主立宪,而辛亥革命(同盟会)派的民主共和,到中国共产党领导的社会主义人民共和国,便是中国一步高于一步的西化史。中国为什么要向西方学习?就是要学习中国古代所没有和缺少的。不仅要学习西方的自然科学技术方面,而在哲学社会科学方面,也终于以马克思主义理论为思想指导,同时也选取其他可取的优良部分,加上有批判地继承中国一部分优良的传统文化。必须把此三者很恰当地结合起来,才能成为比较标准的现代化,也才可以说是有中国特色的现代化。如果只强调要西方的自然科学技术而不强调要其他,那就只是要使中国在经济方面的资本主义化了;如果只强调要我们自己固有的儒家传统文化而不强调要其他,那就只是要使中国在政治方面、文化方面的封建主义化了。单有此二者是不行的,必须以马克思主义新理论为指导思想,才能成为一个有中国特色的社会主义新国家。孔子是不可能与马克思"完全一致"的,儒家是不可能"万古常新"的。我还是要说我前时说过的几句话:"我爱孔子,我尤爱真理。"孔子儒家与真理,决不好完全等同起来的!其余有关的话,我已另详于《关于"天人合一"及其他》(《瞭望》周刊1995年第9期)、《中国的现代化与全球化》(《江海学刊》1995年第3期)、《今后新文化应当是辩证发展》(《文史哲》1996年第1期)等文,不重复了。

(原载《传统文化与现代化》1996年第2期,第3—4页)

蔡元培与近代中国

（序）

　　蔡元培所处的时代,是中国激烈动荡、变化多端的时代,他经历过中法战争、甲午战争、八国联军侵华、抗日战争等帝国主义列强侵华战争的时代,经历过清王朝、袁世凯、北洋军阀以至国民党统治的时代,经历过戊戌变法、辛亥革命、五四运动等政治急剧变革的时代,在思想领域里面临着封建主义和资本主义不同的社会制度、思想文化的冲突。在这种复杂的背景中,有的人落伍了,有的人后退甚至开了历史的倒车。蔡元培经受住了严酷历史的考验,他一生追随光明,追求进步,始终站在时代的潮流面前,成为近代中国历史上一位极为重要的先驱,这是他的过人之处,以翰林参加革命,并一生坚持进步,在中国历史上仅他一人,这足见他的难能可贵之处。

　　蔡元培对中国的贡献是多方面的,他对近代中国的发展产生过极为重要的影响,在半殖民地半封建的社会,他是一位著名的反帝反封建的民主革命者;在中国近代教育史上,是一位有胆识、多贡献的教育家;在中国近代思想史上,是一位掩护新思想势力、支持新政治运动的思想家;在中国近代科学史上,他又是一位为自然科学奠定广大基础、规定发展方向的伟人。蔡元培在这些众多的重要作用中,当推他对近代中国的文化、教育和学术方面的功绩为最高,因此说他是近代以来中国最有功的教育部长和最伟大的大学校长,这决不是太过。

　　对于蔡元培思想和生平事迹的研究,如从我完成于 1941 年、出版于 1950 年的《蔡元培学术思想传记》算起,已有近半个世纪的历史了,尤其近十多年来,出版了各种版本的蔡元培文集,有关的研究论著也不断面世,研究论文更是大量发表,蔡元培研究出现了很好的局面。研究蔡元培的思想,应当弘扬他的精神,为促进中华民族的进步提供借鉴。

　　我认为,在"时势造英雄与英雄造时势"的问题上,应该以时势为主,以英雄为次,而不是二者同等,更不是只有英雄造时势,也不是只有时势造英雄。例如蔡元培亲自主持北京大学时期,是在北洋军阀时代而不是在清朝与国民党政府时代,这就是"时势造英雄"的明证。但在同一北洋军阀时代,严复、马相伯等人都任过北京大学校长,何以一直暮气沉沉,不能一新人们耳目? 这又是英雄对时势也能起了作用的明证。对蔡元培任北京大学校长,与北京大学在近代史上、教育史上的地位,当作如是观。蔡元培之所以能跟随时代的潮流前进,成为进步人士和青年的卫士与保姆,在于他的思想的日新。

　　本书是作者蔡建国博士在长期研究蔡元培思想和生平事迹的基础上,在阅读了众多的先行研究成果的基础上完成的力作。迄今为止出版的蔡元培研究著作,几乎全是评传性质,专题研究著作很少见,尤其是以蔡元培与近代中国为主题的研究著作仅此而已。

　　此书出版之前,我读了全稿,感到本书有一个重要的特点,就是作者以历史发展有其连续性的规律出发,在研究蔡元培思想时,始终将他紧紧放在激荡的近代中国社会中去考察,抓住社会与蔡元培之间的相互影响关系,在运用大量史料的基础上,分析了蔡元培思想形成的主、客观因素,并非就事论事。本书对蔡元培的传统与近代化思想之间的关系进行了较为深入的剖析。作者围绕着社会对人物思想产生影响的关联性、近代中国知识分子在探索和追求中国近代化道路时的艰难性以及近代知识分子在救亡图存中变革自身和不断进取精神的连续性等方面来揭示蔡元培思想的,因此可以说对他思想的刻画有很充分的说服力。作者对蔡元培思想形成过程中的一些重要事情作了交代,例如,蔡元培对戊戌变法的看法和态度、蔡元培与日本文化等方面,都有很好的分析,形成了新的观点,对于一些重要的理论问题作了回答。

值得顺带一提的是,作者旅居日本十年,留学期间认真学习新的治学方法,不断注意世界研究中国史学的最新成果,开拓自己的视野,积累研究心得,治学和写作的方法是严谨的。

我之所以高兴地为本书作序,不仅是出于鼓励和支持青年学者的研究积极性,更重要的是希望通过对蔡元培文化和教育近代化思想的研究和宣传,在当前注意物质文明建设的同时,切实抓好精神文明建设的事业中有所启示,并期待着对蔡元培研究出现更新的成绩起到促进作用。

总之,此书真是原原本本,几乎应有尽有,而评价也很客观,不愧为自有关于蔡元培研究以来的一部佳作。

蔡尚思

1996 年 12 月 7 日于复旦大学

(原载蔡建国著《蔡元培与近代中国》,上海社会科学院出版社

1997 年版,第 1—3 页)

我在老师中首先想到蔡元培

　　张世林同志来函说:他正在组编《学林往事》,旨在介绍老一辈著名学者的治学和为人方面的事迹,使广大青年人能有所了解,要我在《学林春秋》发表《我和中国思想史研究》一文之后,再写一篇介绍老师或友人的文章。我想来想去,首先想到在我的很多老师中算得比较前进而少缺点的应当是蔡元培。这有事实为证,试让我指出一下。

一、康有为、章太炎与蔡元培是中国近代文化界,尤其学术思想界三大学派的代表人物

　　就封建时代规定传统文化最重要的所谓"经学"方面来说,康有为是经今文学派代表,章太炎是经古文学派代表,蔡元培是首先敢于废掉经学科系的代表,他把经学拆散,分为文字学、文学、史学、哲学,使它不再长期处于独尊的地位。从此以后,中国所有大学都不复有什么经学科了。康有为的一个高足、留美博士、孔教大学校长、常到世界去宣传孔教的陈焕章,在20年代对我大骂北京大学校长蔡元培的废掉经学科系,是在破坏中国传统文化,犯了大罪。我听见,非常反感!

　　就空前未有的新文化运动方面来说,蔡元培是最支持与掩护这

个大运动的。他把北京大学作为新文化运动的根据地,特去请陈独秀来领导最有地位与影响的文科(文学院),而康、梁(梁启超是康有为的最大高足,康梁并称)与章太炎却站在新文化运动的对立面,不以新文化运动为然。康门地位最高、影响最大的梁启超,与章太炎一样,均由清末的曾经反孔而到民国时代的越来越尊孔。蔡元培却不是尊孔派。梁、章二人反共,蔡元培却认为马克思主义理论也应当研究而看重李大钊、陈独秀。

三大学派的代表人物各有所长:康派的梁启超长于历史学,章太炎长于小学(即文字学),但其大弟子黄侃却认为他"有得有失,未能尽厌人意"。蔡元培长于教育学和美育。他们都是博中有专,而不致如走马看花的博;与专中有博,而不致如坐井观天的专。

蔡元培的道德很高尚,事业很广大,培养出的人才也最多,都为康、章二人所不及,他常去西方求学也超过了康、章二人,惟对中国学问的专似不及康、章二人。

蔡元培曾说通人比专家高,章太炎也只是专家。我把三人比较一下,觉得蔡元培已是通人,康、章二人只是专家。蔡元培早在北京大学已经提倡理科中的数学应为文科学习者所兼研究;后来又主持中央研究院,也偏重科学方面。他曾公开演说:科学与人生有绝大关系,从生到死,都不能离开科学。

现在还有不少人单注意康、章二人而不大注意蔡元培,这是值得重新考虑的一个问题。我在报刊上不只一次地看见有文章说,在近代史上的伟人名人中,只有孙中山、蔡元培二人最少被人们批骂。这更超过上述三个文化界大人物的比较了!

二、蔡元培学识的博通方面

蔡元培对中西文化比较兼通。他以清朝的进士翰林、民国的首任教育总长、北京大学校长而仍常去欧洲学习,等于一个年老位高的中国留学生,这是非常少见的!

从1917年到1928年,在北洋军阀统治下的北京大学,北洋军阀很恨他长期任校长,无论在校主持校务与只是挂名,而国中发生多种大小运动都与北京大学有关联,力图把他赶走,只是由于骇怕学生、教育界、人民的最热烈拥护他而未能成为事实。直到最后的一个北洋军阀入京,自称大元帅,等了多时,在北伐军步步胜利,才临时匆卒把北京大学改名为"京师大学",把北京大学研究所国学门改名为"京师大学国学研究馆",可也只能改名而无法改实。例如北京大学的教授与研究所国学门的导师,仍然几乎全是原来的,导师中的文字学组是沈兼士等,文学组是刘半农、周作人等,此组的原来北大教授人数最多,史学组是朱希祖、陈垣(燕京大学国学研究所所长来兼)、陈寅恪(清华大学教授来兼)等,哲学组是陈大齐等,多是我常和他们接谈的。在"京师大学"中尤其是"国学研究馆"的规章制度仍然沿用研究所国学门的规章制度,例如研究生只有研究问题是否完毕而没有统一年限,只有导师与研究生接谈而没有经常上课,只有得到通知才去听导师的学术专题报告而不必常到学校,只有研究生多在图书馆自由搜集资料而不必完全听从导师的指示等等,此与蔡元培长校时期没有什么不同。因此,我认为一切都在改名而不在改实,称最后一个北洋军阀统治下短命的"京师大学"与"国学研究馆"都是仍属于蔡元培的,蔡元培并未真正地被赶走。北京大学与研究所在北伐成功后的国民政府时期,才有较大的改变。

蔡元培校长的北京大学,教授几乎各学派都有,最好展开百家争鸣:在学术思想上,有反孔派与尊孔派的对立,有疑古派与信古派的对立,有白话派与文言派的对立,有唯物论派和唯心论派的对立,有民主主义派、社会主义派与封建主义派的对立等等,这样算是一种有领导的百家争鸣,与古代毫无领导的百家争鸣尤其是不以新派为中心的百家争鸣,都是大不相同的!

现在试选述一些小事以见大道。我入住南京国学图书馆赶读历代文集,搜集资料,曾去看望蔡元培一次,他对我说:"这是大好事,应当坚持下去。我当初也想专心治学,可惜竟为事实所不许。"这很可见他是念念不忘的好学。

又一次,他正在写的一篇文中要引"臣罪当诛兮天王圣明"一语,就随便问我:"这句是韩愈说的吧?"这可见他的治学十分认真,真如古人所说"不耻下问",完全出乎我意料之外。

记得他曾说:"现今一般大学上课,只对学生满堂灌,不让学生发表意见,还说这才是好教师,我很不以为然。"

三、蔡元培品德的高尚方面

蔡元培最难能可贵的是始终坚持一种大无畏精神。他在晚清时代,是唯一无二的翰林造反者。在北洋军阀时代是独自大胆改革北京大学,支持新文化运动、五四运动而与北洋军阀对抗,北洋军阀都无法把他赶走。在国民政府时代,更以国民政府委员身份而与宋庆龄、鲁迅等组织成立中国民权保障同盟,他尽力营救大批被捕的民主人士与共产党员,带头为鲁迅出殡执绋。公开演讲,主张马克思主义理论可以研究。……公然与国民政府对抗。国民政府终于采用"杀鸡教猴"式的办法即杀杨杏佛以警告蔡元培。蔡元培也一直坚持大无畏的精神,不为所动。国民政府终不敢杀害他,而苦于无法使他稍为转变立场。

现在这里也来选点小事:大学招收女生不始于北京大学,但以后的男女同校,却是受了蔡元培在北京大学实行的大影响。

蔡元培主张男女平等,反对多妻、外遇、狎妓。……

他不仅主张男女平等,而且实行人人平等,一点儿架子也没有。他在北京大学出入校门,总同门房行礼。1928 年我在南京访问他,我当时还只是一个小研究生,只是与他通过信而已,想不到他在机关大会客室里已有客人近二十个,也肯会见我,并且对我说:"请你坐一下,我进去拿一帧小照送给你。"(这帧照片,我还印在 1941 年写的《蔡元培学术思想传记》书前)他竟称我为"吾兄同学"。以后有时来信,还写"内子属笔奉候"。我每次在上海去见他,只要他在家,他都让我进去。有一次进去后才知道先有两位贵客坐候他出见。我从来未见闻过一个大学者兼大政治家能平民化到此等地步!

有一次,我问:"国民政府选任老师为监察院院长多年了,老师坚决不肯就职,为什么?"他只很简单地答:"这个官,我好做么?"这很可想见当时政治上的黑幕重重,他很廉明公正,决不被拖下水,同流合污!

又有一次在上海,我去看望他,他穿一双布鞋和白袜,一大片血流在足背上,我一看见就问:"老师的袜为什么不换掉?"他很无所谓地答道:"不要紧!"我才知道他是无比节俭的!

他在上海的福煦路、极斯斐而路等处搬来搬去,全是租房而居,一直没有自建的房屋。我在南京时听说南京国民政府许多部里的司长和立法院的委员都在郊外乡中有自建的单独楼房,蔡元培的地位比他们高得多,却一直租房而居,此事很多人都不解。

他一生反对腐化、恶化与官僚化。

四、我对蔡元培老师在很钦佩中又不"为贤者讳"

我对蔡元培老师的钦佩很难说完,但决不受孔子的《春秋》笔法"为贤者讳"所影响。想来想去,只有 1927 年,他参加所谓"清党运动"一事,是很错误的;而在北京大学教授中,只有许多章太炎派而没有一个康梁派，似乎对于兼容并包、百家争鸣，还可以百尺竿头更进一步，不知这是否因为康有为、梁启超与章太炎两派过于对立？一件大事，一件小事，我只在此篇末指出而已。如有错误，我愿接受批评。

（原载《学林往事》，朝华出版社 2000 年版）

辩证发展的新世纪学术

《学术月刊》要编发"寄语21世纪中国学术"专辑,"在总结20世纪中国学术的基础上展望21世纪的中国学术"。这是大家所关心的一个重大问题。我现在虽有些跌伤,也很感兴趣,要来发表一些意见,表示热烈支持,并向各界请教:

一、社会时代是不断向前发展的,如奴隶社会、封建社会、资本主义社会、社会主义社会等都是一个一个超过前一代的。近百年来的中国思想界,也由维新派进到民主革命派,又由民主革命派进到社会主义革命派。我对今后新文化主张"辩证发展","辩证"就不是形而上学,"发展"就是向前发展而不是停止不前与开倒车、向后转,这比主张"新"的,还要具体,还要明确,例如许多学派各自以为"新",新来新去,还不是老的一套么?孔子自称"述而不作,信而好古",明明是述古信古者,此说影响了中国几千年的尊孔好古派。冯友兰先生把它解释为"以述为作","以述为作"还是"述而不作"的。李一氓同志说得好:"历史上各种思想走到绝路的时候,或者要拿来迎合当前客观世界的时候,就会假借旧的名义标榜一个'新'字。……"(详见《蔡尚思自传》,第174页)

二、中国由于独有二千多年的封建专制统治,至今有些人预言21世纪会成为儒家的世纪,有些人却反而认为儒家将一去不复回了。这个问题尽可让人们争鸣。我的看法,两者均不可能。今后既不会有儒家的世纪,儒家也不容易一去不复回。对于中国旧传统文化,应当分为精华与糟粕两大部分,对真正的精华部分应当敢于弘扬,对真正的糟粕部分应当敢于批判。对此两者都必须非常认真,既不好把精华看作糟粕,更不要把糟粕当作精华;也不是只要单弘扬其精华,而是更要批判其糟粕。如不敢批判旧的,就难迎接新的了。对新时代与旧时代,决不可混为一谈。

三、不要无中生有,颠倒是非,随时代的发展而美化旧传统思想,以致弄到面目尽非。例如有了民主主义,就把孔子说成民主主义者;有了社会主义,就连《周礼》也被说成有社会主义等等,恕我不一一指出了。

在此篇末,我敬祝 21 世纪,中国富强! 世界和平!

（原载《学术月刊》2000 年第 1 期,第 4 页）

柳诒徵先生学述

（代序）

一

著名历史学家柳诒徵先生，值得我们学术界纪念的，约有下列几个"最"。

柳先生担任大图书馆馆长时间最久。他主持设在南京龙蟠里的国学图书馆，长达二十多年，比梁启超、蔡元培、陈垣诸先生担任大图书馆长都长得多。

柳先生编出大图书馆藏书总目最先。有人就质量而说，该馆"收罗图书之富，为当时之冠"。柳先生在三十年代就编出《江苏省立国学图书馆图书总目》三十巨册，我国在解放后四十七年之久的今天，也还未闻有大图书馆编出此类完整的图书总目。

柳先生长期在南京两江师范学堂、南京高师、东南大学、中央大学等校任教，培养出的文、史、地、哲各门乃至自然科学方面的著名专家最多。我在三十年代亲自听见先后任北京大学、中央大学教授的林公铎先生（损）当面称赞和羡慕地说："翼谋先生培养出大批人才，实为我和其他专家所莫及。"这真不愧李瑞清所说的"大教育家"。

柳先生博通古今中外,编著多种历史专书最早。他在 1901 年于南京江楚编译局任编辑,就编成《历代史略》一书,略等于今人所说的中国通史。1910 年完成了黄绍箕草创、柳先生自己辑补的《中国教育史》一书。1916 年起不到十年,又编出东亚各国史,包括《日本史》、《朝鲜史》、《印度史》、《北亚史》、《南方诸国史》、《南洋群岛史》六种,其中的《北亚史》,述到"俄国与蒙古之关系"、"最近中俄之交涉"及"苏俄革命后中俄之交涉"为止。对柳先生的博洽古今,几乎无人不知道;对柳先生的会通中外,知道的人可就很少了。

在柳先生的著作中,《中国文化史》一书可说传授最广,不失为从出版到解放前各种《中国文化史》的"老母鸡"。但最能代表他的著作的却是《国史要义》一书,这实在原是他在大学任教《历史研究法》的讲义。当时已发其凡,到晚年在战时重庆才大加订补完成的。书中有些见解,我现在越发觉得其正确,当时学者多未认识到。如孔子礼教思想的基本原则始终不变说,我国历史以礼为核心,伦理是礼之本说之类。

此外柳先生主张"正其义而谋其利,明其道而计其功",也比董仲舒等人高明得多。他认为没有民主修养,就不配做民主国家的官吏等言论,也是针对着国民党政府而言,是很正确的。

二

就我个人受教益于柳先生这一方面来说,也有几个"最"。

柳先生是使我得住大图书馆最多读书的长者。他既允许我住入国学图书馆中,不收房租及其他费用,尤其还给我一个特别优待权利,最使我一辈子也不会忘记的是,他对阅览室的人员说:"蔡先生为了著大部头的《中国思想史》一书,特来我馆从历代文集中搜集他人所少搜集的宝贵资料。我们必须尽力支持他。他的贡献也等于我图书馆的贡献。别人借阅图书是有限的,不还不再出借;对蔡先生借阅图书是无限的,即使一天要阅十部、二十部或者更多的数量,你们都要到后面藏书楼把书搬来供他使用。搬上搬下,虽很费力气,却不要表示不耐烦,这是我们应尽的义务。"我于1934年8月自动辞职东下入住南京国学图书馆,主要从历代文集中搜集思想史料,自购该馆新出的《图书总目》,从汉代到民初,按照先后次序读下来,凡前此已读过的许多书不读,读后只作最简要的批注,留待后来请我的最早期学生邱汉生主持,招十多人抄出。

我为什么要去南京入住国学图书馆读书与搜集资料呢?约有几点值得一说:

第一,我不仅由于没有许多钱可以买书与许多书是有钱所买不到的,而且书太多也没有空房可陈列出来,所以就与大图书馆结下了不解缘了。但我遍查国中的大图书馆都只能走读而不能住读。后来才得悉只有在南京龙蟠里的国学图书馆可住读,于是我狂喜,就把此图书馆当做自己的藏书和书房了。

第二,在全国大图书馆中也只有此图书馆出版了全馆普通本、善本编在一起的《图书总目》,使读者不必查卡片的麻烦了。

第三,我读了所有关于中国哲学史、思想史、伦理学史、政治思想史、经济思想史等类著作,觉得书中的人物都是寥寥无几,于是就发愤要从内容包括各方面的历代文集中去补充搜集。解放后,据两个读者来信说有一本刊物的一篇文章说:现在有两种读书法,一是择善而从的,如陈垣等;二是竭泽而渔的,如蔡尚思。我读后笑起来了,我的遍读国学图书馆的历代文集,确实有点像"竭泽而渔"的。如不光遍读一下,就谈不到真能"择善而从"了。不仅如此,"择善而从"的"善",也是随各人的立场观点而不同的。

第四,我企图把古来的优秀思想集成为一书,打破几千年来的限于旧传统、旧统治的那一套。因此,被柳诒徵先生恭维为如蜜蜂采蜜,苏维岳先生恭维为如矿工开矿。

第五,我初进此图书馆时,有一馆员问:"先生此来有何计划?"我答:"打算把贵馆的历代文集(诗、赋、词、曲等不在内)通读一遍,选出思想史料等。"他马上笑道:"古来没有此种人。"我听见,心中觉得我说话太老实了,以致被人瞧不起,很后悔。同时也想到两句话:一句是陈胜说:"燕雀安知鸿鹄之志哉?"你安知我没有打破纪录的志气?另一句是:"路是人走出来的。"既然是起先根本没有路,后来才被人走成路,那么走路的人一定有好多种:从没有路走出路,头一个人是开路先锋的创新者;后来经过许多人跟着走,这是承前启后的继承者;再后来把它修成一条正式大路,这个人就是集成者。治学像走路,有的创新,有的继承,有的集成。以儒家、新儒家为例,三代之礼相因而各有所损益,经周公的发挥而集成,到孔子再发挥而集成;孔子之礼到孟、荀、董仲舒、《礼记》等再发挥而集成;周、孔、二程等的理学到朱熹再发挥而集成。图书馆也像走路,南京国学图书馆是中国质量很高的大图书馆之一,柳诒徵首先编印《图书总目》与首创学者住馆读书搜集资料办法,是开路先锋的创新者;没有此二者,我能得长期入住该馆遍读历代文集而成为今天的我么?单就此点看来,柳诒徵的办图书馆与我的治学都是有开风气之先的。柳馆长独敢破图书馆的先例,我为什么就不敢破治学读书的先例呢?那个图书馆员太小看我了,我是很不服气的!我自誓至少不基本达到目的,决不走出此馆的大门。我生怕不能做到,被他讥笑!同时也得到明代与民国几个学者的启发,就决定以一天等于别人的三天,每天平均必须用十七八个小时来翻图书。从 1934 年 9 月起一年与以后的几个暑假都如此。我自知是逼上梁山,同时也是坏事变成好事,非常感谢那个瞧不起我的馆员。

柳馆长曾对我说:"你不仅打破了在我馆读书的学者的纪录,而且打破了古来在图书馆读书的学者的纪录。"我说:"柳馆长太夸奖我了,您是馆长,我只是住馆读书的,我哪比得上您的多读馆藏书?"
他说:"不,我只是在图书馆工作的,而不是住馆读书的,任馆长的学
者与住馆读书的学者大不一样,未可混为一谈。我馆首先出版一部
《图书总目》,你是首先按《图书总目》集部先后次序遍读下来的,我
很希望将来有第二个学者来馆住读。我馆有了你这位读者,这部
《图书总目》总算不白出版了。"我深刻体会到,这个大图书馆是我
的太上研究院,是我做学问的老母亲。在此之前无此好机会,在此
之后更无此好机会,一生只有一次,怎样忘得了呢?

柳先生是最多讲历史掌故给我听的长者。在我师友前辈中同
我接谈之多,没有一个超过柳先生的,听先生指教犹如是读一部大
的活书。我于日间在阅览室赶阅图书,晚上整理笔记,常于夜间八
九时以后去向柳先生请教。他从清朝的掌故到民国的时事,无所不
谈,边谈边笑,如袁子才与戴东原之异同之类,真使我闻所未闻,均
为书本上所无法得到的知识。

柳先生是最多鼓励我的长者。1935 年 9 月,我应上海沪江大学
的聘请,向柳先生拜别,并再三感谢他给我最多读书的机会,他特送
我到图书馆外的路上,回答的话竟是:"在我主持这个图书馆十年
后,才得到您来把馆藏集部图书的蠹鱼弄死或赶跑,因为集部被您
一页一页的翻开,蠹鱼就逃不了您的眼和手了。我倒要大大地感谢
您哩。"他还赠给我一帧横幅,写着南宋陈亮的两句豪言壮语"开拓
万古心胸,推倒一时豪杰"作为临别赠言。我把它裱挂在书室壁上,
当做向往而不能至的座右铭。竟被"四人帮"的爪牙抄家时撕碎,
真可惜!

柳先生又是最感动我的长辈。我因为日本帝国主义的侵华,逃
难住在复兴中路,柳先生当时住在海防路,二地相去很远。有一次
他颤颤仆仆地走来看我,他先说:"您是最多读南京国学图书馆藏书
的一个人,自您离馆以后,我经常想念您,所以特来拜访。"接着表

示："我视图书馆重于自己的家,重视馆藏图书甚于自己的家产,爱护无微不至。"说着不觉流泪,这非常感动我,我也泪珠欲滴了! 他向我告别,我很为他担心,扶他走过马路,要送他回去,他无论如何也不肯,竟独自乘公共汽车走了。后来听说柳先生复员回南京,以七十老翁奔走收书,甚至为此跪在某掌权者的面前,苦苦哀求才得收回原来藏书柜架,复馆得原藏书十九万册,损失的只十分之一。柳先生又赶编《国学图书馆现存书目》,以告于世。职责既尽,他便离馆而去了。这真是难能可贵之事。解放初,我特诚到中央研究院办事处去看他一次,也是我们最后见面接谈的一次了。

末了,无可讳言,由于柳先生和我有前后辈的不同,在思想上如尊孔一类问题,在历史学方面如是否信古等等之类,我和柳先生是不大可能一样的。我初见面一谈,他就在《日记》里写明我的谈吐"甚奇",也许与此有点关系吧! 但我们之间专谈学问,不谈思想,越来越相得,竟超过了一般师生的感情。我始终认为,柳先生是对我在学问上有最大帮助的恩师,我曾写信尊称他为"老师",他马上复书,要求"以后勿沿此称"。他真谦虚! 我自知如果没有柳先生给我多读书的大好机会,就连今天这样的我也不可能。所以饮水思源,我在他的追悼会上首先起立致词含泪表示"无比沉痛"!

柳诒徵先生去世已四十一年,我认识先生已六十三年,今略述先生之学行如下:

立身行事:先生一生读书讲学,注重身体力行。凡有益于国家、社会的事,皆尽力去做。他从一个做八股文的秀才,进而为提倡新学的教育家,密切和留学生交往,广事吸收西方学术文化,不断随着时代前进,至老不变。先生每做一事,必有成就。其学术成就被章太炎誉为如"凤鸣高岗"。以前他在东南大学和国学图书馆的成绩,多已久著人口。但有一事,应当指出:"九一八"日军入侵,先生为了要激发国人爱国御侮,而特别印行明代御倭书籍多种。建国后,先生已七十多岁,但在上海市文管会工作,和筹建上海图书馆、恢复镇江绍宗藏书楼,却十分努力。于本书《霞墅检书记》、《衷翁尽瘁绍宗楼》诸文可见。先生在文管会整理乱书时,曾手写《检书小记》八册,准备将来编目之用。书中详记经眼善本序跋印记,是一部珍贵的书目提要。先生工作直至 1956 年去世为止,真是所谓"鞠躬尽瘁"了,所以去年 12 月,上海图书馆新馆成立时,顾廷龙老先生回沪参加,犹谆谆向馆人介绍先生曾参与筹建上图工作。

重要著作:先生著作中的《中国教育史》、《中国文化史》等都是开中国专门史之先河。而最有代表性的是《中国文化史》、《国史要义》、《国学图书馆图书总目》等。其后还有新印的《柳诒徵史学论文集》正续编、《柳诒徵劬堂题跋》等,要在折衷群籍,融贯中西,不为过去汉宋学所囿,其发扬祖国传统文化,不遗余力。而《国学图书馆图书总目》一书对学者作用极大,我也深受其惠。所可惜的是先生辑录《中国人民生活史》、《中国奴隶史》资料,未能定稿出书。

教书育人:先生历任各大学教授数十年,培养人才甚众。他鼓励学生注重品德,学有专长,可以各选一科,因此门下弟子,除了最多著名的文科学者之外,理科、工科、医科皆有:理科如严济慈等,工科如茅以升等,医科如翁之龙等皆是。他们皆对先生终生敬仰,这都是先生教育方面的成绩。

先生的成就是多方面的,史、地、诗、哲、文、书法多精深博大。《劬堂学记》一书收录了不少有关资料,现在许多当年的撰稿人都已下世,所以已是非常珍贵而不可复得的了。其次贵在材料的正确性,本书所记许多都是当事人口述的第一手资料,有的更是先生手笔,所以其时、地、人名等常可纠正他书转载传闻之失误,如先生号希卟,"卟"是古文"矿"字。先生少时从未进过两江师范、南菁书院等学堂,其诗书全由其母鲍夫人口授之类。此书下编弟子列传,诸人年历、生卒以及学术著作情况,收录亦不容易,所以此书对[研究]先生生平行事及其学术成就是有很大参考价值的。这部《劬堂学记》是先生长孙曾符教授费了多年,才搜集到而编写成的。如用古人的话来说,也可算是一个"善继人之志,善述人之事"者了。

蔡尚思

1997 年 1 月 20 日写于复旦大学

(原载柳曾符、柳佳编《劬堂学记》,

上海书店出版社 2002 年版,第 1—7 页)

杨时在中国文化史上的地位

黄宗羲在《宋元学案》中称赞谢良佐为："程门高弟子,窃以上蔡为第一。"此说未合事实。我以为从各方面尤其是从影响与成果来看,都应当改说："程门高弟子,窃以龟山为第一。"我的理由,约有六点:

一、我们首先要知道杨时在中国理学史上的重要地位。无论在中国文化史上、学术史上、思想史上、哲学史上、伦理学史上都居于主要位置的是宋代理学,宋代理学中最重要的是濂洛关闽四大派,濂洛关闽四大派中最重要的是闽学一派,闽学一派中最重要的是朱熹。朱熹之学来自二程与杨时,杨时是中国理学由北传南的关键人物,所以被称为闽学创始人。闽学的祖师是杨时而不是朱熹,朱熹是闽派,也是理学的集大成者。但是,如果没有杨时的把理学传入闽北,也不可能造就朱熹。这个理学传统是这样的:由二程而杨时,由杨时而罗从彦,由罗从彦而李侗,由李侗到朱熹。杨时、罗从彦、李侗号称"南剑三先生"。罗从彦是杨时的弟子(也算是二程的弟子),李侗是罗从彦的弟子(也算是二程的三传弟子),朱熹是二程的四传弟子、杨时的三传弟子、罗从彦的再传弟子、李侗的弟子。

二、杨时以二程为师,与谢良佐、游酢、吕大临号为"程门四先生"。二程是洛阳人,属于北方。程颐独说"吾道南矣",而未曾说

"吾道北矣"、"吾道西矣"。这个"南"是指将乐的杨时而不是指建阳的游酢。杨时一生讲学著述活动都是在我国东南地区。

三、程颐、杨时都很注重《论语》、《孟子》、《大学》、《中庸》四书。在《杨龟山先生集》中有《论语义序》、《孟子义序》、《中庸义序》、《校正伊川易传后序》等文,杨时对《中庸》认为"圣学所传,具在此书,学者宜尽心焉"(卷二六《题中庸后示陈知默》)。朱熹因此而有其代表作《四书集注》。

四、东南学者和康熙皇帝均称杨时为"程氏正宗"。其他三个程门高弟和程门另一高弟尹焞("和靖先生")都不在内。张伯行也说:"游、杨、尹、谢四先生中,独推(杨)先生之学最纯、先生之信道最笃。"(《杨龟山先生全集序》)。

五、理学家中能做到理学、经济(按此在古代是指"经邦济世"或"经世济民"的政治事功而不是限于近现代所说的经济)、气节(指道德)、文章(指诗文)四长的不多,杨时却能把"四者合而为一"(用张伯行等人之语),超过了在他以前的濂、洛、关三派的大师。后人多只知杨时是理学家之一而不知他的其他三长。他的气节,如他敢于率同列上疏论三大权奸(蔡京、王黼、童贯)等的罪恶之类。有人指出杨时的"经济",可与李纲"竞烈"。宋代最有气节的李纲、文天祥等人均为杨时作"画像赞",而杨时的诗文也为其师友所不及。

六、杨时活到八十三岁,比其他四位程门高弟的岁数都高得多。游酢、尹焞都只七十岁,其余二人都只五十出头。杨时一生著书讲学,影响最大。他除了自己的《杨龟山先生全集》以外,还有《二程粹言》,最可看出杨时与二程的学术关系。

单看上述,就可知道杨时在中国理学史上与福建文化史上占有很高的地位。

（原载《纪念杨时诞辰950周年专集》,2003年,第45—47页）

《十家论墨》要点

我就《十家论墨》专著,指出一些要点,以供读者参考。

一、梁启超著《墨子学案》

梁启超(1873—1929),号任公,广东新会人。被称为国学大师,对文学、史学、哲学、教育学、社会学、政治学、法律、宗教等方面均有研究。

梁启超是清末举人,从学于康有为,创办和主撰《万国公报》、《时务报》、《新民丛报》等十种以上的报刊。他主张中西学结合,编辑《西政丛书》,主持时务学堂讲习。力请废除八股取士制度,为光绪破格召见,授六品官衔,奉命主持译书局事务。后与康有为共同领导维新变法运动,失败后走日本,接触了西方资产阶级的哲学社会科学而用以治中国史。入民国,历任司法总长、财政总长,先后参加讨袁护国战争、讨伐张勋复辟的行动。1918年后,从政治舞台转到教育与学术舞台。他不满五四新文化运动。应南开大学、东南大学的聘请,讲授中国学术思想。1925年任清华学校国学研究院教授。

梁启超的著作很多,已有《饮冰室合集》,实还不全。其代表作有《新民说》、《自由书》、《欧游心影录》(1919)、《清代学术概论》

(1920)、《墨子学案》(1921)、《中国历史研究法》(1922)、《先秦政治思想史》(1922)、《国学入门书及其读法》(1923)、《中国近三百年学术史》(1924)等专著与《墨子学说》(《墨学微》)(1901)、《论中国学术思想变迁之大势》(1902)等论文。

中国近代被学术界公认为"国学大师"的有章太炎、王国维与梁启超三人,就学术方面来对比,章太炎的学术成就在其前期,而最长的是文字学。梁启超的学术成就在其后期,而最长的是史学。王国维的学术成就则较专精(甲骨文),梁启超的学术成就较广博。

单就文章而论,章太炎学魏晋,很艰涩;王国维学两汉,很简朴。梁启超自称为新民体,最流畅生动,最富有感情,其文言文比较接近于白话。章、王两人均不写白话文,梁则兼长。这几点研究中国文学史者,似应注意到的。

在学术上,梁启超比章太炎、王国维两人,能开风气之先,其影响也最大。在19世纪末到20世纪初的几年,梁启超"文名满天下",被誉为"舆论界的骄子","学问文章为天下之冠"(《梁启超著述系年》)。但其政治思想却与学术相反,以致被评为"学术上的巨匠,政治上的侏儒,就是这位资产阶级学者和改良主义政治家矛盾而统一的形象"(《梁启超著述系年》)。

梁启超在墨子的研究上,也是前期与后期相反:他在前期尊墨反孔,自号与文章署名均来自《墨子》,如任公、任庵、任甫、任父、任兼士等;到后期又反过来而尊孔反墨了。

梁启超是中国近代史上最崇拜墨子者,他在《墨子学说》一开始就称墨子独能救中国:"今举中国皆杨也……杨学遂亡中国。今欲救之,厥惟墨学。"在他处也说:"欲救今日之中国,舍墨学之忍痛则何以哉!"

梁启超也是采用新式即西洋式的治学方法来治墨学的第一人,使中国古来治墨学者的风气为之一变,其功实不可没。诚如严灵峰所言,中国古来的治墨学者"大都偏于训诂、校勘,于墨子思想作系统之研究者,殊不多觏,诚美中不足者也。清末新会梁启超所著《墨学微》一书泛论墨子学说,蹊径独辟,别开生面,为墨学创历史之新页"(《墨子简编》)。

梁启超的论墨子有正确的一方面。

如他指出的孔、墨两人思想的不同:"孔子并没有重新改革的觉悟,不过欲救末流之弊,恢复原有的好处。墨子生孔子之后……不像孔子那种中庸性格,他觉得旧社会整个要不得,非从根本推翻不可。所以他所提倡几条大主义,条条都是反抗潮流,纯带极端革命的色彩。革新旧社会,改造新社会,就是墨子思想的总根源。"

"墨子特注意经济组织的改造,要建设一种劳力本位的互助社会。"(《墨子学案》第一章二)

如说:非命主义"直捣儒道两家的中坚,于社会最为有益。……墨子大声疾呼排斥它,真是思想界一线曙光"(《墨子学案》第四章)。

如说:"墨子真算千古的大实行家,不惟在中国无人能比,求诸全世界也是少见。"(《墨子学案》第六章)

如说:"诸子中持论理学最坚而用之最密者,莫如墨子。《墨子》一书,盛水不漏者也。纲领条目相一贯,而无或抵牾者也。……""墨子全书,殆无一处不用论理学之法则。"(《墨子学说》附《墨子论理学》)

同时,也有错误的一方面。

如梁先生在《墨子学案》书中说:"墨子的兼爱的主义,和孔子的大同主义,理论方法完全相同。"(第二章)

如说:孔墨"两圣人的经济学说,同归宿到这一点"(《墨子学案》第三章)。

如说:墨子学说最大的缺点,莫如"非乐"。

如说：墨子"不免干涉思想自由太过，远不如孔子讲的'道并行而不相悖'了"（《墨子学案》第五章）。这是他忘记了孔子也反对争鸣（如孔子说："道不同，不相为谋。""攻（习）乎异端，斯害也已。"），才会说出这种话。

如在《墨子学说》书中说："墨子于九流之中较为晚出。"晚出在儒、道、法三家之后么？这也有问题。

甚至说"鄙人笃信鬼"，"鬼学（魂学）至今已渐成为一系统之科学。……畴昔所指为神通、为不可思议者，今皆有原理之可寻。……而佛说所谓三界唯心、万法唯识之奥理，至是乃实现而以入教科矣"。这话表明，梁启超终于成为有神论的代表了，这是可惋惜的。

二、王桐龄著《儒墨之异同》

王桐龄（1878—卒年不详），历史学家。河北任丘人。1911年毕业于日本东京帝国大学。历任北京高等师范大学、燕京大学教授，其间兼任法政大学、中国大学、清华大学、北京大学讲师。著有《中国史》、《中国历代党争史》、《儒墨之异同》等书。

王桐龄的《儒墨之异同》一书，对儒墨两家的异同，分为宗教、道德、政治、模范人物、圣经贤传、教义之实行等六章，其结论罗列为六十七点，不免带些枝叶问题。他指出的异点都正确，同点却未必然。

儒家虽崇拜"六经"，"六经"却不等于儒家，他用"六经"证明儒家学说，不甚妥当。

他定陶潜为儒家，亦不合事实。陶潜实较近于道家。

他以汉后佛教、明后耶稣教传入中国与墨子之兼爱主义的复活混为一谈，也不免附会。

但此书中却有很多新见解。如他用唐、元许多小说"以证明墨学虽中绝,而墨学之理想犹潜藏隐伏于后人脑筋中,固未尝完全消灭"。用明清忠臣义士组织秘密结社,证明墨学的流传,凡此都是此书的特识。

三、伍非百著《墨子大义述》

伍非百(1890—1965),哲学家、逻辑史家。四川蓬安人。早年参加同盟会。历任四川大学、四川国学院教授。创办西山书院、川北文学院。解放后,任四川省图书馆馆长、文史馆研究员。著有《中国古名家言》《墨子大义述》等书。王元德在序中称此书:"发前人所未发,言前人所不言,洵自墨子以来,一大创作也。"并非过誉。

此书对于兼爱、非攻、非乐、尚同等均有创见,而在结论中用墨子之言与《礼运》的大同说进行对照,非常简明,尤为他人考辨所不及。

伍非百认为墨子之学,所谓天志、明鬼诸目"皆非本也","其本是为天下兴利除害"。亦言之成理。

但此书也有自相矛盾之处。从此书中可以看出伍氏实是尊墨反孔的代表人物,但他却声明:"谈墨家者每喜轻儒家,因而非孔,此大失古义。孔、墨同出一源,墨子有取于孔,乃系史实。故于篇首述墨子时提及学术溯源,以明孔墨之关系。结论于儒墨不同之点,及儒家末流之弊,亦颇指出,非敢有诬先圣也。"这就未免前后自相冲突。他又说,墨子"远祖夏禹,近取仲尼,而倡兼爱尚俭之说"。说墨子"远祖夏禹",尚合史实;说墨子"近取仲尼",却大错了。墨子力倡兼爱而反孔子的别爱,连道家的庄子也看到孔子重孝,而说"至仁无亲","孝固不足以言之"。法家的韩非也看到墨子主节用、节葬等而反孔子的奢侈厚葬,因而孔、墨二人为奢俭相反的代表。伍氏有时以"大同"为墨子之说，有时又相反地说"儒家之大同"与墨子之"爱人必待周，皆兼爱也"，这不仅自相矛盾，而且是将孔、墨混为一谈了！

四、方授楚著《墨学源流》

方授楚，生卒年不详，有关学者专家传略的辞书，均未见"方授楚"的条文。从其所著《墨学源流》自序中看，他先后读过章太炎、梁启超、谭嗣同、曹耀湘、孙诒让、胡适诸家述墨学的著作，认为于墨学皆有所见、有所明，而不免有三蔽，皆由尊墨太过，以致发生两种反响。方氏在湖南教学，研究诸子，广为搜讨，粗有撰述，而未完成。1928 年任教上海，当时胡怀琛、卫聚贤二人著文说墨子非中国人，方氏先后草论多篇，驳其臆说。他以上述诸人于墨学有所蔽而发愤著此书，时在 1936 年。

方授楚所著《墨学源流》，在近现代墨学著述中是篇幅最长的一部，内容也很丰富。

他肯定地说："墨子之学说，固陈义圆满，而其人格之伟大崇高，及所以救世之急者，不独在二千年之中国史中无其俦匹，即求之世界史中，亦不一二觏也。"

他认为墨子"其思想之特点安在？一言以蔽之，则平等是已"。

他指出惠施、孔子的"泛爱"，均非墨子的"兼爱"之认真可信！

他对郭沫若以墨子为反革命派评论道："此似以消灭为其罪恶，乃落井下石之论也。认为反革命，则于墨学之真相已有所误会，其消灭与否乃适不适，而非尽由善不善。"他的敢于争鸣精神很难得！

他独指出："儒者受墨家影响之深，非可尽指，尤以《易传》之《文言》、《礼记》之《大学》与《礼运》大同之说，最为彰显。……孰谓墨子、禽滑釐诸人之学，一朝而斩焉以尽，澌焉以亡也耶！"

他认为墨学衰微灭亡的原因有四个：一是由于"自身之矛盾"。
这一点似不能成为理由，先秦各家中自身的矛盾最多的是儒家，何
以它不会衰微消亡呢？此点另详于拙著《论语导读》，这里无法举
例了。

二是由于"理想之过高"。我觉得此与他在下文所说"墨学之
复兴"，也有些矛盾。

三是由于"组织之破坏"。

四是由于"拥秦之嫌疑"。

他又说："凡此所述四端，皆由墨学本身之缺点，而外界之反对
不与也。"其实，墨学的衰微，主要原因恰恰在"外界之反对"，尤其
汉武帝以后二千多年封建王朝一直在严禁墨学。而墨家思想并未
灭亡，只好转入地下，存在于民间，以与王朝对抗。

此书 1937 年初版本分为两卷，上卷为"墨子的生平及其学派"，
分为十章，论述墨子生平学说、传授、衰微等；下卷是"墨子之姓氏国
籍学说辩"，分为四章，批驳近世之"墨子是印度人说"、"墨子是阿
拉伯人说"。

五、郭沫若著《墨子的思想》

《墨家节葬不非殉》

郭沫若(1892—1978)，政治家、文艺家、考古学家、历史学家。
四川乐山人。原在日本九州帝国大学学习医学，后从事新诗创作，并
与人组织创造社，接受马克思主义思想，参加北伐战争、南昌起义、
抗日救亡运动，发起中国学术工作者协会。历任广东大学文学院院
长、国民革命军总政治部副主任、《救亡日报》社社长、中华全国文
艺界抗敌协会理事、国民政府军事委员会政治部第三厅厅长、全国

文联主席等职。建国后,历任中央人民政府委员、政务院副总理、文
化教育委员会主任、中国科学院院长、中国科技大学校长、中国人民
保卫世界和平委员会主席、全国人民代表大会常务委员会副委员
长、全国政协副主席、中国共产党中央委员等职。重要著作:学术方
面,有《中国古代社会研究》、《奴隶制时代》、《十批判书》、《青铜时
代》、《甲骨文研究》、《两周金文辞大系》、《卜辞通纂》、《石鼓文研
究》等;文艺方面,有新诗《女神》、戏剧《屈原》等。

在中国近现代学术思想史,郭沫若在孔、墨两家比较问题上,最
突出的就是尊孔反墨。他在此方面著有《孔墨的批判》、《墨子的思
想》、《墨家节葬不非殉》等。

为了保存文献,以利于百家争鸣,本编特选郭沫若反墨作品《墨
子的思想》、《墨家节葬不非殉》作为一家之言之代表作。

郭沫若在前一作品一开头就断定"墨子的思想充分地带有反动
性——不科学、不民主、反进化、反人性,名虽兼爱而实偏爱,名虽非
攻而实美攻,名虽非命而实皈命"。他先声明,他"不是袒护儒家",
要请朋友们"平心静气地来研究研究"。其实,通观郭沫若有关孔
墨二家对比的著作,不难发觉正是由于他自己的"袒护儒家"与未
"平心静气地来研究"问题才会得出墨子"带有反动性"的结论。连
现代新儒家代表之一的钱穆也能看出孔、墨二人阶级(贵族与平
民)、生活、动作、言论,完全相反。历史学家是不是也要有些历史主
义呢?

郭沫若在《孔墨的批判》中说"墨子是反对乱党的人",在《中国
古代社会研究》说"墨子完全是反革命派";墨学研究者方授楚、党
晴梵等则认为"墨子是具有叛逆的特点"。看法如此相反,究竟谁
比较科学呢?

郭沫若说,墨子"十篇东西整个在替'王公大人'说话,开腔一
声'王公大人',闭腔一声'王公大人'。我曾替他统计一下,他所喊

的‘王公大人’的次数一共有六十七次"。事实上,墨子所说的"王公大人",有的是骂他们,有的是劝他们,哪里是"整个在替‘王公大人’说话"呢? 郭沫若又说:"这‘士君子’又每每与‘王公大人’连文而为‘王公大人士君子’,就是当时的官僚或统治阶级的意思。据此,你可以知道墨子究竟是属于哪一个阶层的。"按"士君子"与"王公大人",都是墨子骂他或劝他的。人们都知道"君子"是孔子自居或称赞的,与"君子"相反的"小人"和"贱人"、"役夫"等是墨子自称或被骂的,此点是不难弄清楚的。

郭沫若又说:"墨子的非攻,简直可以说是无条件的投降主义……正是鼓励强暴者的攻伐。"按墨子的非攻,是反侵略而重守卫,也不是反战,他要诛不义。故应全面看问题,不能夸大到反面去。

郭沫若把墨子主张的"有力者疾以助人,有财者勉以分人,有道者劝以教人",贬到比做"近时的纳粹法西斯者流,不是同样有这种精神么"? 这真是"拟不于伦"!

郭沫若是一个学术贡献很大的历史人物,为人们所敬佩,但对于孔墨比较的问题,是否偏见太多了呢? 是否把历史小说化、创作化了呢?

六、杜国庠论墨子思想及其逻辑

杜国庠(1889—1961),中国思想史家、《墨经》逻辑家。广东澄海人。字守素,笔名林伯修。日本东京大学经济学博士。1919 年回国,历任北京大学、中国大学、朝阳大学教师,左翼文化总同盟机关刊物《中国文化》主编,广东省教育厅厅长,中国科学院学部委员、广州分院院长等职。早年曾积极参加"五四"新文化运动。学术著作有《先秦诸子思想概要》、《先秦诸子的若干研究》、《便桥集》

等。曾参加侯外庐主编的《中国思想通史》的撰述工作。逝世后,结集《杜国庠文集》,内有关于墨家部分的《先秦诸子思想概要》、《关于"墨辩"的若干考察》、《墨经的"存"不同于公孙龙子的"藏"》、《墨经的时空观》、《该怎样看待墨家逻辑》、《墨家的逻辑也没有和认识论分家》等。

杜国庠对于墨家研究有素,但多属于《墨经》中的逻辑方面,他是尊墨的,曾被人称为"墨者杜老"。他与反墨的郭沫若有时"争论得相当厉害"(郭沫若《序杜国庠文集》语)。

中国近现代研究墨学者多是哲学社会科学方面的专家,缺少研究自然科学方面的专家。同时,研究自然科学方面的专家又不大研究校勘、训诂、考据。所以对于《墨经》部分研究不深,《墨经》部分至今仍存在许多无法解决的问题。不仅如此,在古书中最易弄错、最难读的也是《墨子》的《墨经》部分。因此,研究墨子的专家,大约可分为三种人:一是只研究墨子的思想,或包括其逻辑学但不研究墨子的科技部分;二是研究墨子的思想而兼科技部分,却难尽通;三是偏重研究墨子的逻辑学而不研究其科技部分,杜国庠也是其中的一个。

杜国庠与郭沫若两人论述处处对立。试举数例:郭沫若斥责墨子是"整个在替'王公大人'与'士君子'说话";杜国庠却称赞墨子是贱人役夫,"多半还是因为他的主张不合于'王公大人'、'士君子'的胃口"。郭沫若斥责墨子的非乐;杜国庠却看出当时的人民正在"救死而恐不赡"(孟子语)的时候,故墨子之所非,并不是无的放矢。郭沫若说"墨子始终是一位宗教家","是一位绝好的教祖,和耶稣、穆罕默德比较起来,实在是毫无愧色";杜国庠却能看出"规矩是人造出来的,墨子的所谓天志也是他创的"。郭沫若说墨子"我真不知道他何以竟能成为工农革命代表";杜国庠却说:"在先秦诸子中只有墨子是革命的。""他接近'农与工肆之人',也代表着他们的利益。"郭沫若说墨子"极端保守";杜国庠却引《淮南子·要略》有关的话"揭露了(墨子)'不与先王同'的秘密,指出儒墨对立的关键"。

杜国庠对墨家的逻辑(论理学)有特别的研究,他指出墨子"有两件非常突出的重要发见,就是'类'和'故'的发见。这种发见,在中国先秦逻辑思想史上,墨子要算第一人"。又说:"墨家的逻辑思想是有几点值得注意的:第一,墨家逻辑的提法是先'自悟'而后'悟他'的;第二,墨家逻辑反映了墨家重实践、贵功用的精神。"这些都说得很精彩!

杜国庠认为孔子的中心思想是一个"仁"字,墨子的中心思想是一个"义"字,这个看法同于清朝末叶夏曾佑所说:"孔子尊仁,墨子贵义。"杜国庠根据的只是《贵义》篇。事实上,从《墨子》全书看,墨子往往"仁义"联言而不分,如《兼爱下》说"兼即仁矣义矣",认为仁义就是兼爱,兼爱就是仁义。有时单言仁,有时单言义。同一篇《非攻上》,不仅同样说"不义"、"不仁"、"不仁义",而且"不仁"、"不义"互用,等于相通。同一篇《天志下》,也同样说"不仁义"、"不仁"、"不义"……即在《贵义》篇说的"必为圣人",也是"仁义"与"义"不分的。无论联言与单言,仁与义,主要都是与兼爱、交利有关系的。认真地说,应是孔墨二人表面上均常言"仁",而"仁"的内容却大不同。孔子的仁是以"礼"为主与以"孝"为先的,"礼"与"孝"都是有差别的,故孔子的仁者爱人,被墨子称为别士的爱人。墨子却反而主张仁人兼爱而无亲疏之别,故称为"兼士"、"兼君"(或"兼王"),他是反"礼"的,反差别的。

但杜国庠也否定孔子的"仁",他曾说:"孔子说:'齐之以礼。'……礼重差别,以不齐为齐……在这种差别的礼的观念之下,仁是没有方法贯彻的。所谓'上好礼则民莫敢不敬',这种敬,恐怕只是畏敬,不是爱敬吧!那就离开了无条件的'爱人'。"(以上引

《杜国庠文集》)

七、严灵峰著《墨子简编》

严灵峰(1903—　)，哲学家。福建连江人。苏联莫斯科大学毕业。历任上海艺术大学、香港珠海学院、台湾辅仁大学、台湾大学等教授。译著数十种，涉及哲学、经济、政治各方面。著有《中国经济问题研究》、《老子章句新编》、《易学新论》等书。辑印《无求备斋诸子集成》，内分《老子》、《列子》、《庄子》、《孟子》、《论语》、《墨子》、《荀子》、《易经》等共 6596 卷，另有《书目类编》525 卷、《周秦汉魏诸子知见书目》六巨册。辑印这样多的丛书，对中国文化研究起了很大的作用，他的工作是卓有成效的。

严灵峰编的《墨子集成》共 91 种，精装 46 册，对墨学研究也是有功的。

他著的《墨子简编》，1968 年由台湾商务印书馆出版。

此书体裁，第一部分为《墨翟新传》与《墨子的思想体系及其功利主义》等论文；第二部分为墨子书十大宗旨注释，书末附有《各篇内容表解》等。

此书有对墨子学说的许多新看法。如说："兼爱是手段，交相利是要达到的目的，两者相互为用。"

如说：兼爱"并非一种玄虚的幻想"。

如说："墨子是在中国历史上赤裸裸地暴露了人类的弱点：自爱（自私）为一切祸乱的根源之第一个人。同时，并提出医治这种病的药方——兼爱。"

如说："天志"是墨子的治国平天下的"法仪"或工具，不是耶稣教《圣经》中"创世记"所描写的"上帝"，否认有些人把墨子的"天"当作"天国的真主"："墨子没有佛、耶(稣)等教宣传的'彼岸世界'、

'天堂'、'地狱'之类。""不是现代的所谓宗教的内容。他只讲治国平天下之道。"

如说："墨子的尚同、尚贤的理想,可说是一种很完整的民主集权的政治。"

如说:墨子思想的发展,可分为本末,本的理论系统是天志、明鬼、兼爱、非攻(贵义),尚贤、尚同;末的理论系统是非命、非乐,节用、节葬。

但他说"墨子主张的兼爱,马克思提倡的阶级斗争,两者毫无共通之点",似不能如此曲解和比附。

其校释《墨子》亦有可取之处,例如他把《大取》篇的"天之爱人也,薄于圣人之爱人也"的"薄"字校改为"博"字,就很好懂了。又如《法仪》篇"父母、学、君三者"的"学"字,他据曹耀湘解释为"效也,师也。师者,人之所效也"。甚是。

八、詹剑峰著《墨子的哲学与科学》

詹剑峰(1902—1982),中西哲学史家、逻辑史家。安徽(现改属江西)婺源人。留学法国,在巴黎大学学哲学。1932年起,历任安徽大学、暨南大学、江苏学院、苏皖临时政治学院教授。1949年后,历任沈阳农学院、湖北教育学院、华中师范学院等教授,中国逻辑史学会顾问、全国逻辑学会理事、湖北哲学会副会长。主要著作有《哲学概论》、《逻辑》、《西洋古代哲学史》、《西洋近代哲学简史》、《西洋政治思想史》、《西洋文化史》、《逻辑与科学方法》、《墨家的形式逻辑》、《墨子的哲学与科学》等。主张治学应当忠于史实,融贯中西,敢于突破传统、权威的枷锁。

詹剑峰著《墨子的哲学与科学》一书,有很多特点。他特别指出墨子认为天地万物始于有,与老子认为天地万物始于无互相反对。

詹氏看出《墨子》书中所说"王公大人",是攻击他们而不是歌颂他们,是控诉他们而不是拥护他们。这比郭沫若在这个问题上对墨子的批评,正确多了。

他指出:"墨子在贵族专政、等级森严的'人有十等'的社会里,竟能冲破重重束缚,敢于指出:不论是贵族阶级的天子、诸侯、公卿、大夫还是庶民阶级的庶子、工匠、农民以及农奴、工奴、商奴,在天之下,一律平等,都是天之人民。这种提法,是有民主的意味的。"

他说:"墨子反对儒者贱视劳力的理论,提出劳心者也要劳力。""墨子主张当官的要带头劳动。"指出"墨子心目中的天子、国君、王公大人都要带头劳动,'以为民先'"。

他说:"墨子所爱的人确是具体的人——工、农、奴隶,墨子的'兼爱论'乃是反映庶民阶级求解放的思想。"

詹剑峰认为墨子既主张兼爱、非攻,又主张杀盗、重守,似乎"墨子的政治理论出现了破绽"。所以,关于墨子兼爱、非攻的明辨是非问题是一个重大问题,研究墨子就要研究这个问题。

其实,非攻、重守与兼爱、杀盗,并不矛盾。非攻、重守都是反抗欺负弱小的强大者,非攻不是反战,对不义者也要去诛灭他。同样,墨子提倡的兼爱,是"待周爱人而后为爱人;不待周,……不周爱,因为不爱人矣"(《小取》篇)。这是说兼爱就是普遍爱人、平等爱人;否则,就是不爱人。但墨子对这个"人",在实际上却不可能没有严格辨别,如"获(女奴隶),人也。爱获,爱人也。臧(男奴隶),人也。爱臧,爱人也"(《小取》篇)。这是墨子把男女奴隶都看作"人"而兼爱之。

墨子又说:"盗人,人也;杀盗,非杀人也。"这又是说做"盗"的"人",一方面有"人"的名称,另一方面却没有"人"的实质,实质重于名称,有名无实就不好算作"人",所以可说:"杀盗,非杀人也。"

"盗"不等于"人",如说:"多盗,非多人也;无盗,非无人也。奚以明之? 恶多盗,非恶多人也;欲无盗,非欲无人也。……爱盗,非爱人也;不爱盗,非不爱人也。"(《小取》篇)墨子是认为男女奴隶是好人,盗是坏人,所以他兼爱男女奴隶这类好人,而不兼爱盗这类坏人。正如上述他不把攻者与不义者包括在他所主张的"兼爱"、"周爱"之内。这问题在于攻者与不义者都是损害人者。例如桀、纣那些罪人、恶人,倘生在与墨子同时,墨子就决不会兼爱他们的。他最尊大禹,最恨桀、纣。禹、桀同是夏朝君主,墨子就不平等地兼爱他们。如果对好人与坏人都平等地兼爱,爱与恨、善与恶就互相抵消掉,根本没有爱之可言,墨子还算得是兼爱主义者么? 研究墨子的人,都怪墨子赞成"杀盗"和他的"兼爱"、"周爱""是自相矛盾"。事实上,墨子是最能够也最注重辨别是非利害的。恨坏人、恶人,杀盗与主张"兼爱"、"周爱"一切好人,可以说并没有什么矛盾。只有不辨好人与坏人都"兼爱"、"周爱",那才是真正的矛盾。

"墨者之法,杀人者死",这个"人"必然是指可爱的好人而不包括不可爱的坏人。法必须是支持仁人义士为民除害地去杀不仁不义者,使不仁不义者不敢罪上加罪地来杀仁人义士,这样的法才是合理的,有法才是可贵的。反之,如果仁人义士与不仁不义者双方可以互杀,同样要处死刑,这种法就太无理了,就不如无法了。这在实际上,也是禁止仁人义士不得杀不仁不义者,同时也是鼓励不仁不义者尽可杀仁人义士,反正不论好人坏人都是同一结果。如此,是否会变成谁都不愿做好人,谁都敢于做坏人呢?

又如果任何"杀人者"都该被杀死,那么杀了"杀人者"也该被杀死,例如腹䵍之子是"杀人者"该被杀,腹䵍杀子也是"杀人者",也该被杀。这就一个杀一个,杀到人类都杀光才会停止。反过来说,如果兼爱是必须爱任何人的,那么罪大恶极者也全要被爱,全杀不得。如用今天的话来说,人类就必须废除死刑,连一个法院、一个法官、一个行刑者也都没有了。试问这相反的两者,都有丝毫的可能与说得通么?

九、蔡尚思著《墨子思想要论》

蔡尚思(1905—),中国思想史家。福建德化人。北京大学国学研究所研究生。曾在南京国学图书馆自修,自认为这所图书馆是自己的最高学府,而称图书馆为太上研究院。历任七所大专学校教授,沪江、复旦二大学副校长,复旦大学历史系主任、中国思想文化史研究室主任,国务院古籍整理出版规划小组及中国哲学史学会顾问、中国史学学会理事、朱熹研究中心名誉理事长、孔子基金会副会长、国际儒学联合会顾问、世界太极学会荣誉会长。著有《中国思想研究法》、《中国文化史要论》、《中国学术思想史论》、《中国礼教思想史》、《论语导读》、《墨子思想要论》等二十多部专著,论文三百多篇。

蔡尚思的治学,以古典文学为基础,以史哲结合为专业,以思想文化史为重点。认为学术必须展开争鸣,才能向前发展。对于中国古代文化史争鸣应从孔、墨两家开始,不先恰当地评价儒、墨两家思想,就不能恰当地结合中西文化。无论古今中外文化,都要有批判地继承,有选择地吸收。反对封建化与买办化。主张今后新文化应当是"辩证发展"。

蔡尚思认为孔、墨两家分别代表朝野双方,墨子无论在中国、在世界都是为人民的古代第一伟大思想家,同时也是最早的科学技术家。

蔡尚思认为中国传统文化分为统治者的官方与被统治者的民间两大系统,儒、法代表前者,墨代表后者。道家偏于前者而不近于代表工农的墨家。道家政策尚有为统治者采用的,而墨家却完全被取缔。儒、法影响大于墨家,而价值却远远不及墨家。

　　蔡尚思对墨家的中心思想问题,先举十四种不同说法,然后提出自己的兼爱、非命中心思想说,认为墨子敢于打破亲疏、强弱、贵贱、贫富、智愚等一切由先天的血统、命运决定的观念,并引原文为证。

　　蔡尚思指出墨家有二十多个优点与四个缺点,认为优点大大超过了缺点,断言:墨学被禁锢于古代,决不会被禁锢于后代。认为墨学有当代价值,今后值得弘扬。中国出了一个墨子,是很值得中国人骄傲!

十、任继愈著《墨子与墨家》

　　任继愈(1916—　　　),哲学家。山东平原人。1938 年毕业于北京大学哲学系,后在西南联大、北京大学文科研究所攻读中国哲学史和佛教史,1941 年获硕士学位。1942—1964 年在北京大学哲学系任教,并从事中国哲学史、佛教史、道教史的研究工作。1964—1986 年任中国科学院世界宗教研究所所长、中国社会科学院研究生院教授、博士生导师、国务院学位委员会成员、国家图书馆馆长、中国哲学史学会会长等职,并多次被选为全国人大代表。任继愈的著作很多,其代表作有《墨子》、《韩非》、《老子全译》、《汉唐佛教思想论集》、《中国哲学史论》等,并编过四卷集的《中国哲学史》、七卷集的《中国哲学发展史》、一卷集的《中国道教史》、八卷集的《中国佛教史》和100 多专题的《中国文化知识丛书》等。

　　任继愈的《墨子》(上海人民出版社 1956 年 7 月版)是建国后第一部评述墨子的专著,它以崭新的视角,论述这位古代伟大思想家其思想产生的社会历史条件及其阶级性。系统地介绍墨子和墨家主张,并运用马克思主义辩证唯物主义的理论指出墨子思想既有其光辉灿烂的一面(如反抗侵略战争的伟大思想和对王公贵族腐朽享乐思想的尖锐批判等),又有其历史局限的一面(如其唯心主义鬼神思想)。任继愈对墨子的政治思想如"尚贤"、"尚同"的主张亦采肯定态度,认为这是争取改善农民和小手工业者社会地位的进步纲领。任继愈在《墨子》一书的简单结论中说:"墨子是公元前五世纪末中国的伟大思想家,他对劳动者有无比深切的关怀,他喊出了当时的小私有者、手工业者的呼声。他对那些不顾人民死活、穷奢极欲的王公大人的腐朽享乐生活提出了严正的抗议。他对破坏生产、残杀人民的掠夺性的战争深恶痛绝,并提出了消灭战争的伟大思想。他一生为改善小生产者和劳动者的物质生活、提高他们的政治地位而斗争。他提出了具有唯物主义观点的认识论和思想方法。他创立了艰苦力行、求真理、爱和平、有组织、有纲领的学派。在墨子的影响下形成了后期墨家,后期墨家进一步发展了墨家哲学的唯物主义部分,并完善了中国古代的逻辑科学。"任继愈五十年前的这个结论,对今天的墨子研究仍有引导意义。

1998 年商务印书馆又以《墨子与墨家》的书名出版了《墨子》的增订本,增订本保持了 20 世纪 60 年代《墨子》一书的基本观点和材料,同时增加了对后期墨家和《墨经》的分析,对后期墨家的认识论、自然观、逻辑思想及其功利主义思想都作了很好的阐述。附录中对墨子学派对自然科学特别是光学、力学、数学的贡献作了简要的说明,这些对墨子的研究亦有重要意义。

十一、结 束 语

总起来说,有关墨子的专著很多,在十家之内,如梁启超、伍非百、郭沫若、严灵峰、詹剑峰等的专著都未全部收入。在十家之外,如赵纪彬、党晴梵、邓高镜、栾调甫、蒋维乔、冯友兰、谭戒甫、鲁大东、郎擎霄、陈伯达、杨宽、陆世鸿、汪奠基、沈有鼎、关锋、杨向奎等也都有专著，望读者尽可能地多参考。

　　本书十家小传部分，多参考《中国现代社会科学家大辞典》、《中国人名大词典》（现代部分），附此声明。

蔡尚思

1996 年 3 月写于复旦大学

附：

十家论墨子

　　——以小诗代小序

墨子思想，各有论评。

姑选十家，略同"集成"。

深盼今后，展开争鸣。

能有公论，谁较"持平"。

（1995 年 9 月蔡尚思写于复旦大学）

（原载蔡尚思主编《十家论墨》，上海人民

出版社 2004 年版，第 1—18 页）

中国礼教思想之我见①

[摘要]　礼教制度与礼教思想,是中国封建思想文化的一个主轴——解读礼教思想,务必要解析宗法制度,宗法乃礼教的劣根性——我认为周公是礼的制度的始作佣者;孔子是礼的理论的始作诵者——其实孔子的思想已经以"三顺三纲"为礼教的轴心——尽管经历了辛亥革命前后、新文化运动、"五四"运动迄至二十世纪四十年代末的多次批判冲击,但是中国封建礼教思想文化的传统情结依旧难以破除乃至于颠覆——尊孔尊礼教与反孔反礼教的思想斗

---

①　**编者按**:曾任复旦大学副校长的蔡尚思先生是我国著名的思想家、哲学家和历史学家,八十年来一直从事哲学、史学的教学和研究,著作等身。蔡尚思先生曾长期担任本刊学术顾问,给我们关怀和提携良多。为此特刊发蔡老生前遗作,以示怀念。

作者简介:蔡尚思(1905—2008)。1905 年 11 月 10 日出生于福建德化。1925 年起,先后于孔教大学国学研究科、北京大学国学研究所毕业。1929 年秋起,历任大夏大学讲师,复旦、华中、沪江、光华、东吴等大学及无锡国专等 7 所院校教授;沪江、复旦大学副校长,中共复旦大学党委委员、校长顾问,以及复旦大学历史系中国思想文化史研究室主任,国务院古籍整理出版规划小组、中国哲学史、中国现代史、蔡元培、墨子、谭嗣同学会及中山大学文化研究所顾问。中国史学会、孙中山研究学会等理事,全国宗教学学会常务理事,朱熹研究中心名誉理事长,上海市史学会、孔子基金会副会长,国际儒学联合会顾问,比利时世界太级学会荣誉会长。2007 年 5 月,任中华书局《二十四史》及《清史稿》修订工程学术顾问。蔡先生研究领域广泛,生平治学以古典文学为基础,以史哲结合为专业,以中国思想史文化史为重点。2006 年,蔡尚思先生 102 岁时荣获 2003—2006 年度上海市社会科学学术贡献奖。

争一直不断。

　　[**关键词**]　礼教思想;真面目;劣根性

一、中国礼教的特殊性与重要性

　　礼教,即以礼为教。古代也称之为名教,即以名为教。它起了与宗教同样的作用,而不同于宗教的形式。它主要是伦理学抑或道德哲学,而不同于纯哲学。它把伦理与政治二者紧密整合在一起,而不是将伦理与政治分离。如果仿蔡元培主张的"以美育代宗教"来说的话,那么,儒家就是以礼教代宗教,以礼教为宗教。严复早就认知"欧洲之所谓教,中国之所谓礼",[①]二者相提并论。中国两千多年来,礼教盛行,宗教则比较薄弱,其主要原因就在这里。

　　有学者如是说:"贞节观念经明代一度轰烈的提倡,变得非常狭义,差不多成了宗教,非但夫死守节,认为当然;未嫁夫死,也要尽节;偶为男子调戏,也要寻死。妇女的生命,变得毫不值钱。……妇女的生命,只不过第二生命,贞节却是她第一生命。如此而已。"[②]我认为,中国礼教凸显的变化有三个阶段:一是先秦儒家首先以礼教代宗教,其次是汉代礼教的天神化,第三是宋元明清礼教的天理化。这即是中国礼教形成宗教的全过程。"轰烈的提倡",是始于宋代理学家,不是始于明代。礼教早已宗教化,不是"差不多成了宗教"。礼教并不限于妇女的贞节,还有男子的忠臣孝子。妇女对丈夫必须恪遵不合理的贞节,其实男子到死也要对国君尽不合理的忠,对家父尽不合理的孝,同于妇女对丈夫的贞节。忠臣、孝子、节

---

　　①　孟德斯鸠著,严复译:《法意》,1909 年,第 147 页。
　　②　陈登原:《中国妇女生活史》,商务印书馆 1937 年版,第 241—246 页。

妇、贞女的本质,全是名异而实同的。臣、子、妇都必须以君、父、夫为"天",不是完全相同么?在礼教统治下,"妇女的生命,只不过第二生命,贞节却是她的第一生命",而人臣的生命、人子的生命,也只不过是第二生命,忠、孝才是他的第一生命。中国封建社会向来不尊重个人的人格,除了君主以外,都是程度不同地没有自己的生命的。国人所谓的"天",就是"上帝"。上帝在名义上是空的,而活上帝倒是真实主体的。"活上帝"比"上帝"厉害得多,是丝毫也不能苟且的。德国哲人黑格尔曾经这样简洁明了地评价中国:"中华帝国是一个神权专制政治的帝国……个人从道德上来说没有自己的个性。"

礼教制度与礼教思想,是中国封建传统思想文化的一个主轴,不论政治、法律、教育、道德、哲学、史学、文学、艺术……无一不受到礼教的影响。在中国周边的亚洲各国,有的从中国传入礼教而没有达到中国礼教的高度;有的虽有一部分中国礼教之实,但没有中国礼教之全。礼教在世界上,是中国特有而为其他各国尤其是西方诸国所无的。礼教在中国汉族文化圈内影响力之大,是历久未发生根本的变化。尽管经历了辛亥革命前后、新文化运动、"五四"运动甚至二十世纪四十年代末对它的多次批判冲击,但也未能同它彻底决裂。封建传统的土地制度容易改革,封建传统的思想意识情结则不那么容易破除乃至于颠覆了。因此,熟悉中国礼教思想史,既有历史意义,也有现实的价值。

但是,对于这样一个重大问题,在我国尚未有过一部专著。中国礼教思想史这种专史亦为中国前所未有,其内容同样为与之关系密切的中国伦理学史、中国哲学史、中国思想史、中国政治思想史和中国社会思想史等所不详。既然如此,我何不撰著一部《中国礼教思想史》(详见上海古籍出版社 2006 年 2 月版),以填补这个专史领域的真空。

二、中国礼教思想涉及的范围

中国礼教思想所涉之范围,略就科学方面而言,即涉及哲学、伦理学、政治学、法律学、经济学、教育学、心理学、社会学、风俗学、历史学、文学、艺术、宗教诸如此类;略就内容方面而言,约涉及仁礼关系、礼教、礼制、君权、父权、夫权、男权、女权、参政、宗法、男系、血统、亲戚、亲疏、别爱、兼爱、婚姻、恋爱、多妻、多夫、贞女、节妇、忠臣、孝子、女才、女学、丧服、缠足、奴婢、妓女、宦官、人欲、天理、生理、情感、家庭、遗产、人格、人道、人权诸如此类。至于人物方面而言,则所涉之范围更为广泛。我从根本上颠覆旧传统的主导标准,只论其有否代表性,诸如首创性、集成性、质量性、价值性等,而不论男女、老少、贵贱、名气大小、资格高低、方面广狭、材料多少及学派、教派、党派等等,只有专节与合节的某些不同而已。古代史家及其主流代表作如司马迁的《史记》和李贽的《藏书》是不论男女、贵贱,甚至无名小卒也和帝王同享传记,这真是比较平等而值得后人学习的! 古代史家尚且能够如此,何况我们有幸在今天呢! 我自知必须为古来的不幸者鸣不平,对历史重新评价,这是自己的责任,最神圣而任重道远……

三、中国宗法礼制的劣根性

解读礼教思想,务必要解析宗法制度,宗法乃礼教的起源也。

宗法礼制,是古代维护男性社会贵族血缘统治的严分等级制度,以嫡庶、长少、亲疏的关系,决定贵贱、尊卑、高下的地位,使天下国家得以父系家长统治而推广扩大为贵族世袭统治的一种制度。

殷为兄终弟及的传弟制度,周为父死子继的传子制度。三代时

的天子尊称为"王",其妻最多,妻有后、妃之分,后为嫡妻,尊称为
王后。王位则有嫡长子继承。① 天子称为大宗,是天下的共主。天
子的嫡少子和庶子降一级分封为诸侯,各为一国的共主。诸侯对天
子只能称小宗,对其国内仍得称大宗。例如周公以周文王的嫡少子
(别子)而封于鲁国为诸侯,在周为小宗,在鲁国则为大宗。侯位也
由嫡长子传承,嫡少子和庶子只能降乙级分封为卿大夫,对诸侯只
能称小宗,在本族则为大宗。小宗被统治于大宗。从卿大夫以下至
士,也同样地具有大宗与小宗的上下两层面,只是地位越低、权力越
小而已!

　　从正面来说,是由族长、家长推到天子国君,天子国君的家长
化。如天子以天下为家而成为天下一家的最大家长,诸侯以国为家
而成为一国的家长,卿大夫以封地为家而成为一封地的家长。家长
的广义,就是族长,至士为止,庶人不在内。从反面来说,是由天子
国君推到家长,家长的天子化、国君化。如家人以家长比国君,故称
为"家君",死后称为"先君"、"府君"、"先府君"。妻妾以夫比国君
故称为"夫君"、"夫主",妾称夫的妻为"女君"。庶子称嫡母为"君
母"。尽管《易·家人卦》说"家人有严君焉,父母之谓也",《尔雅》
也说"君舅"、"君姑",好像父母姑舅是平等的。在实际上,母比父
要低一个大等级。古代礼制关于丧服、丧期的具体规定,是一家之
内,只有父死,才得服斩衰,为期三年。母死只能服齐衰一年。在天
下国家,是"天无二日,民无二王"。在一家内,是家无二尊,子不得
平等侍奉父母。所以孔子经常君父并称。《仪礼·丧服》早就规
定,子为父、诸侯为天子、臣为君、妻妾为夫,都要斩衰三年。《白虎
通·丧服》也称:"臣之于君,犹子之于父,明至尊,臣子之义也。"不

---

　　① 胡培翚有异说,他对《礼仪·服丧》的解释,认为长子只指嫡长子一人,其余嫡
少子也都是庶人。

仅父子等于君臣,而且夫妻犹君臣(清陈梓语),夫妻同父子(清瞿中容语)。夫犹君父,妻同臣子,再也没有这些话形容得更妙了。用两句话概括起来,便是所有从上到下都是君臣(清毛先舒语),人间一切关系都是统治与被统治的关系。《丧服传》诊释为“天子至尊也”,“君至尊也”,“父至尊也”,“夫至尊也”。君、父、夫既同是“至尊”,臣、子、妻便是“至卑”了。君、父、夫三者,俨然有大君、中君、小君之别,但三者都同是君,君都是统治其范围内的主人。而另一方面呢?臣是君的奴隶,子是父的奴隶,妻妾是夫的奴隶。君的地位至高,只以臣民为奴隶,而不为臣民的奴隶。父的地位就差些了,上为君的奴隶,下以子为其奴隶。夫的地位更差了,上为父的奴隶,下以妻妾为其奴隶。只有妻妾的地位最低,上为君父夫的奴隶,下没得他人为其奴隶。她在家从父,出嫁从夫,夫死从子,子也坐在母的头上,母一生都只能服从他人。为什么一生无论对上对下都必须做奴隶呢?问题就出在母女妻妾都不幸而生为女人,而君、父、夫及子却幸而生为男人。礼教家认为男尊女卑乃天经地义的。邓廷罗说得好:君、父、夫与忠、孝、节,是三纲一体的,只有男女之别,而非性质之异。[①] 礼教思想真面目昭然若揭!

　　夏商周三代地位最高的天子称王,秦汉以来改称皇帝,简称为帝。君号虽前后不同,而君位却始终无异。秦始皇虽曾贬其长子于外,但遗嘱则仍要长子回来继位。唐高祖坚持立长子为太子,而不顾及贤而又有大功的次子。明太祖的嫡长子早死,也硬要传位给嫡长孙而不顾及成祖以下诸子。直到民国时代,地主家庭都由长子长孙继承其家产,长子长孙要比其他子孙多分得一份遗产。

　　宗法礼制既是随血缘(即血统)而有界限的,其影响所及,连传统所推重的施行仁爱、道德,也无一可以例外。如孔子便以自己的

---

　　① 《二元堂文集·沈母节寿序》。

仁爱反对子路的仁爱,而说:"夫礼,天子爱天下,诸侯爱境内(指一国之内),大夫爱官职,士爱其家,过其所爱曰侵。今鲁有民,而子(你)擅爱之,是子侵也。"①这就是说,天子是天下的共主,诸侯是一国的共主,卿大夫是所封地的共主,士是一家的共主,大宗小宗,各有其具体规定的范围,不得逾越。在宗法礼制下,一切都有等级,人人都得顾名思义,守己安分。孔子强调"必也正名"与"克己复礼",庄子指出"《春秋》以道名分",即是明证。孔子的仁爱,是合礼的、受礼制约的仁爱。孔子的仁爱,是儒家的仁爱,子路的仁爱已接近于稍后墨子的以兼爱为仁了,所以主张别爱的孔子,对此大不以为然。

在此务必指出:古代王朝的宗室、外戚的人脉关系演变成为民国时代的家族、裙带关系(同是宗法血缘关系),这样世袭制便成为终身制。如此而已,无所不及,实行迄今已两三千年了。从秦汉到宋,从宋到清的两个阶段,不少方面有过之而无不及。民国以来,在形式上似有所淡出了,然而其实仍是根深蒂固。——"封建"这坐大山,看来还难彻底把它颠覆"推倒"……

四、中国礼教理论的集大成及其演化

儒家祖师孔子根据西周时代的礼制,集春秋时期礼说的大成,更加以进一步的发展直到极致,这样便出现了以礼正心、以礼修身、以礼齐家、以礼治国、以礼平天下、以礼为教、以礼修史等等理念。孔子最为忠君,并且大倡孝父,而以女子与小人相提并论,不承认一个女人是武王治臣十人之一。单《论语》一节,已可想其虽无三顺、三纲之名,而三顺、三纲之实则早就存在于其中了。因此,孔子便成

① 《韩非子·外储说右上》。

为儒家礼教思想的祖师,而被其他各思想家所反对。孔子为什么自称"吾学周礼,今用之,吾从周",连经常做梦也见到周公呢? 这正是所谓"日有所思,夜有所梦"。后人也因此以"周孔"并称,而只有"先圣"与"先师"的地位称号有点互动而已,惟独章学诚,竟尊周公于孔子之上。我以为应当实事求是地说,三代的以礼相因,礼制到了周公,比夏商更进一步地系统化。到了孔子,才由周公的礼的制度而发展为礼的理论。孔子以前虽有关于礼的理论,但还是零乱而不成为体系的。所以,我认为周公是礼的制度的祖师,孔子是礼的理论的祖师。若论先后,周公为先;若论轻重,孔子为重。方以智曾说:"有一礼必具一义,礼本周公,义本孔子。"①其意也是礼的制度多基于周公,而礼的理论则多出于孔子。总之,周孔之圣,首先是圣于礼教,而非圣于其他方面。可以说:"周孔者,宗法社会之圣人也。"②

　　由于孔子的思想实际上已经以三顺、三纲为礼教的轴心,若据《大戴礼记》记载,则孔子早已对鲁哀公问政而强调"三正"的重要性:"夫妇别,公子亲,君臣严,三者正,则庶民从之矣。"③《小戴礼记》作:哀公问:"人道谁为大?"孔子答:"三者正,则庶物从之矣。"④无论政治与人道,都是以"三正"为最大的。莫怪师事荀卿的韩非闻于儒家道:"臣事君,子事父,妻事夫,三者顺则天下治,三者逆则天下乱,此天下之常道也。"⑤三正即三顺。先秦儒家的三正说、三顺说,到了西汉的董仲舒便改称为三纲说。三说都是同一内容的,由三正而三顺而三纲,是一种非常自然的发展次序。有人说,中国

----

① 《通雅·礼仪》。
② 严复:《社会通诠》按语。
③ 《大戴礼记·哀公问于孔子》。
④ 《小戴礼记·哀公问》。
⑤ 《韩非子·忠孝》。

封建社会有神、君、父、夫四个特权,如果认真地说,特权却只有三个。神权是君主妄自尊大,假天以自重,君主自称为天子,天下就只有他一个是天之子,独有资格代天来统治臣民了。君、父、夫三权是实有的,臣民皆当在天子一人的统治下。三正、三顺、三纲,即以君、父、夫为臣、子、妻的"天",是父的神化;以夫为天,是夫的神化。董仲舒把先秦儒家的三正、三顺神学化,朱熹进而把董仲舒的三纲理学化。天神化、天理化,归根到底都是"天"。到了近代,三纲又有人把它恒化,即三纲合理化。理学化抑或合理化,其实都是把三纲说成是永恒的真理。中国思想文化史不限于儒家,而不能不承认儒家是其核心;儒家思想不限于礼教,而不能不承认礼教是其核心;礼教思想不限于三纲,而不能不承认三纲是其核心。五伦、五常云云,都非受礼的制约不成,礼的范围无所不包。这在《论语》《荀子》《礼记》、李觏、王船山、凌廷堪、曾国藩、陈沣、陈独秀、李大钊、柳诒徵、赵纪彬[①]、张舜徽[②]等各人各派均已看出而详论过了。

五、中国礼教思想斗争史上双方的代表人物

中国的礼教与反礼教的思想斗争,一直没有停止过,今后短期内也难以彻底解决这个重大问题。迄一九四九年为止,双方的代表人物略举于下。

宗法礼教五花八门,而至关重要的则凸显于君、父、夫三个特权。

很肯定礼教抑或孔学方面的,有孔子、颜回、《左传》、孟子、荀子、《礼记》、《孝经》、董仲舒、班固、李觏、司马光、张载、程颐、朱熹、

---

① 赵纪彬:《论语新探》,人民出版社1976年版。
② 张舜徽:《宗法制度》,《中华人民通史》(中册),湖北人民出版社1988年版。

许衡、吴澄、林兆恩、吕坤、王船山、颜元、凌廷堪、阮元、夏炘、陈澄、曾国藩、张之洞、王先谦、叶德辉、辜鸿铭、康有为、陈焕章、柳诒徵、戴季陶、梁漱溟、张君劢、潘光旦、贺麟、钱穆……

很强调夫权、男权而侮辱女性的,有孔子、孟子、荀子、韩非、《公羊传》、《易传》、《礼记》、程颐、朱熹、曹端、吕坤、王船山、周亮工、蓝鼎元、陈梓、瞿中溶、章学诚、李渔、方绚、夏炘、汪士铎、叶德辉、辜鸿铭、卢信、章士钊、陈铨、潘光旦等男人,班昭、宋若华等女人。这一种人也多至不胜枚举。至于男女不平等,佛教且甚于儒教。①

在上述代表人物中,又以孔子、荀子、韩非、《礼记》、《孝经》、董仲舒、李觏、朱熹、林兆恩、王船山、凌廷堪、汪士铎、曾国藩、张之洞、辜鸿铭、卢信、戴季陶、梁漱溟、柳诒徵、潘光旦及班昭、宋若华等的言论为最有代表性。

反之,很批评礼教抑或孔学方面的,有墨子、《老子》、庄子、阮籍、嵇康、李贽、袁枚(有时不得不装做尊孔!)、谭嗣同、宋恕(二人均反礼教而尊孔!)、严复、梁启超(二人均以前期思想为限!)、宁调元、君衍(法古)、秦猛(《说奴隶》)、金一、柳人权(亚子)、李石曾(前期)、师复、陈独秀、李大钊、鲁迅、吴虞、易白沙、杨贤江(李浩吾)、杜国庠、赵纪彬……

很反对君权的有《老子》、庄子、阮籍、鲍敬言、邓牧、黄宗羲、唐甄、严复(前期)、孙中山、邹容、柳人权、李石曾、师复……

很反对男子侮辱女性的,有《老子》、阮籍、李贽、谢肇淛、唐甄、魏禧、高炳曾、李慎传、李汝珍、俞正燮、严复、蔡元培、金一、柳人权、师复、陈独秀、李大钊、易白沙、鲁迅、杨贤江、陶行知、刘仁航等男子。女子就更多了,可谓主流人物的有谢安夫人、山阴公主、陈硕真、武则天、秋瑾、冯飞、万璞、向警予、宋庆龄、潘玉良……

---

①　蔡尚思:《论佛教的三纲思想》,《社会科学战线》1979 年第 3 期。

在上述代表人物中,以墨子、庄子、阮籍、李贽、黄宗羲、唐甄、袁枚、谭嗣同、君衍、金一、师复、陈独秀、李大钊、鲁迅、吴虞及秋瑾、向警予、宋庆龄等人为最有代表性。

此外,宣示情欲重要说抑或理欲合一者,有告子、《礼记》、智洗、杨思本、唐寅和吴泳、朱健、袁枚、戴震、李大钊等;反对压迫奴婢者,有张履祥、郑燮等;反对宦官制者,有夏竦……

再就正反各派代表中综合一下,似以孔子、墨子、庄子、荀子、《礼记》、董仲舒、李觏、张载、朱熹、吴泳、李贽、黄宗羲、唐甄、王船山、颜元、袁枚、戴震、凌廷堪、曾国藩、汪士铎、严复、康有为、梁启超、谭嗣同、张之洞、蔡元培、秋瑾、金一、李石曾、师复、陈焕章、辜鸿铭、陈独秀、李大钊、鲁迅、吴虞、向警予、宋庆龄、戴季陶、潘光旦、柳诒徵、刘仁航等为典型,而多指出礼是传统思想的核心及其关系一切者,有孔子、《左传》、荀子、董仲舒、李觏、司马光、张载、朱熹、王船山、颜元、邓廷罗、凌廷堪、阮元、陈沣、曾国藩、张之洞、戴季陶、柳诒徵、陈独秀、李大钊、鲁迅、吴虞、向警予、宋庆龄、贺麟……

六、中国礼教思想斗争史上的理性问题

中国思想史上一直存在一个是否理性的问题,例如:男子是婚姻制度与贞操道德的破坏者。明初江盈科的《雪涛小说》已载有一个足以代表男子丑恶心理的谚语:"妻不如妾,妾不如妓,妓不如偷,偷不如偷不着。"我少时在内地也听说什么"家鸡不如野鸡好"、"己妻不如他妻好"、"结婚不如恋爱好"(即现代"结婚是恋爱的坟墓"的异典同工!)。这些都是形容男子的"假道学"、"伪君子"。表面上看来是一夫一妻制,其实却大不然。有明文规定一夫一妻的,有明文规定一夫多妻的(大夫以上的多妻不必说,"古者大夫一妻二妾,士一妻一妾,庶人有妻无妾"),有非明文规定多妻多夫、有男无妻、有女无夫的云云。男女关系是彼此的，只要男有外遇，女就不可能没有外遇；只要男不保持贞操，女就不可能保持贞操。更明白地说，就是男子外遇未婚女子，就是破坏了女子的贞；外遇已婚女子，就是破坏了女子的节。这主要应责备男人，不能责备女人。一定要做到：男子可能做的，女子也同样可以做；女子不可做的，男子也同样不可做。这样一来才算是真正的平等、真正的贞操、真正的事实。至于妾、妓、外遇云云，都是男子片面的特权。中国古代的大男子主义与妇女包办的贞节，在逻辑上是讲不通的！对此，我以为倒是秦始皇刻石所说的"夫为寄豭，杀之无罪"，有点可取，所谓"寄豭"即是男子外遇。但这还嫌不够，务必补充的是：夫如纳妾、嫖妓等等，也都要"杀之无罪"。然而这是绝对行不通的，因为秦始皇自身的后妃、宫女万余人，就是使天下一部分男子无妻可娶，等于霸占天下的女子了。同时，秦始皇自身的后妃、宫女中"有不得见者三十六年"，也等于天下一部分女子无夫了。秦始皇是不道德的独夫，怎么会以身作则呢！这是一种最起码的常识。可是，从孔子、董仲舒、朱熹这般所谓圣贤，和许多军阀、富翁、文人之流，对此都是一窍不通的。他们经常向他人、向子女讲道德，而自己却最不懂得道德。古来很少有人敢于指出此点，这是大男子主义的礼教家最不通处之一。中国古来的礼教家，经常向人们大肆宣传其推己及人的忠恕之道，不知人是具体的，不是抽象的，推己及人，首先务必要推男及女、推夫及妻、推子及女。例如，孔子以女子为小人，如此他的母亲岂不也就成为小人了吗？把母亲视同小人，不仅是不孝，而自己是"小人"生的，当然也就是"小人"了！他怎好同"小人"有母子的关系呢？他还要同作"小人"的妻成婚，岂不成为双料"小人"了么？潘光旦教授在民国时代更公开宣称"女人不是人"，则意味着只有男人才是人，难道他的母亲和妻也"不是人"了么！这即是大男子主义的礼教家最不通处之二。假使一定要彻底地实行重男轻女，生育就要男儿而不留女儿的话,那么一二代后,岂不变成"男人国",最终人类沦亡,还说什么"不孝有三,无后为大"呢。重男轻女以致溺女杀女,同以有后为孝是自相矛盾的,这是大男子主义的礼教家最不通处之三。

自中国有礼教以来,已经数千年,但有些人还在大肆宣扬不知理性为何物的思想,甚且以不合理的思想为最合理的思想,这就未免太成问题了!我愿今后的新思想家,一言一语、一举一动,都能不再满足于陈陈相因的那一套吧。

(原载安徽省社会科学界联合会主办《学术界》
2008 年第 4 期,第 42—49 页)

我和中国思想史研究

　　我 1905 年 11 月 10 日生于福建德化,德化在当时是一个很封建、很落后、很迷信的山县。母亲郭有常常教我说:"你要好好读书,但必须为天下老百姓的种种好处而读书,不要为自己谋升官发财而读书。"我一直牢记这种教导。

　　七岁起半耕半读,耕的方面是搞农副业,不多说了;读的方面,是入私塾,先后有三个塾师,从《三字经》、《千字文》、《四书》、《孝经》开始,《五经》未读完。曾走远路去读县立小学。

一、为了要研究国学而第一步从研究与写作 古典文学开始——1920 到 1925 年

　　1920 年上学期去永春人旧制的省立中学,由补习班半年而升本班。开始认为我是中国人,必须懂得中国学,能作中国文,打好基础,才能读通经、史、子、集等古书,于是经常向举人、诗人、又是藏书家的校长郑翘松借书来读,如诸子、群经、《史记》、《汉书》、《昭明文选》、《唐诗三百首》、唐宋八大家、《古文观止》、《古文辞类纂》、《经史百家杂抄》等。又与国文教师郭鹏飞汇钱去上海扫叶山房、文瑞楼书局购书。我认为中国古文首推韩愈,就购得一部有五百家注解的《韩昌黎全集》,熟读其古文部分,许多篇读到会背。因此,我后

来去北京,因张恨水为大报《世界日报》副刊征求古文,我就把在中学时期所作古文多篇寄去,篇篇被发表,而且批在报上有"吾知此君研究韩文有年矣"等语。我离开北京赠我的北京大学国学研究所导师梅光羲序,他也来信夸奖我说:"文气极似韩文公。"我在当时的研究与写作,是首先以古典文学为主,其次才是以哲学思想与史学为主的。

二、为了要研究国学而第二步从史哲结合研究开始——1925 年以后

1925 年下学期,我去北京,目的在以同等学历的资格投考清华学校国学研究院的第一届招生,因闽南发生所谓"军匪打仗",我无法出来,迟到北京,考期已过,只好由该院主任吴宓自动介绍我去见王国维教授,拜他为师,便常去向他问经史。他要我先研究高邮王之书与《史记》、《汉书》,我又寄在中学时期写的《古文稿》请他指教,他复信一面肯定我能"思致笔力,畅所欲言",一面勉励我"年少力富,来日正长,固不可自馁,亦不可以此自限"。几个月后,因为梁启超教授是历史家思想家,我又寄在北京写的《自家思想》一稿请他指教,一点也没有想到他的复函说:"大稿略读,具见精思,更加覃究,当可成一家言,勉旃勉旃!"我读后大喜过望,就去拜他为师,决定以后要以研究中国思想史与史哲结合研究为主,而不再以古典文学为主了。这是一次大转变。

我看见孔教大学国学研究科也在招生,就投考了。听说此校的校长是陈焕章,他的资格在中国占了第一位,无人可与他一比,他是清末进士与美国哥伦比亚大学哲学博士,又是康有为的高足、梁启超的同学。我考入后,有一次,他特约我关于孔子问题谈话,他教我多读孔子的《春秋》及董江都的《春秋繁露》、何劭公的《公羊解诂》,

命我作《春秋研究》一书，他说研究孔子最重要的是"先信后学"四个字，即先信仰孔子然后研究孔子。我的想法正和他相反，我认为研究孔子最重要的是"先学后信"四个字。因为先"信"后"学"，以"信"决定"学"，是宗教的；先"学"后"信"，以"学"决定"信"，是科学的。先"学"后"信"，觉得它是真理就"信"它，觉得它非真理就反它。对孔子、董仲舒、何休及其他一切也都应当如此。这一次的谈话，很像初生之犊不怕虎，是我第一次与陈校长的争鸣。

陈校长又对我说："蔡元培一任北京大学校长就废止经学科，太荒谬了，经学科是最重要的一门学科。"我心中觉得蔡元培的做法是正确的。所谓《十三经》是封建王朝独尊孔子、愚民政策之一，其实可以分为文字学、文学、史学、哲学四部，陈校长至今还坚持封建王朝那一套，才是荒谬的。

又有一次，陈校长在校内广场排列十多桌长的各种祭物去祭天，他头戴一个特制的怪帽（听说叫作"五常帽"），围绕了长桌的周围走到好多圈，嘴念"七日来复"，"复其见天地之心乎"……我站在较远的地方，听得不太清楚，觉得他很像少时在内地看见的老道士，哪里有一点像个洋博士？我看见此种表演，真要吐出口水！

蔡元培任北京大学校长时期有特别的学风与规章制度，大学部可让人自由进去听课，国学研究所（研究所国学门）与燕京大学国学研究所、清华学校国学研究院必须上课都不同。研究生没有规定统一的年限，也可离所继续研究，只要报告研究进程与结果。研究生自由到导师家去讨论学术问题，导师不定期地到研究所作学术报告而已。

最后一个北洋军阀张作霖在北京忙于其他政治军事大事，在一个相当长的时间后才对北京大学进行改名而不改实的改组，例如北京大学被改名为京师大学校，国学研究所被改名为国学研究馆，国学研究馆的哲学组添了两位外来的佛学专家，都是杨文会的高足。

不久,张作霖逃回东北,被日人炸死,北伐军入北京,北京大学曾被改名为北大学院,最后才恢复原名北京大学。几年间,校名改来改去,我也记得不太清楚了。

我在北京大学国学研究所时期,研究题目是"孔子哲学"。哲学组的导师有陈大齐、梅光羲、李翊灼等,史学组导师有陈垣、朱希祖等,此外还有年龄最高的江翰。他们都是我最常去请教的导师,梅、李最要我研究佛学,江最要我研究孔子,陈、朱最要我研究史学,这真可以说是史哲结合研究。1929 年,刘半农任研究所主任时,我曾去同他作了一次很长的谈话。

我在这时期已经认为要研究中国思想史就必须先研究孔、墨、老三家,尤其是孔、墨必须同时研究,互相比较,才能了解两家的真面目。因此,我在 1930 年就先出版了《孔子哲学的真面目》、《老墨哲学之人生观》、《三大思想之比观》及《中国学术大纲》四本书。同时因看不惯那时的社会,自己也很穷苦,而又未学习过新哲学、新社会科学的著作,才只能写出极其空想的一本《伦理革命》,成为一个空想社会主义者。此书也叫做共同的"大人伦观",即"地球一家,无地非家;人类十亲,无人非亲"。"十亲"为人类中凡前辈都视同父母,平辈都视同兄弟姐妹,后辈都视同子女,有婚姻关系者都是夫妻。以为如此,才有希望"天下太平"。反之,儒家的"五伦"是个别的"小人伦观"。

三、为了要多研究中国思想史而先去研究马克思主义的立场、观点、方法——1931 到 1934 年

到了 1931 年下学期,我去武昌华中大学教书,与进步学生何伟(原名霍恒德,解放后任中央教育部长兼高等教育部长)、黄海滨(原名黄心学,解放后是四野干部)经常到汉口专买关于马列主义

的新书来读,共三年,互相交换,约有一百本,我大做笔记,成为《社会发展史表解》、《唯物辩证法表解》两部书稿,才有新哲学、新社会科学的基本知识,这是我从空想的社会思想到科学的社会思想的一次最大变化。

四、为了要编著《中国思想史通论》一书而入住南京国学图书馆,遍读馆藏中国历代文集,选出极丰富与极珍贵的资料,以供后来著作多多少少的采用——1934 到 1937 年

我是以研究中国思想史为主而不是以研究中国思想史为限的,如中国史学、中国文化、中国学术、中国教育、中国经济、中国政治等皆兼注重之列,要求力所能及的博通,因为这几方面多与中国思想史有密切的关系。

我是从北京、上海、武汉等地的图书馆走读的过来人。南京国学图书馆名为"江苏省立"而实际却号称"藏书为江南之冠"。在国学大师、史学大师柳诒徵任馆长之后,才成为全国大图书馆中独有两个空前的特点:一是开创学者专家入住图书馆内搜集资料,除吃饭外不收房租、水电等任何费;二是开始出版全馆所藏的《图书总目》,善本与普通本依著作者先后次序合编,内分经、史、子、集,总数十大册,仅集部目录就有五大册,看书最为方便。如像其他大小图书馆找书必须翻查卡片,多费时间,我就无法读到该馆所藏全部历代文集了。二者是该馆独一无二的创举。假使没有二者,我也是绝对不可能成为独一无二的长期入住大图书馆遍读馆藏中国历代文集,以摘录中国思想史料为主而兼顾及其他有关学科史料的。我有没有付出代价呢? 我是抱着"无必死之决心,则无必成之事业"的,我的代价是由于不能长期失业,无法维持最低限度的生活,每天工

作必须平均用到十七八小时,以致胃病、失眠与加深近视等。但当我找到特殊的材料,却觉得有无比的快乐,似苦实乐,不乐又何必这样苦呢?三十年代是我生平最紧张的时期,也是我在学术上的黄金时期。

我自购该馆《图书总目》的集部书目五大册,随看随记在有用的书目周围,从哪里到哪里,字写到比臭虫还小,密密麻麻,以便以后工作有工资再来请人抄出。

我住馆读书与摘录资料一事要感谢的:第一,当然是馆长柳诒徵;第二,是我的最早学生邱汉生在一个暑假(1936年)代我校对抄出的初稿;第三,是为我抄出初稿的十多人;第四,是阅览室的一位馆员两次(1934—1935年与1936年)从后楼到阅览室搬上搬下,非常辛苦。没有以上各种人,几百万字的资料也是无法能到我手的。我对他们真是念念不忘!

五、由于得到新学说的指导与旧史料的丰富才能写出《中国思想史通论》的绪论——1936 到 1938 年

《中国思想史通论》的绪论是指《中国思想研究法》一书(1939年由商务印书馆出版),内分七章,而以第二章观点的精华、第四章材料的精华、第六章态度的精华、第七章学说的精华为重要,尤以第七章为精华的精华、重要的重要,它一方面是中国前人思想精华的化合集成,另一方面可以看出我的根本思想的寓托。我至今犹自认是我研究中国思想史的第一代表作,而蔡元培、蒋维乔、柳诒徵、顾颉刚、陈中凡、吕思勉、嵇文甫等许多著名学者也都大力予以支持。

六、由于以三十年的时间断断续续地编写才能完成《中国思想史通论》的本论——1938 到 1968 年

　　1938 年,我写出作为《中国思想史通论》的绪论《中国思想研究法》一书之后,接着就开始编写《中国思想史通论》的本论,直到1968 年才基本完成。一部书写到三十年,不为不久了,一点也未料到会于 1968 年"文化大革命"中被抄走,至今不知下落,这是我生平最大的损失!

七、由于《中国思想史通论》本论的全部遗失才勉强半回忆地凑成一部分为几本书——1986 到 1991 年

　　1986 年由广东人民出版社出版的《中国近现代学术思想史论》一书,号称新文化运动的总司令陈独秀,因他有较复杂的问题,我未便写出。从严复到艾思奇共论二十五人及通论、论佛学及辛亥革命、"五四"新文化运动等。1989 年同上出版的《中国古代学术思想史论》一书,除王阳明另有新论待补外,从孔子到袁枚共论二十二人及通论、诸子、汉代学术、《礼记》、魏晋玄学、佛教、明清思想界等。1991 年由香港中华书局出版的《中国礼教思想史》一书,除绪论外,分为一章八节、二章十节、三章二十五节、四章二十节、五章六节、六章九节、七章二节、八章十节,从孔子到汤济苍,共论近二百人,是历代主张礼教与反对礼教的斗争。其中只有刘师培一人是由李妙根

写的,还有几个人的资料是我供给请他写出的。其他有 1982 年由
上海人民出版社出版由朱维铮、李华兴代笔的《孔子思想体系》,
1982 年由江苏人民出版社、江苏古籍出版社先后出版,由李妙根代
笔的《蔡元培》,1985 年由湖南人民出版社出版的《王船山思想体
系》,1991 年由湖南教育出版社出版的《周易思想要论》,1993 年由
巴蜀书社出版的《蔡尚思自传》,1996 年由该社出版的《论语导读》
上编,1998 年出版的《墨子思想要论》,都是单独论述个人思想。此
外如 1980 年由湖南人民出版社出版的《中国文化史要论》、1983 年
由该社出版的《中国文化的优良传统》。如解放前的《中国传统思
想总批判》、《中国传统思想总批判补编》、《蔡元培学术思想传记》
也是论述思想的;如《中国历史新研究法》虽是论述史学、文化,也
都和思想史有密切的关系。

八、研究中国思想史应当多注意下列一类问题

1. 孔子的真假问题

孔子以"君子"自居而反对"小人",他是宗法礼教的祖师,到孟
子、荀子才进而以孔子为"圣人"。汉后历代封建王朝也先后封他
为"公"、为"王"与"大成至圣"、"万世师表"。汉儒把他的思想神
化,宋明儒把他的思想道佛化,但千变万化不离其宗,其宗还是宗法
礼教。汉宋儒者的注重宗法礼教,人所共知,不必说了,而以心学派
著称的王阳明也是不例外的。明何栋如说得好:阳明有三篇大文
字,以明伦、明经、辨别儒释为主,"关系学问非小。世人俱未见此等
文字,故于阳明之学多摸不着头脑。……大抵明伦之外,别无学
问"。这是古代儒家对孔子的名变而实不变。王阳明尚且如此,其
他儒者更可想而知了!

　　到了近现代人的宣传孔子更超过古代了。有大开倒车者说:世界文化会从西洋退到中国(实指儒家),又从中国退到印度(实指佛教)的。有颠倒是非者说:孔子对一切都无分别。有断章取义者对古人原文"仁者人也,亲亲为大",只要宣传其上句"仁者人也",证明"仁"是爱全人类而不敢宣传其下句"亲亲为大",即爱父母是爱中最大的。这是差等爱,即"亲亲而仁民","事孰为大? 事亲为大"。有为了要拼命美化孔子而敢于删去《论语》原文的不合民主主义者。有为了要拼命美化孔子而说孔子的民主主义超过孙中山者。有为了要拼命美化孔子而说孔子等人早已带有社会主义色彩者,甚至有说孔子、马克思、罗素应三结合者,有说孔子是革命者、"孔、马完全一致"者。……这类美化孔子是把孔子化到面目全非了!

　　我认为以上各著名学者的论孔子,都是假孔子而不是真孔子,未免太不忠于孔子了! 真孔子的思想是包括精华与糟粕两个方面的,我们后人应当实事求是地弘扬其精华方面而批判其糟粕方面(如不批判其糟粕方面,糟粕会长期存在,甚至变本加厉,为害极大,所以批判糟粕,是至关重要的)。全面肯定是复古派,全面否定是虚无派,都是要不得的。说得最正确的是李大钊同志:中国出孔子,是中国之幸,也是中国之不幸。

2. 孔、墨主要代表朝野的对立问题

　　孔、墨都是先秦的显学,自从汉武帝为了自私而独尊儒学,罢黜百家,尤其是墨家最被镇压。因为孔子主张宗法礼教,最利于封建王朝;墨子"非儒",和他对立。墨子独主张"尚贤"、"尚同",从乡长到天子,都要选举贤能,反对君主世袭,而且最早就主张工农参政;独主张"兼爱",反对先亲后疏的"别爱";独主张"非攻",反对大攻小,强攻弱;独主张"节用"、"节葬"、"非乐",反对奢侈享乐;独主张

"非命",有力无命,反对一切都是命定的,尤其是经常提倡有力相劳,有财相分,有道相教。如此相反,最不利于封建王朝,故独被禁止。但在实际上,却任禁不止。孔、墨对立即朝野对立。孔子儒家思想多是代表朝廷的,墨子墨家多是代表民间的。如中国的农民起义的口号"等贵贱,均贫富",侠客义士的侠义、"先从贫贱始",为老百姓打不平之类一直存在。"兼爱"一语,也为有些汉儒、宋儒、明儒所采用。

毛泽东同志早就指出:"墨子是比孔子高明的圣人。"杜国庠同志也说:"先秦诸子,只有墨子是革命的。"其余详见拙著《墨子思想要论》一书。

3. 儒法的分工合作问题

二千多年的封建王朝对儒、法两家有如所谓"阳儒阴法"、"外儒内法",都是儒、法分工合作:儒多主管礼俗、文教、消费等,法多主管法律、军事、生产等是相对分工;儒、法共同主管政治,君主世袭,"贵为天子,富有天下",都是完全一致的。有些朝代个别帝王兼尊佛尊老,都不能改变其以儒、法为主导思想的。

4. 儒、佛也有相同的一方面问题

近代许多著名学者,有的说"平等之说,起于佛氏","佛教最重平等","佛教最恨君权"。有的说"孔子所以不违佛义者,在平等一义","道无二,……孔与佛同"……不知连君权、父权、夫权的三纲主义也是"佛与孔同"的,详见拙著《中国近现代学术思想史论·论佛学》。

5. 中国思想史研究的争鸣问题

中国思想史的一个大缺点在于二千多年之久的封建王朝以政

权决定学术,独尊儒家,严禁百家争鸣。只许在儒家的范围内陈陈相因,人云亦云,至多也只能小发展而不能大发展。因有鉴及此,我在学术上才一直勇于争鸣,详见拙著各书各文。

6. 中国思想史研究的指导问题

我有千言万语,现在只想用两句话把它概括起来:研究中国思想史必须以马克思主义的立场观点方法为指导,而中国的考据学与西方的形式逻辑也还可以作为一种辅助。

7. 从研究中国思想史更可看出今后新文化的大方向问题

这个问题详见拙作《今后新文化应当是辩证发展》一文,原载于 1996 年《文史哲》,转载于《新华文摘》与 1997 年英文版《中国社会科学》。

[原载《时代与思潮(4)——文化传统寻绎》,1990 年]

附录

我要做一辈子研究生

——访著名历史学家、复旦大学副校长蔡尚思教授

一九八〇年年末的一天午后,我们访问了著名历史学家、复旦大学副校长蔡尚思教授。

蔡老今年已经八十四岁了,但精神健旺,身板硬朗,看上去要年轻得多。落座之后,我们说明了来意,请他谈谈治学方法。蔡老十分高兴,侃侃而谈,一气谈了两个小时竟毫无倦意。

蔡老首先谴责了"四人帮"对中国文化事业造成的灾难性损失。他说:"这种损失不仅仅表现在事业本身,更主要的是把人耽误了,使我们几代人老化。看看我们周围吧,老干部、老教授、老讲师、老研究生、老大学生,三十几岁还在课堂里听课,这怎么能行! 解放前,有的人二十几岁就当了教授,胡适、刘师培就是例子。现在外国也是这样。年轻,精力旺,思想活跃,容易出科研成果。由这样一批人从事事业,才会有光明前途。我们是社会主义社会,社会制度比解放前、比外国都优越,理应在培养人才方面有更大成就。随着'四人帮'的垮台,科学文化事业的繁荣,相信这种人才老化的现象会逐渐好转的。"

接着蔡老指出当前学术界存在一种不良的风气,就是有人作学问很不严肃。具体表现一是出现知识性、常识性错误;二是相互抄来抄去,没有独立见解。

蔡老认为这里有多种原因,除了思想不够解放以外,根本问题是没认真研究原始资料。蔡老分析道:"当你着手研究某一个专题,怎么能不钻研原书呢?仅满足于看第二手、第三手资料就下结论,发议论,这种方法研究出来的成果,价值不大。"蔡老主张研究工作者要向蜜蜂学习,直接从花丛中采集花粉,然后再酿蜜;要向矿工学习,深入地下矿井,开出煤来。蔡老风趣地说:"作学问应该匹马单刀,杀入原著,擒出虎仔。"这样写出的文章才有新意,研究出来的成果才有价值。

蔡老兴致勃勃谈起自己年轻时代的读书生活。三十年代的前期,蔡老失业于南京。当时"南京国学图书馆"的负责人柳先生闻知此事,破例准许这位年轻的失业者阅读这里的一切书籍。蔡老抓住这个极好的机会,一头扎进书籍的海洋,拼命读起书来。他是按照梁启超开列的国学必读书目,一部一部地读下去。他每天坚持学习十七八个小时,在三年的时间里猎取了大量的第一手资料,为以后的学术研究打下了坚实的基础。蔡老读书自有一套方法和经验。凡读到重要处,或有启发的地方,或有疑义的内容随时记下页码,以备以后进一步研究。书看过后,必抄目录,留作检索。但不主张抄书,因为费时过多,得不偿失。

蔡老告诫我们:"读书有个破除迷信的问题。孟子说:'尽信书,不如无书。'这话说得好!多读,眼光开扩了,就可以大胆提出自己的见解。"他不赞成那种人云亦云的书呆子,这种人搞研究只好抄书,没有意思。但也不能不认真读书,乱提看法。他认为多读是创见的条件,创见是多读的结果。

谈到这里,我们想起蔡老在他所著的《中国文化史要略》一书中,推荐《寒山子诗集》的观点很新鲜,便提起这个话题。蔡老认为在唐诗领域里,寒山诗别具特色。虽然内容多是佛学,但却敢于大谈人生的"现实问题",有的很有道理,至今还有现实意义。另外,他的诗通俗、平易，比起白居易的诗来也不见得就差，所以理应有一席地位。"至于有人写信向我建议，应开列上李贺的诗，我不敢苟同。李诗比较晦涩，叫人难懂，所以我不推荐。我的这种看法很可能有人反对，但在学术讨论中，也可算是一家之言吧"。

谈到学术研究，蔡老十分推崇清代学者治学的严谨和知识的渊博。他认为，正是这样一个学风使清朝成为"先秦百家争鸣以后的一个大时代"。清代学者有个特点，文史皆通，堪称通才。"上自天文，下至地理，旁及历史、文字，无所不晓"。"近代学人我很钦佩章太炎、刘师培和王国维。尤其是刘师培，尽管才活了三十多岁，但学问的精博不在章太炎之下。二十几岁时与章太炎辩论，引经据典，口若悬河，很为后者所敬重。如果刘师培能像王国维活到五十几岁，或像章太炎活到七十几岁，对中国的学术当有更大的贡献"！

蔡老进一步谈到学识要广博的问题。他认为山东大学《文史哲》这个刊物的名字起的好。"文史哲"确是一家，不可分割。学文的，离不开史，也不能不懂哲学，否则许多文学现象不好解释，许多问题搞不清楚。只有文史哲贯通一气，搞起研究来才能左右逢源，论述问题才有坚实的根基。蔡老认为当前各大学文科的课程安排得不太科学，不十分合理，"搞得太细、太隔"，限制了学生的求知范围。现在的学生学文的不过问史，学史的不看文，学哲学的只啃那几本专业书，知识面十分狭窄，今后要想再提高，难；搞起研究来，也深入不下去。"我年轻时虽说是研究中国历史的，但对文学是颇感兴趣的，历代文人的集子和诗文必读，甚至我到了大学教书，还兼授'文选课'、'修辞课'。我有了文学素养，对我研究历史、著书都有许多帮助"。

最后，我们请蔡老谈谈研究生的学习问题。蔡老认为，"研究生就是一个自学的问题"，要充分利用本校现有的图书资料，将本专业的有关的书一部一部读完，然后再求助于外校、外地的图书资料。

"我在作陈垣老师的研究生时,根本没上过课,只是在图书馆里阅读导师开列的书目,记下笔记。就是导师没开列的有关书籍,倘有余力也应找来阅读。所谓研究,就是充分占有资料;从资料出发,得出观点。读得多,资料收集得多,研究水平就会相应提高,就会发现别人未曾发现过的东西"。基于此,蔡老在指导他的研究生时,不主张开课,只是分期分批的开列书目,指导他们阅读原著,写好笔记。他认为学文的有个三四年的苦读,就可以为以后的研究工作打下一个较好的基础。(复旦大学中文系研究生孙民整理)

(原载《沈阳师范学院学报》1981 年第 1 期,第 79—85 页)

小　传

　　蔡尚思(Cai Shangsi),男,1905 年 11 月生,福建德化人。少时半耕半读。1921 年到 1925 年在永春专研以韩愈为主的古典文学。1927 年毕业于孔教大学研究科,再入北京大学研究所继续研究。1929 年秋任大夏大学讲师,1930 年秋经蔡元培介绍任复旦大学教授。

　　1931 年秋至 1934 年夏,在武昌华中大学任教。1934 年秋起一年,包括以后几个寒暑假,入住南京国学图书馆,遍读馆藏历代文集,搜集有关资料,称大图书馆为"太上研究院",视为自己的最高学府。1935 年秋起两年,任教育部补助沪江大学的"文史特种教席"(即特别讲座)。1937 年秋起专任沪江大学教授。1942 年至 1946 年,以沪江大学为主而兼任复旦大学(留沪部分)、光华大学、东吴大学(迁沪)、无锡国学专科学校(迁沪)教授。1946 到 1949 年专任沪江大学教授。与郭沫若、陶行知等发起全国学术工作者协会上海分会,与张志让、周予同等发起"上海大教联"。曾兼商务印书馆特约编辑。1949 年秋起到 1952 年夏,任沪江大学代校长、副校长。1952 年秋起到 1966 年夏,先后任复旦大学历史学系主任、校党委委员、校务委员会委员、研究生领导小组副组长。1978 年起,先后任复旦大学副校长,文科学术委员会副主任、主任,学位评定委员会副主任,研究生部副主任,中国思想文化史研究室主任。1986 年退休,仍任复旦大学顾问。

　　蔡尚思教授先后任国务院古籍整理出版规划小组哲学顾问,孙中山研究学会理事,中国史学会理事,全国宗教学学会常务理事,中国哲学史学会、中国现代史学会、墨子学会等顾问,上海社联理事,上海市新哲学会、上海市新史学会等理事,上海市史学会副会长,孔子基金会副会长,朱熹研究中心名誉理事长等职。

蔡尚思教授从 1929 年起在各高等学校讲授国学大纲、中国历代文选、中国通史、中国思想史、中国哲学史、中国政治思想史、儒家哲学、墨子研究等课程。

蔡尚思教授生平治学以古典文学为基础,以史哲结合为专业,以中国思想史、学术史、文化史为重点。个人特长,首先是思想,其次是历史。30 年代最多读书,40 年代最多在各大报刊发表有战斗性的文章,80 年代最多编著学术专书。著述共 20 多部,其中有:

《中国思想研究法》,商务印书馆 1939 年,台湾、上海均出影印本。

《中国学术思想史论》(分古代与近现代),广东人民出版社 1986、1990 年。

《王船山思想体系》,湖南人民出版社 1985 年。

《中国礼教思想史》,香港中华书局 1989 年。

《中国文化史要论》,湖南人民出版社 1979 年。

《周易思想要论》,湖南教育出版社 1991 年。

在报刊上发表的文章达 300 多篇。

蔡尚思教授在学术研究上,对自己要求:"坚持争鸣,力主创新。永不毕业,长葆青春。"对后辈要求:"深盼学者,有此志向:承先启后,后来居上。"

蔡尚思教授业余爱好山水自然美,进行包括自己改造过的气功、推拿、桔槔功、全面操及冷水浴等的一套健身锻炼。

（原载王增藩主编《复旦大学教授录》,复旦大学出版社
1992 年版,第 511—512 页）

后　记

　　经过十年的努力，20余万字的《蔡尚思全集集外集补编》即将出版了，我的心情久久难以平静。2005年，为了在蔡先生百年华诞前将他的《全集》赶印出来，以作为敬献给他的最好的生日礼物，本人承担其中第八卷的编纂任务，将发表在解放前后全集中未收录的百余篇文章，找到后用照相机拍摄下来，交出版社转换成文本文档，其工作量及难度可想而知。尤其是发表在1949年以前报刊、杂志上的文章，搜索难度更大，往往一天找不到几篇，累得够呛！但最终还是比较好地完成了任务，共搜集到1929至2003年蔡先生散落于65种报刊上的100余篇文稿。

　　《全集》问世后，编者在复旦大学图书馆主办的《上海高校图书情报工作研究》（2006年第1期）上，发表了《〈蔡尚思全集·集外集〉搜集补记》一文，表示要继续搜集蔡先生著述的漏收部分，从那时起就产生了一定将其补齐的念头。天道酬勤，有志者事竟成。《补编》共搜集50余篇《集外集》未收录的文章，约20余万字，有的佚文、手稿还是首次被发现。最终实现本人多年来的又一大心愿，这期间的甘苦只有本人体味最深。

　　在编辑本书的过程中，我得到了蔡老家乡中共德化县委、县政府，包括县委宣传部曾宪堡部长的关心与支持，还得到了复旦大学历史系新任党政领导的关爱。还有跟随蔡老几十年的助手吴瑞武先生的指导，包括蔡老儿子蔡法和儿媳卜老师的关心和支持，并给我写了编辑、出版蔡老著述的授权书。上海古籍出版社的主编吕健、副社长王纯都为本书的出版给予了很大支持。复旦大学历史系本科生黄熠玮同学帮助在网上搜索到以往未发现的蔡老在出席学术会议时的多篇讲话稿,资料室的同仁于翠艳、李春博老师也给予本书不少帮助,谨此一并表示衷心的感谢。

《补编》所收文稿,主要依据 2005 年《集外集》附录编者编著的《蔡尚思著述系年》中,以往未找到的蔡老的原著,尽可能地少留遗憾。但因蔡老著述异常丰富,遗漏在所难免。若能再得到蔡老家乡的全力支持,今后机会成熟,可再出版《蔡尚思全集集外集三编》。欢迎读者批评指正,尤其欢迎提供蔡尚思新文献的线索。

谨以此书纪念蔡尚思先生诞辰一百一十周年暨逝世七周年。

编者

2015 年 8 月 5 日

图书在版编目(CIP)数据

　蔡尚思全集集外集补编／蔡尚思著；傅德华编. ——
上海：上海古籍出版社，2015.12
　ISBN 978-7-5325-7771-2

　Ⅰ.①蔡… Ⅱ.①蔡… ②傅… Ⅲ.①蔡尚思
(1905～2008)—文集 Ⅳ.①C52

　中国版本图书馆 CIP 数据核字(2015)第 194447 号

蔡尚思全集集外集补编

蔡尚思　著　傅德华　编

上海世纪出版股份有限公司
上海古籍出版社 出版
(上海瑞金二路 272 号　邮政编码 200020)

(1)网址：www.guji.com.cn

(2)E-mail：guji1@guji.com.cn

(3)易文网网址：www.ewen.co

上海世纪出版股份有限公司发行中心发行经销

浙江临安曙光印刷有限公司印刷

开本 850×1168　1/32　印张 10　插页 2　字数 242,000
2015 年 12 月第 1 版　2015 年 12 月第 1 次印刷
ISBN 978-7-5325-7771-2

K·2089　定价：58.00 元

如有质量问题,请与承印公司联系